명대시선
明代詩選

● 김학주 譯著

책머리에

중국문학사를 통하여 역대의 시 중에서 명대의 시는 역자가 가장 적게 읽어온 부분이다. 그것은 문학사상 명대의 시를 별로 중요시하지 않았다는 것을 뜻하기도 한다. 그러나 근래에 와서는 몽고족의 원元나라 지배를 받았던 한족 지식인들의 정서에 마음이 끌리어 명대 작가들의 시를 읽게 되었다. 전후칠자前後七子의 시들까지도 그런 방향에서 접근하였다.

그리고는 다시 이민족에게 밀릴 적의 지식인들의 자세는 어떠했는가 관심이 쏠리어 명 말엽의 작가들 시를 읽어보았다. 그런 관심을 중심으로 하여 이 명대시선이 번역 편찬되었다.

끝머리의 남쪽지방 민요인 괘지아掛枝兒와 산가山歌는 문학적인 면에서 문인들의 시보다도 솔직하고 진실한 서정을 담고 있다는 뜻에서 골랐다. 그러나 아무리 민요라 하더라도 지나치다고 생각될 만큼 사랑노래 일변도여서 약간 실망하였다. 어려운 시대상을 반영하는 노래들도 몇 수는 들어있기를 바랬기 때문이다.

앞으로 『청대시선淸代詩選』도 계속 번역 편찬하여 중국역대시선을 완성할 예정이다. 독자 여러분의 거리낌 없는 고견과 충고를 간절히 빈다. 끝으로 어려운 현실 여건 속에서도 양서 출판에 온 힘을 다하는 명문당 김동구 사장에게 경의를 표한다.

2012년 5월
김학주 인헌서실에서

차례

● 책머리에   3

해제(解題)

  1. 명대는 어떤 시대였는가?   18
  2. 명대 문학 발전의 특징   21
  3. 명대 시 발전의 특징   25
    1) 명초의 시   25
    2) 전후칠자(前後七子)의 복고주의   27
    3) 공안파(公安派)·경릉파(竟陵派)   29

시선(詩選)

유기(劉基)

농두수(隴頭水)   39
농사짓는 사람들(田家)   40
감회(感懷) 제2수   42
말을 사는 노래(買馬詞)   45

머리 흰 어머니의 노래(白頭母吟)	46
장문원(長門怨)	47
옥계원(玉階怨)	48
옛 수자리 터(古戍)	49

고계(高啓)

금릉의 우화대에 올라 장강을 바라봄(登金陵雨花臺望大江)	52
소 치는 노래(牧牛詞)	55
사나운 호랑이의 노래(猛虎行)	56
농가의 노래(田家行)	58
전쟁 뒤에 성을 나가(兵後出郭)	59
성 쌓는 노래(築城詞)	60
봉구의 전쟁터를 지나며(過奉口戰場)	61
서대 통곡시(西臺慟哭詩) 병인(幷引)	63
마을의 무당 노래(里巫行)	68
슬픈 노래(悲歌)	69
배우 이주교가 동냥을 하다(優人李州僑乞米) 제2수	70
야전행(野田行)	72
장씨 열녀의 노래(張節婦詞)	73
아나괴(阿那瓌)	74
조선 아이의 노래(朝鮮兒歌)	75

원개 (袁凱)	객지에서의 섣달 그믐밤(客中除夕)	81
	종군행(從軍行)	82
	회서에 홀로 앉아(淮西獨坐)	83
	이릉이 울면서 작별하는 그림을 보고(李陵泣別圖)	84
	경사에서 집의 편지를 받고(京師得家書)	85

우겸 (于謙)	석회의 노래(石灰吟)	88
	섣달그믐 밤 몹시 추운 태원에서(除夜太原寒甚)	88
	북풍이 부네(北風吹)	89
	태행산에 올라(上太行)	90
	늦은 봄 여로의 감상(暮春客途卽景)	91
	시골집의 복사꽃(村舍桃花)	92

심주 (沈周)	종군행(從軍行)	95
	서산의 호랑이 노래(西山有虎行)	96
	감회를 읊어 스님에게 붙임(寫懷寄僧)	97
	꽃을 꺾는 여인(折花仕女)	99

이동양 (李東陽)	밤에 소백호를 지나며(夜過邵伯湖)	101
	마선의 노래(馬船行)	102
	거듭 서애를 지나면서(重經西涯)	104
	가경중이 먹으로 그린 대나무(柯敬仲墨竹)	105

| 당인
(唐寅) | 복사꽃 암자 노래(桃花庵歌) | 108 |

왕수인 (王守仁)	바다 위에서(泛海)	112
	양지 네 수를 읊어 제자들에게 줌 (詠良知四首示諸生) 제4수	113
	짹짹 우는 노래(啾啾吟)	115

이몽양 (李夢陽)	이수가 운중으로 가는 것을 전송하며 (送李帥之雲中)	119
	태산(泰山)	120
	정생이 태산으로부터 돌아와(鄭生至自泰山)	121
	석장군의 싸움터 노래(石將軍戰場歌)	122
	변경의 대보름날 밤(汴京元夕)	127

| 변공
(邊貢) | 문천상의 사당을 찾아뵙고(謁文山祠) | 130 |

서정경 (徐禎卿)	사선 시어를 보내며(送士選侍御)	133
	잡요(雜謠)	134
	무창에서 지음(在武昌作)	136
	우연히 보인 것(偶見)	137

하경명 (河景明)	노래를 듣고(聞歌)	139
	협객의 노래(俠客行)	140
	무릉에서 원릉으로 가는 도중에 지은 잡시 (自武陵至沅陵道中雜詩)	141
	운양의 강어귀에 배를 대고 달을 감상하다 (泊雲陽江頭玩月)	143
	헌길의 강서에서 보낸 편지를 받고 (得獻吉江西書)	144
	망지에게 답함(答望之)	145

양신 (楊愼)	금사강에 묵으며(宿金沙江)	148
	여학관이 나강으로 돌아가는 것을 전송함 (送余學官歸羅江)	149
	버드나무(柳)	151

사진(謝榛)

유하에서 새벽에 출발하며(榆河曉發)	155
변경의 노래(塞上曲)	156
멀리 이별한 이의 노래(遠別曲)	157
가을 날 아우를 생각하며(秋日懷弟)	158
사막 북쪽의 노래(漠北詞)	159
변경의 노래(塞上曲)	160

귀유광(歸有光)

갑인년 시월의 사건(甲寅十月紀事)	163
바닷가 사건 기록(海上紀事) 제6수	164

이반룡(李攀龍)

연말에 소리치며 노래하다(年抄放歌)	169
자상이 광릉으로 돌아가는 것을 전송함(送子相歸廣陵)	170
명경이 강서로 가는 것을 전송하며(送明卿之江西)	171
왕중승의 죽음을 슬퍼함(挽王中丞) 제2수	172
양백룡에게 지어 보냄(寄贈梁伯龍)	174
태행산의 절정이 되는 황유 마릉 등의 고개에 올라서(登黃榆馬陵諸山是太行絕頂處)	175
옛 가락(古意)	176
명비의 노래(明妃曲)	177

서위 (徐渭)	감산에서 싸워 이긴 노래(龕山凱歌)	180
	송대 사람이 그린 잠자는 개 그림에 써넣음 (題宋人畵睡犬)	180
	밤에 산언덕 집에 묵다(夜宿丘園)	181
	포도 그림에 써 넣음(題葡萄圖)	182
	양귀비가 봄잠을 자는 그림(楊妃春睡圖)	183

왕세정 (王世貞)	흠비의 노래(欽㔽行)	187
	태백루에 올라(登太白樓)	189
	척장군이 준 보검 노래(戚將軍贈寶劍歌)	190
	장평을 지나면서 지은 장평의 노래 (過長平作長平行)	191
	광릉으로 주공하를 찾아갔다 못 만났는데, 의진에서 이미 실종되었다 한다 (廣陵訪周公瑕不遇, 云自儀眞失之)	194
	『관후참초선』 전기 연출을 보고 느낀 바를 적음 (見有演關侯斬貂蟬傳奇者感而有述)	195
	고니의 노래(黃鵠曲)	197

| 심일관
(沈一貫) | 예쁜 여자 뽑는 것을 보고서(觀選淑女) | 200 |

탕현조 (湯顯祖)

소고산 아래 배를 대고 머무름(小姑夜泊)	204
루강의 여자를 곡함(哭婁江女子) 제2수	204
칠석날 저녁 취하여 군동에게 답함 (七夕醉答君東)	207
생 역할의 장라이에게 부치며 단 역할의 오영을 한하여 읊음 (寄生脚張羅二恨吳迎旦口號) 제2수	208
우채가 『모란정』 창하는 것을 듣고 (聽于采唱牡丹)	211
유대보가 교서로 조현충을 뵈러 가는 것을 전송하며 (送別劉大甫謁趙玄冲膠西)	212
천축산의 한가을(天竺中秋)	213

고반룡 (高攀龍)

여름 날 한가히 지내며(夏日閑居)	215
호숫가에 한가히 지내고 있는 참에 계사와 자왕이 마침 찾아오다(湖上閑居季思子往適至)	216
밤에 거닐며(夜步)	217

사조제 (謝肇淛)

봄의 한(春怨)	220
가을의 한(秋怨)	220
오산에 묵으면서 장안의 친구에게 부침 (宿吳山寄長安舊人)	221
빗속에 북협관을 지나며(雨中度北峽關)	222

원굉도 (袁宏道)	뱃노래(櫂歌行)	224
	성성의 급보를 듣고(聞省城急報)	226
	동아로 가는 도중 저녁에 바라본 정취 (東阿道中晚望)	227
	하비를 지나면서(經下邳)	229
	큰 제방 옆에 사는 여인(大堤女)	230
	장백기(張伯起)	230
	사나운 호랑이 노래(猛虎行)	232
	인일에 스스로를 비웃다(人日自笑)	235
	길을 가는 중에 읊음(途中口占)	238

종성 (鍾惺)	포구의 주무재 연못 별장에 묵으며 (宿浦口周茂才池館)	242
	서릉협(西陵峽)	243
	구장유가 요양으로 떠나가기에 앞서 시를 지어놓고 친구들과 이별을 하였는데, 목숨을 바치겠다는 결의가 보였다. 비장한 나머지 그의 시에 화작하여 전송함(丘長孺將赴遼陽留詩別友意欲勿生, 壯惋之餘和而送之) 제2수	246
	배 안에서 『한단몽』 전기를 읽다가 되는대로 왼편에 적어놓음(舟中看邯鄲夢傳奇偶題左方)	248

진자룡 (陳子龍)		
	역수를 건너며(渡易水)	251
	작은 수레의 노래(小車行)	252
	변경의 노래(邊風行)	253
	종군의 노래(從軍行)	255
	교하(交河)	256
	요동(遼東) 사태에 대한 잡생각(遼事雜詩)	257
	가을날의 잡된 감회(秋日雜感)	259
	아흐렛날 일람루에 올라(九日登一覽樓)	260

장황언 (張煌言)		
	신축년 가을 청군이 복건(福建) 절강(浙江) 연해의 주민들을 모두 옮겨가게 하여 임인년 봄에 나는 배를 타고 바닷가로 돌아오고 있었는데, 봄 제비가 와서 배에 집을 짓기에 그 느낌을 읊음(辛丑秋虜遷閩浙沿海居民, 壬寅春余艤棹海濱, 春燕來巢于舟有感而作)	263
	갑진년 팔월 고향을 떠나면서(甲辰八月辭故里)	266

하완순 (夏完淳)		
	긴 노래(長歌)	269
	가을밤의 감회(秋夜感懷)	271
	즉사(卽事)	272
	절구(絕句)	274
	운간을 작별하며(別雲間)	275

전수광은 내 처남인데 외모가 준수하고 풍채가 좋으며 행실을 잘 닦아 모든 행동에 규범이 있어 하늘이 긴 수명을 내려주어 뜻있는 일을 할 줄로 알았는데 죽어버렸으니, 뛰어난 사람이 없어지는 것은 나라가 망할 징조라 슬픈지고! 절구 십팔 수를 지었으니 짧은 노래의 슬픔은 긴 시보다도 더한 법인데 감정이 풍부한 사람이 아니라면 이런 말은 할 것도 없다.(錢漱廣爲余內兄弟, 丰姿玉立神采駿揚綱紀翼修百行具備, 天假以年且有爲, 而死, 哲人云亡邦國殄瘁, 哀哉! 得絶句十八首, 短歌之悲過于長號, 非有情者不足以語此也) 제2수   276

후기도 운구 형제를 그리며(憶侯幾道雲俱兄弟)   278

괘지아(掛枝兒)

남몰래 들여다 보는 이(私窺)   281
성미가 급해서(性急)   282
헛기침(咳嗽)   283
참고 견디어 주어(耐心)   284
연분(緣法)   286
입으로는 허락해놓고(口許)   287
꽃이 피면(花開)   288
사랑하기(調情)   289
술의 신을 욕하네(罵杜康)   291
착각(錯認)   292
발자국 소리(脚聲)   293
사랑함과 미워함(疼惱)   294

	사랑을 느낌(感恩)	295
	서로 떨어지는 일은(分離)	296
	눈에 이는 불꽃(眼裡火)	297
	재채기(噴嚏)	299
	수놓기 싫어지네(倦繡)	300
	울면서 하는 생각(泣想)	301
	걸려들어서(牽掛)	302
	사랑 상점(賣相思)	303
	전송(送別)	304
	멍청한 이(糊塗)	306
	검은 마음(黑心)	307
	가을에(秋)	308
	닭(鷄)	309
	책 읽는 소리(書聲)	310
	외로움(孤)	312
	산 사람(山人)	313
	공처가(懼內)	314
	시골의 부부(鄕下夫妻)	315
산가(山歌)	웃음(笑)	321
	보다가(看)	321
	정 맺기(做人情)	322
	임이 없으니(無郎)	323
	임을 찾아주면(尋郎)	324

차례 · 15

가상적인 사랑(模擬)	325
달이 뜨면(月上)	326
한밤중에(半夜)	327
엄마 속이기(瞞娘)	328
간통죄(捉奸)	329
여인이 타고난 몸(姐兒生得)	330
마음이 끌리어(有心)	331
간통(偸)	332
춘화(春畵)	333
꽃 꺾기(採花)	334
함께 자기(同眠)	335
홀아비의 원망(怨曠)	336
짝사랑(一邊愛)	336
끝까지 못가는 사랑(弗到頭)	337
임을 보내려고(送郎)	338
남편이 조그마하여(老公小)	340
배(船)	341
저주(呪罵)	342
노처녀(老阿姐)	343
밭(田)	344
쥐(老鼠)	347
잠 못 이루더니(睏弗着)	353

● 찾아보기　　　　　　　　　　　　361

해제 解題

해제 解題

1. 명대는 어떤 시대였는가?

　명나라 태조太祖가 된 주원장(朱元璋, 1328-1398)은 1368년에 몽고의 원元을 멸하고 다시 한족漢族의 왕조인 명을 세웠다. 명 태조는 나라를 세우자 곧 전쟁으로 황폐해졌던 사회를 재건하기에 노력하는 한편, 원나라 지배 아래 만연된 여러 가지 몽고풍의 제도와 풍습 등을 씻어내고 한족의 문화를 재건하기에 힘썼다. 곧 학교를 세우고 과거제도를 시행하며 주자학朱子學을 바탕으로 전통적 학문을 부흥시키기에 힘썼다. 성조成祖의 영락(永樂, 1403-1424) 년간에는 호광胡廣 등에 명하여 『사서대전四書大全』·『오경대전五經大全』 등을 편찬케 하고, 또 2,100여 명의 학자들을 동원하여 「영락대전永樂大典」 2만여 권을 편집케 하였다. 이는 옛 자기네 문화를 되찾으려는 노력이어서, 자연히 명대 학술과 문화에는 복고주의復古主義적인 경향이 농후하게 된 것이다.

　명나라는 강력한 중앙집권제를 바탕으로 곧 농업생산을 회복하여, 이에 따라 상업과 수공업도 급속한 발전을 이루었다. 특히 제철·조선 등이 상당한 발전을 이루었고, 요업 같은 수공업은 공장 규모가 발전하여, 여기에서 중국 자본주의의 맹아를 찾는 이도 있다. 이러한 상공업의 발달은 도시의 번영을 가져와 명초 남경南京의 인구는 백만이 넘었고 북경 인구도 60여만 이었으며, 이 밖에도 전국에 대 상업도시가 30여 곳이나 되었다. 이에 따라 시민계층의 힘이 커지고 시민의식이 이루어져, 명대에는 이들 시민의 요구에 따른 장편 장회소설章回小說과 장편 희극인 전기傳奇를 비롯하여 여러 가지 민간연예가 성행하였다.

한편 상업의 발전은 부의 편재를 가속화하여 대규모의 토지 겸병兼併 현상이 일어났다. 이에 토지를 잃은 농민들은 많은 수가 유민이 되어, 마침내는 여러 곳에서 유민들의 폭동이 일어나는 사태가 발생하였다. 명 말에 오면서 정치는 더욱 부패하여, 이미 세종世宗의 가정嘉靖 년간(1522-1566)부터 시작하여 환관 엄숭嚴嵩과 위충현魏忠賢이 계속 나라의 권세를 잡아 더욱 나라는 혼란에 빠졌다. 동림당東林黨이 나와 한때 위충현을 반대하기도 하였지만, 안으로는 잦은 유민폭동이 이어지고 밖으로는 외족의 침입이 잦아 혼란을 만회할 길이 없었다. 마침내 숭정崇禎 17년(1644)에 이자성李自成이 북경을 함락시키고 숭정황제는 목매어 죽음으로써, 명나라의 막이 내려졌다. 이런 혼란한 틈에 만주족이 중원을 침입하여 청淸나라를 세웠던 것이다.

그런 중에도 과거科擧에서의 팔고문八股文 사용과 철학 사상은 특히 명대 문학에 큰 영향을 끼쳤다.

〈팔고문〉이란 문장의 구성 형식과 심지어 글자 수에 이르기까지도 일정한 격식이 있고, 전체가 대우對偶로 이루어지는 문체이다. 명나라 지식인들은 과거에 급제하기 위하여 이처럼 극도로 형식화 한 문장을 공부하였으므로, 이들의 문장이나 시詩·사詞도 모두 형식적인 경향으로 흐를 수 밖에 없었던 것이다.

　명대에 들어와서도 떠받들어지던 주자학朱子學은 그 도학道學적인 경향이 형식적인 문학을 뒷받침했다. 그리고〈주자학〉을 바탕으로 외족의 지배로 말미암아 호화胡化한 자기네 문화와 학술을 만회하려는 노력에 따라, 문학에도 복고주의의 경향이 주류를 이루게 되었다. 그러나 왕수인(王守仁, 1472-1528)이 나와 '양지良知'를 내세우고 '지행합일知行合一'을 주장하면서〈주자학〉으로 인한 교조주의적인 경향을 무너뜨리기 시작하였다. 특히 왕간(王艮, 1483-1541)이 나와 이른바 태주학파泰州學派[1]를 이루면서 더욱 자유주의적인 학문방법이 고취되자, 명 말엽에는 서위(徐渭, 1521-1593)·이지(李贄, 1527-1602)·탕현조(湯顯祖, 1550-1617) 등 반복고反復古를 주장하며 개성적인 문학을 내세우는 사람들이 나왔고, 마침내는 공안파公安派와 경릉파竟陵派의 문학개량운동이 전개되었다.

---

1) 王艮 이후 徐樾·顔鈞·羅汝芳·何心隱·焦竑·周汝澄·陶望齡 등으로 이어지며 泰州學派가 발전한다(「明儒學案」下冊).

2. 명대 문학 발전의 특징

　명대는 시·문을 중심으로 하는 정통문학에 있어서는 전칠자前七子와 후칠자後七子가 대표하는 복고復古 또는 의고擬古주의적인 문학이 주류를 이루었던 시대이다. 따라서 창작의 기운이 떨치지 못하여 당대의 이백·두보나 송나라 구양수·소식 같은 대가는 하나도 출현하지 않았다. 그보다는 송대 화본話本과 원대 잡극雜劇의 전통을 이어, 그 시대의 요구를 따라 발전시킨 장편의 장회소설章回小說과 전기傳奇가 극도로 성행했던 시기이다. 대작의 소설이나 희곡에 고도의 사상성과 예술성을 가미한 명대의 통속적인 문학은 중국문학사상 획기적인 것이었다고 할 수 있다.

　명대에는 중앙집권에 의한 통치가 안정되면서 몽고족의 지배로 손상된 자기네 문화와 한족의 권위를 회복하려는 욕심이, 실제로는 관리와 인민에 대한 탄압과 여러 번의 문자옥文字獄 등을 통한 지식인과 문학가들의 통제의 형식으로 나타났다. 따라서 지배자의 통제를 받은 문학은 명나라의 공덕을 송양하고 그 시대의 태평을 노래하는 대각체臺閣體의 시문을 낳게 하였다. 그리고 뒤이어 전후칠자前後七子가 나와 "글은 반드시 진秦·한漢, 시는 반드시 성당盛唐을 본받아야 한다"는 식의 복고주의를 내세운 문학이 주류를 이루었다.

　희곡에 있어서도 주유돈(朱有燉, 1379–1439)·주권(朱權, 1378–1448)을

중심으로 하는 귀족 문인들이 처음부터 희곡 창작을 지배하고 연극을 궁중의 오락으로 삼았다. 따라서 연극 내용은 신선낙도神仙樂道의 종류가 대부분이었고, 문장과 형식은 귀족화 또는 형식화하는 수밖에 없었다. 그리고 모처럼 일어난 소설과 희곡이란 민중문학의 기운이 창작에 있어 계속 자유롭고 현실주의적인 방향으로 흐르려 하자, 조정에서는 여러 번 그러한 소설과 희곡의 창작이나 유행을 금하는 명령을 내렸다.2) 이 때문에 소설 희곡도 대체로 권선징악勸善懲惡의 테두리를 벗어나지 않으려는 형식적인 경향을 지녀 그 발전에 제약이 되었다.

그럼에도 불구하고 이 시기에 귀족적인 경향을 벗어난 작가들이 부단히 출현하였다. 시에 있어서는 심주(沈周, 1427–1509)가 있고 〈산곡〉에는 풍유민(馮惟敏, 1511?–1580?)이 있고, 〈잡극〉에는 서위(徐渭, 1521–1593)의 『사성원四聲猿』이란 네 작품이 있고, 〈전기〉에 있어서는 이개선(李開先, 1501–1569)의 『임충보검기林冲寶劍記』 등이 있다.

그러나 가정(嘉靖, 1552–1556)・만력(萬曆, 1573–1619)부터 문단이 다양해지고 활발해진다. 복고주의를 반대하고 개성적인 문학을 주장했던 서

---

2) 王曉傳 편 『元明淸三代禁毁小說戱曲史料』(1958, 作家出版社)의 第一編 中央法令에만 明代의 法令으로 9條目이 수록되어 있다.

위·이지·탕현조·초횡(焦竑, 1541－1620) 등에 뒤이어 원굉도(袁宏道, 1568－1610) 형제를 중심으로 하는 공안파公安派가 나와 "홀로 성령性靈을 펴내며 격식에 구애받지 않고, 자기의 가슴속으로부터 흘러나오는 것이 아니면 붓을 대려 하지도 않는다"3)는 개성적인 문학의 창작을 주장하였다. 다만 이들은 너무 자기중심적인 사고방식에만 치우쳐, 남이나 사회에 대한 관심이 엷었다는 것이 곧 결함이라 할 수 있다.

그리고 서위·탕현조·초횡 등 이때 개성적인 문학 창작을 주장하던 이들은 한편 희곡작가로도 활동한 사람들이 대부분이다. 명대에 들어와 남희南戲에 눌려 몰락하기 시작한 〈잡극〉은 이전의 형식에 구애받지 않는 단막극 등 자유로운 격식의 작품들이 나왔다. 서위의 『사성원四聲猿』은 1·2·5척齣 등 길이가 같지 않은 네 가지 희곡이다. 또 〈전기〉에 있어서는 곡률파曲律派가 주류를 이루는 가운데도 격률에 구애받지 않고 자유로이 개성을 발휘하여 작품을 쓰는 작가가 나왔다. 『환혼기還魂記』의 작가 탕현조가 그 대표적인 사람이다.

또 이들은 역대 중국문인들이 거들떠보지 않던 희곡과 소설의 문학

---

3) 『袁中郎全集』 文鈔 「小修詩」;"獨抒性靈, 不拘格套, 非從自己胸臆流出, 不肯下筆"

적인 가치를 크게 내세웠다. 그 결과 희곡뿐만이 아니라 소설도 크게 성행하였다. 장편 장회소설로는 『서유기西遊記』·『수호전水滸傳』·『삼국지연의三國志演義』·『금병매金瓶梅』 등 이른바 사대기서四大奇書가 나왔고, 백화 단편소설도 성행하여 풍몽룡(馮夢龍, 1574-1645)의 『유세명언喩世明言』·『경세통언警世通言』·『성세항언醒世恒言』의 이른바 삼언소설三言小說이 나왔다.

이 밖에 민간문학도 성행하여, 민가집으로 풍몽룡이 편찬한 『산가山歌』와 『괘지아掛枝兒』가 나왔고, 송·원 강창문학을 이어받아 남방에는 탄사彈詞, 북방에는 고사鼓詞가 성행하였다. 그리고 이들 민간문학의 영향을 받은 〈산곡〉 작가로 진탁(陳鐸, 1505 전후)·설론도(薛論道, 1573 전후) 등이 있다.

3. 명대 시 발전의 특징

1) 명초의 시

명나라는 외족의 지배에서 벗어나 한족에 의하여 다시 건립된 왕조였기 때문에, 문학에 있어서도 원나라의 풍조를 벗어나 이전 한족의 것을 되찾으려는 움직임이 있었다. 이때의 문인 중에서 가장 후세에까지 큰 영향을 끼친 작가가 유기(劉基, 1311–1375)와 고계(高啓, 1336–1374)이다.

유기는 원말에 진사가 되었으나 벼슬하지 않고 숨어살다가, 주원장을 도와 명나라를 세우는데 공을 세운 개국공신 중의 한 사람이다. 그의 시는 소박하면서도 힘이 있는 풍격을 지녔으며, 몽고의 지배 아래 핍박을 당하는 농민의 실정을 읊은 시도 여러 수 있다. 그는 산문에도 뛰어나 우언체寓言體의 산문집인 『욱리자郁離子』를 비롯하여, 원말 사회의 여러 가지 모순과 부조리를 풍자한 글도 많이 썼다.

고계도 원말엔 숨어 살다가 명나라가 건국되자 나와서 벼슬했던 사람이다. 그는 한문화 회복의 이상을 좇아서, 시에 있어서도 일정한 시대를 고집하지 않고 한대에서 송대에 이르는 모든 옛 시의 형식과 정신을 본받으려 하였던 시인이다. 따라서 그의 문학은 뒤에 곧 발전하게 되는 옛날의 것을 흉내나 내려는 의고주의擬古主義 경향의 싹이 되었다고 볼 수도 있을 것이다. 어떻든 그는 옛 사람들의 형식이나 기법을 살려 자기의 사상과 감정을 표현하는 데 주력하였다. 특히 그의 악부시樂府詩 속에는 가난한 농민이나 어민들의 여러 가지 생활을 노래한 작품들이 많다.

이어 영락(永樂, 1403-1424)에서 성화(成化, 1465-1487)에 이르는 기간은 국내가 평온하고 국력이 충실해져서, 명나라 공덕과 태평을 칭송하는 시문인 대각체臺閣體를 대부분의 작가들이 지었다. 〈대각체〉란 창의나 개성은 찾아볼 수도 없고 현실과도 유리된 지식인들이 시를 주고받으며 교유하는 도구에 불과하였다.

이 시기에도 다릉시파茶陵詩派라 부르던 이동양(李東陽, 1447-1516)이 많은 후진을 양성하고, 깊고 무게가 있는 시를 썼다. 그러나 결국은 그도 〈대각체〉의 테두리를 벗어나지는 못했다. 그 보다도 심주(沈周, 1427-1509)가 낮은 벼슬에 머무른 채, 농민생활을 바탕으로 현실주의적인 작품을 써냈다. 심주는 붓글씨와 그림에도 뛰어나, 시뿐만이 아니라 붓글씨와 그림에도 빼어난 솜씨들을 발휘하였다.

2) 전후칠자前後七子의 복고주의

명나라도 이미 영종(英宗, 1436-1449 재위) 때부터는 토지 소유의 집중 현상이 두드러져 농촌이 몰락한 위에 외환이 자주 일어나 국세가 시들어져 갔다. 이런 속에 태평이나 칭송하는 〈대각체〉는 사람들에게 불만을 느끼게 하여 새로운 문학풍조의 요구가 생겨났다. 그리고 원대에 잃은 자기네 문학의 전통을 회복하려는 열망도 있었다. 이에 호응하여 먼저 전칠자前七子라 부르는 진秦·한漢의 문장과 성당盛唐의 시를 내세우고 〈대각체〉를 반대하며 옛날 풍격의 시로 되돌아가야 한다는 복고復古의 기치를 든 시인들이 나왔다. 〈전칠자〉란 이몽양(李夢陽, 1472-1529)·하경명(何景明, 1483-1521)을 비롯하여, 왕구사王九思·왕정상王廷相·강해康海·변공邊貢·서정경徐禎卿의 일곱 명이다. 그리고 다시 후칠자後七子가 나와 이들의 복고주의를 계승하였는데, 〈후칠자〉란 이반룡(李攀龍, 1514-1570)·왕세정(王世貞, 1526-1590)을 비롯하여, 사진謝榛·서중행徐中行·종신宗臣·양유예梁有譽·오국륜吳國倫 등의 일곱 명이다. 대체로 〈전칠자〉의 활약 시기는 홍치(弘治, 1488-1505)·정덕(正德, 1506-1521) 년간이고, 〈후칠자〉의 활약 시기는 가정(嘉靖, 1522-1566) 년간이다.

『명사明史』 이몽양李夢陽傳에는 다음과 같은 기록이 있다.

문장은 반드시 진·한, 시는 반드시 성당을 본받아야 하며, 여기에서 어긋나는 것은 올바른 도리가 아니라 주장하였다. 하경명·서정경·변공·주응등·고린·진기·정선부·강해·왕구사 등과 함께 〈십재자〉라 불렀고, 또 하경명·서정경·변공·강해·왕구사·왕정상 등과 함께 〈칠재자〉라고도 불렀다. ……가정 년간에 와서는 이반룡·왕세정이 나와서 다시 우두머리로 받들어졌다. 온 천하가 이몽양·하경명·왕세정·이반룡을 〈사대가〉라 부르며 다투어 그들의 문체를 본받지 않는 이가 없었다.

倡言文必秦漢, 詩必盛唐, 非是者弗道. 與何景明·徐禎卿·邊貢·朱應登·顧璘·陳沂·鄭善夫·康海·王九思等號十才子. 又與景明·禎卿·貢·海·九思·王廷相號七才子. ……迨嘉靖朝, 李攀龍·王世貞出, 復奉爲宗. 天下推李·何·王·李爲四大家, 無不爭效其體.

이들 〈전후칠자〉들은 복고의 기치를 내세워 〈대각체〉를 무너뜨리기는 하였으나 결국은 의고擬古의 경향으로 흘렀다. 곧 이들을 중심으로 명대의 시문학은 형식주의적인 방향으로 흘러 모방과 표절을 일삼고, 창작성이나 개성 같은 것은 찾아볼 수 없는 지경이었다.

그러나 이런 중에도 이들과 복고의 견해를 달리한 귀유광(歸有光, 1506-1571) 같은 작가들이 있다. 귀유광은 질박하고 간결하면서도 청신하고 서정적인 글을 써서 청대 동성파桐城派를 비롯한 고문가들로부터 칭송을 받고 있다. 어떻든 이들도 복고의 조류로부터 완전히 벗어난 것은 아니었다.

3) 공안파 公安派 · 경릉파 竟陵派

만력(萬曆, 1573-1619) 년간으로 들어오면서 〈전후칠자〉들의 복고주의에 반대하고 개성적인 문학창작을 주장하는 작가들이 나타나기 시작하였다. 왕양명王陽明 좌파左派라고도 부르는 태주학파泰州學派의 자유주의적인 학문방법의 주장으로 말미암은 변화라고 볼 수도 있다. 곧 서위(徐渭, 1521-1593) · 이지(李贄, 1527-1602) · 초횡(焦竑, 1541-1626) · 탕현조(湯顯祖, 1550-1617) 등이 그들이다.

서위는 자가 문장文長이고, 『사성원四聲猿』이란 원대 잡극의 정식程式을 벗어난 네 편의 잡극을 지은 극작가이기도 하고, 또 『남사서록南詞叙錄』이란 곡론서도 쓴 희곡 연구가이기도 하다. 그는 일생을 발광도 하고 자해도 하면서 독특한 방식으로 산 기인이었으니, 그의 문학이 개성적이지 않을 수가 없을 것이다. 그는 그 당시의 복고주의를 다음과 같이 평하였다.

    사람이 새 말을 배운 자가 있다면, 그의 소리는 새라 하더라도 그의 본성은 사람인 것이다. 새가 사람의 말을 배운 자가 있다면, 그의 소리는 사람이라 하더라도 그의 본성은 새인 것이다. 이것으로서 사람과 새를 구별하는 기준으로 정할 수 있을 것이다. 지금의 시를 짓는 사람들도 무엇이 이와 다르겠는가? 자기가 스스로 터득한 것으로부터 나온 것이 아니고 공연히 남이 일찍이 한 말들을 훔쳐다 놓고서, 이 작품은 무슨 체인데 저 작품은 틀렸고, 이 구절은 어떤 분과 비슷한데 저 구절은 틀렸다는 식으로 말한다. 이것은 비록 잘 지었다 하더라도 아주 닮았을 따름인 것이니, 새가 사람 말을 하는 것과 같은 것임을 면할 수 없는 것이다.

    人有學爲鳥言者, 其音則鳥也, 而性則人也. 鳥有學爲人言者, 其音則人也, 而性則鳥也. 此可以定人與鳥之衡哉. 今之爲詩者, 何以異於是? 不出於己所自得, 而徒竊人之所嘗言, 曰某篇是某體, 某篇則否; 某句似某人, 某句則否. 此雖極工, 適肖而已,

不免於鳥之爲人言矣.(『徐文長文集』卷20 葉子肅詩序)

이지(1527-1602)는 자가 탁오卓吾이며, 태주학파의 별전別傳의 인물이다. 그도 세상의 일반적인 습속이나 예의를 무시하고 살았던 괴인이다. 그는 소설·희곡의 문학적인 가치를 중시하고 의고주의를 반대하며 개성적인 문학창작을 주장하였다. 그는 진인眞人의 진심眞心이 바로 동심童心이라 주장하며「동심설童心說」을 썼다.

초횡(1541-1626)도 태주학파에 속하는 학자여서 자유주의적인 사상을 지니게 되었을 것이다. 특히 그가 "시란 다름이 아니라 사람의 성령性靈 을 기탁하는 것이다(詩非他, 人之性靈之所寄也.)"라고 한 선언은, 문학론으로서 중국문학사상 〈성령〉을 처음 얘기한 것인 듯하다. 〈공안파〉에서 내세웠던 〈성령〉도 여기에서 나온 것임은 두말 할 필요도 없다.

탕현조(1550-1617)는 『환혼기還魂記』란 명대 전기를 대표할 작품을 남긴 극작가이다. 그는 명대의 문학을 평하여

> 우리나라 문학은 송렴宋濂에게서 멈춰져서, 방효유方孝孺도 이미 약해졌으며, 이몽양 이하 왕세정에 이르기까지는 기력의 강약과 굵고 가늠이 같지는 않지만 가짜 글이나 같은 것이다.

我朝文字, 宋學士而止, 方遜志已弱, 李夢陽而下至瑯琊, 氣力强弱巨細不同, 等膺文爾.(『玉茗堂文集』 尺牘之四 答張夢澤)

탕현조는 시에 있어서도 개성적인 복고주의자들과는 다른 풍격의 작품들이 있다.

이들을 바탕으로 원종도(袁宗道, 1560-1600)·원굉도(袁宏道, 1568-1610)·원중도(袁中道, 1570-1623) 삼 형제가 나와 의고주의적인 당시의 문학풍조를 반대하고 개성적인 문학창작을 주장하여 〈공안파〉라 부르게 되었다. 이들의 문학 주장은 대체로 다음과 같이 정리할 수 있을 것이다.

첫째, 문학의 시대적인 진화를 중시하였다. 문학은 시대에 따라 변화하고 시대마다 독특한 특징을 지니고 있다는 것이다.

둘째, 시대적인 진화의 인식을 바탕으로 복고復古나 의고擬古를 반대하였다.

셋째, 오직 성령性靈을 펴내며 격식에 구애받지 않는다. 〈성령〉이란 자신의 사상·감정이나 개성을 아울러 일컬은 말인 듯하다.

넷째, 소설과 희곡의 문학적인 가치를 중시하였다.

다섯째, 민간의 가곡도 중시하였다.

곧 시는 "참된 소리眞聲"이어야만 한다는 것이다. 이 밖에도 그들은 문학의 시대적인 진화뿐만이 아니라, 그 지리 환경이나 사람에 따라서도 모두 성격을 달리하는 것이라 주장하였다. 그리고 특히 소식蘇軾과 백거이白居易를 옛 작가들 중에서는 가장 존중하였다.

그러나 이들의 실제 창작은 〈성령〉의 표현을 위주로 하여, 현실 사회문제는 외면한 채 산수 속에 친구들과 어울려 한가한 개인의 느낌 같은 것을 노래한 시들이 대부분이다. 따라서 특출한 작품들은 매우 적다.

〈공안파〉의 작가들이 이처럼 청신하고 가벼운 풍격의 작품을 추구하자, 결국은 간혹 경박한 경향으로 흐르지 않을 수가 없었다. 이에 대한 반동으로 종성(鍾惺, 1572-1624)과 담원춘(譚元春, 1586-1637)이 나와 깊고 빼어난 표현으로 이들의 폐단을 바로잡으려 하였다. 이들을 경릉파竟陵派라 부르는데, 문학이론에 있어서는 〈공안파〉와 별로 다를 바가 없는 정도이다. 다만 시의 표현에 있어 독특한 구절을 이루고 특별한 운조韻調를 이룸으로써 깊고도 빼어난 격조의 작품을 쓰려 했을 따름이다.

어떻든 명말의 〈공안파〉·〈경릉파〉를 중심으로 한 반복고주의 문학운동은 중국문학사상 주목을 요하는 일의 하나이다. 곧 문학창작에 있어 고인의 굴레를 벗어나 자유로운 입장에서 개성과 창의를 발휘하려 했던 점은 높이 평가해야 할 것이다. 그러나 이들이 현실을 외면하고 자기들만이 유유자적하려던 태도는 곧 그들 문학의 한계를 뜻하게 되었던 것으로 믿는다.

명대의 시를 대표할 수 있는 것은 이상 문인들의 작품보다도 민간에 유행했던 민가인지도 모른다. 진굉서陳宏緖가 『한야록寒夜錄』에서 다음과 같은 탁인월(卓人月, 1644 전후)의 말을 인용하고 있다.

> 우리 명대는 시에 있어서는 당대만 못하고, 사에 있어서는 송대만 못하고, 곡에 있어서는 원대만 못하지만, 아마도 오가吳歌와 괘지아掛枝兒·나강원羅江怨·타조간打棗竿·은교사銀絞絲 같은 것들은 우리 명대의 빼어난 것이라 할 것이다.
>
> 我明詩讓唐, 詞讓宋, 曲讓元, 庶幾吳歌, 掛枝兒·羅江怨·打棗竿·銀絞絲之類, 爲我明一絶耳.

그리고 스스로 다음과 같은 평어를 보태고 있다.

> 이 말은 매우 식견이 있는 것이다. 명나라 사람들의 독창적인 예술로 옛날 사람들에게는 없었던 것으로는 오직 이런 작은 곡조들이 있을 뿐이다.

此言大有識見. 明人獨創之藝, 爲前人所無者, 祗此小曲耳.

앞에서 이미 풍몽룡馮夢龍이 그 시대의 민가를 모아 『괘지아掛枝兒』 와 『산가山歌』라는 두 민가집을 내었음을 얘기하였다. 뒤의 〈시선詩選〉 에서는 이 두 민가집의 시들을 되도록 많이 소개할 예정이다.

또 하나 특기할만한 명말 시단의 특징은 문인들의 결사結社가 성행 하였다는 것이다. 만력 년간(1573-1619)에 고헌성顧憲成·고반룡高攀龍 등 에 의하여 이루어졌던 동림당東林黨은 위충현魏忠賢 등의 환관세력과 명 말까지 항쟁을 했고, 그 뒤로도 애남영(艾南英, ?-1647)의 예장사豫章社, 진자룡(陳子龍, 1608-1647)의 기사幾社, 장박(張溥, 1602-1641)의 복사復社 등의 시사詩社가 있었다. 이 중에서도 〈복사〉가 명성을 크게 떨쳤다. 이 들 시사에 모였던 사람들 대부분이 의기와 애국심이 강한 지식인들이어 서, 명나라의 멸망기에 반청운동反淸運動으로 크게 활약했다.

시선 詩選

··· 작가 약전(略傳)

유기

劉基 1311~1375

자는 백온伯溫, 청전靑田(지금의 浙江省) 사람. 원대 말엽에 진사가 된 뒤 절강유학제거浙江儒學提擧 등의 벼슬을 하다가 곧 벼슬을 버리고 고향으로 돌아와 숨어 살았다. 뒤에 명나라 태조 주원장朱元璋의 부름을 받아 천하를 평정하는 데 협조하여 벼슬은 어사중승御史中丞 겸 태사령太史令까지 지냈으며, 명나라 개국공신開國功臣으로 성의백誠意伯에 봉해졌다. 그는 명나라 초기의 두드러진 시인으로 소박하면서도 힘 있는 시를 썼다. 문집으로『성의백문집誠意伯文集』이 있다.

농두수(隴頭水)

농두의 물은
싸움터에 나가는 이의 눈물.
싸움터에 나가는 이 농두에서 눈물을 흘려
강물 되어 진천秦川으로 들어가 흐르네.
강물은 진천 들판으로 흘러가면서
흐느끼며 울음을 그치지 못하네.
어찌하면 하늘의 바람 일어
이 소리 임금님 귀에 들어가게 할까나?

隴頭水(농두수)하니, 征夫淚(정부루)로다.
征夫之淚滴隴頭(정부지루적농두)하여, 化爲水入秦川流(화위수입진천류)로다.
水流向秦川(수류향진천)하며, 嗚咽鳴不已(오열명불이)로다.
何因得天風(하인득천풍)하여, 吹入君王耳(취입군왕이)아?

| 註解 |

1) 隴頭水(농두수) - 횡취곡(橫吹曲)에 속하는 악부(樂府) 편명. 농두는 본시 농산(隴山)을 가리키며, 그 산은 섬서성(陝西省) 농현(隴縣) 서북쪽에 있는 육반산(六盤山)의 남쪽 자락이다. 그 산에 오르는 언덕은 구불구불하고 7일을 걸려 넘어갈 수가 있는데, 그 위에는 맑은 물이 사방으로 흐르고 있어 농두수(隴頭水)라 부른다 한다(『樂府詩集』 引 『三秦記』). 2) 秦川(진천) - 감숙성(甘肅省) 쪽에서 섬서성으로 흐르고 있는 강물 이름, 청수(淸水)라고도 부른다. 그러나 두 번째 진천은 섬서성(陝西省) 일대의 지방을 가리키는 말이다.

| 解說 |

전쟁을 통하여 백성들이 겪는 고난을 노래한 시이다. 윗자리에 있는 사람들은 이처럼 잔혹한 고난을 모르기 일쑤인 것이다.

농사짓는 사람들 (田家)

농사짓는 사람들은 달리 추구하는 것 없고
오직 입고 먹을 것만 구하네.
남정네들은 밭 갈고 씨 뿌리는 일을 하고
부녀자들은 길쌈에 매달리네.
새벽부터 호미 메고 나가서
밤이 되도록 쉴 겨를도 없네.
배부르고 따스한 것은 하늘이 내려주는 게 아니라
그대들 체력에 달려있는 것일세.
세금이 나오는 곳이니
관청에서는 마땅히 아껴주어야만 할 것인데,
어찌하여 지독히 긁어가서
물이 새어버리듯 한 방울도 남기지 않는가?
괴상하게도 정치가 잘 되던 시절에는
어지러이 도적들이 많았다는데,
어찌하여 인의를 지키는 창 든 사람 나와
약탈을 막아주지 않는가?
어찌하면 깨끗하고 바른 관리들이 나와
나라 사람들과 더불어 기뻐하고 걱정하게 될까?

맑은 마음으로 뇌물 물리치고
백성들 돌보며 나라의 병폐 없애주었으면!

田家無所求요, 所求在衣食이라.
丈夫事耕稼[1]하고, 婦女攻紡績[2]이라.
侵晨[3]荷鋤[4]出하여, 暮夜不遑[5]息이라.
飽暖匪天降이오, 賴爾筋與力[6]이라.
租稅所從來니, 官府宜愛惜이련만,
如何恣[7]刻剝[8]하여, 滲漉[9]盡涓滴[10]고?
怪當休明[11]時에, 狼藉[12]多盜賊이러니,
豈無仁義矛[13]하여, 可以弭[14]鋒鏑[15]고?
安得廉循[16]吏하여, 與國共欣戚[17]하고,
淸心罷苞苴[18]하여, 養民瘝[19]國脈[20]고?

| 註解 |

1) 耕稼(경가)- 밭 갈고 씨 뿌리는 것, 농사일을 하는 것. 2) 紡績(방적)- 실을 뽑고 길쌈을 하는 것. 3) 侵晨(침신)- 이른 아침, 새벽. 4) 鋤(서)- 호미. 5) 不遑(불황)- 할 겨를이 없는 것. 6) 筋與力(근여력)- 근력, 체력. 7) 恣(자)- 함부로, 멋대로. 8) 刻剝(각박)- 가혹하게 빼앗아 가는 것, 마구 긁어내는 것. 9) 滲漉(삼록)- 물이 새어나가는 것. 10) 涓滴(연적)- 떨어지는 물방울. 11) 休明(휴명)- 제대로 밝게 되는 것. 12) 狼藉(낭자)- 많이 널려있는 모양, 수가 많은 모양. 13) 仁義矛(인의모)- 인의의 창, 인의를 지키는 창. 14) 弭(미)- 정지시키다, 없애다. 15) 鋒鏑(봉적)- 칼끝과 살촉, 사람을

해치는 것. 16) 廉循(염순)- 깨끗하고 바른 것. 17) 欣慼(흔척)- 기쁨과 근심, 기뻐하고 걱정하는 것. 18) 苞苴(포저)- 뇌물. 19) 瘳(추)- 치료하다, 병을 낳게 하다. 20) 國脈(국맥)- 나라 형편, 나라 실정.

| 解說 |

작자 유기가 눈으로 직접 본 원 말 농민들의 참혹한 모습을 읊은 것이다. 이 시는 그가 원나라 벼슬을 그만두기 직전 지정至正 15년(1355) 전후하여 지어진 것이라 하며, 이 뒤로 대대적인 농민들이 봉기하여 원나라가 망한다.

감회(感懷) 2수(二首)

기일(其一)

수레를 몰고 문을 나가
사방을 둘러보아도 사람이 보이지 않네.
회오리바람에 낙엽이 말아 올려지고
풍풍 모래 먼지 함께 나네.
평평한 들판은 천 리 너비로 펼쳐있는데
더부룩하게 온통 잡나무뿐이네.
화려하게 꽃피는 시절 얼마나 갈 수 있겠는가?
오늘 이미 마르고 시들어 버린 것을!
그래서 향기로운 계수나무 가지는
복숭아나무 오야나무와 봄을 다투지 않는다 하였네.
구름 낀 숲 속에 깨끗이 외로이 숨어 지내며
서리와 눈이나 부질없이 친하게 지내볼까!

구거 출문거　　사고 불견인
驅車出門去하여, 四顧不見人이라.

회풍 권낙엽　　　삽삽 대사진
回風¹⁾卷落葉하고, 颯颯²⁾帶沙塵이라.

평원광천리　　　망망 진형진
平原曠千里한데, 莽莽³⁾盡荊榛⁴⁾이라.

번화능기하　　　초췌 급자진
繁華能幾何오? 憔悴⁵⁾及玆辰이라.

소이방계지　　　부쟁도리춘
所以芳桂枝는, 不爭桃李春이라.

운림경유독　　　상설공상친
雲林耿⁶⁾幽獨하고, 霜雪空相親이라.

| 註解 |

1) 回風(회풍)- 회오리바람.　2) 颯颯(삽삽)- 바람소리, 빗소리. 여기에서는 바람에 모래와 먼지가 날리는 소리.　3) 莽莽(망망)- 풀과 나무가 우거진 모양.　4) 荊榛(형진)- 싸리나무와 개암나무. 작은 잡목들을 가리킴.　5) 憔悴(초췌)- 여위고 병이 난 모양. 나무와 풀이 마르고 시든 모양.　6) 耿(경)- 밝은 것, 맑은 것.

기이(其二)

젊은 때부터 멀리 돌아다니며
왔다갔다 사방을 둘러보았는데,
하늘과 땅은 그저 넓기만 하고
산과 냇물 아득히 펼쳐있는 중에,
새들만 제멋대로 날고 있고
큰 나무는 공연히 쓸쓸히 서있네.
높은 곳에 올라가 저 멀리 바라보며
옛날을 생각하니 마음만 아파지네.

우뚝 서서 떠가는 구름 바라보며
어찌하면 바람 타고 나를 수 있을까 생각하네.

結髮¹⁾事遠遊하여, 逍遙²⁾觀四方이러니.
天地一何闊하며, 山川杳³⁾茫茫⁴⁾한데,
衆鳥各自飛하고, 喬木⁵⁾空蒼凉⁶⁾이라.
登高見萬里하며, 懷古使心傷이라.
佇立⁷⁾望浮雲하니, 安得凌風⁸⁾翔고?

| 註解 |

1) 結髮(결발)- 젊었을 적. 옛날 남자아이들은 머리를 뒤로 잡아매었다. 2) 逍遙(소요)- 왔다갔다하는 것. 3) 杳(묘)- 먼 것, 아득한 것. 4) 茫茫(망망)- 아득한 모양. 5) 喬木(교목)- 높고 큰 나무. 6) 蒼凉(창량)- 쓸쓸한 모양. 7) 佇立(저립)- 오랜 동안 우뚝 서있는 것. 8) 凌風(능풍)- 바람을 타는 것.

| 解說 |

자기의 조국이 외족 청나라에 망할 무렵의 감회를 읊은 것이다. 밖에 나가 보아도 사방에는 잡목만이 우거져 있고 사람은 전혀 보이지 않는 처절한 정경이 눈으로 보는 듯하다. 둘째 시의 "새들"과 "큰 나무"는 살아있으면서도 나라를 위하여 아무것도 하지 못하는 자기 동포들을 상징하는 것인 듯도 하다. 그리고 끝머리에서 아직도 날고 싶은 욕망을 보이고 있는 것은 아직도 완전히 버리지 않고 있는 작자의 소망을 표현한 것일 것이다.

말을 사는 노래(買馬詞)

역驛의 관리가 역정驛亭의 북을 둥둥 울리면
역리驛吏들이 쏜살같이 달려 나가 관마官馬를 사들이네.
부府의 관원들이 분주히 움직이고 관리들은 달리면서
현縣의 관리들 꾸짖기를 하인 부리듯 하네.
일시에 기한을 정하고 고을의 일을 할당하니
말 값 갑자기 비싸져서 말은 찾아보기도 어렵게 되네.
밭을 팔아 말 사가지고 와서 관청에 바치는데,
살 때도 힘들었지만 바치기도 어렵기만 하네.
현의 관리가 값을 정한 것을 부의 관원이 더 깎으니
천리 달리는 명마라 하더라도 둔한 말로 다뤄지네.
돌아와 가슴을 치며 방 한 모퉁이에서 우는데,
문 앞에는 세리가 와 세금 내라고 풍화처럼 다그치네.

驛官[1]亭鼓[2]鼕鼕[3]打하니, 驛使[4]星馳[5]買官馬라.
府官[6]奔走群吏趨[7]하고, 呵叱[8]縣官如使奴라.
一時立限[9]限鄕役하니, 馬價頓增[10]無處覓[11]이라.
賣田買馬來納官하니, 買時辛苦納時難이라.
縣官定價府官減하니, 驊騮[12]也作駑駘[13]看이라.
歸來拊膺[14]向隅[15]泣이러니, 門前索錢[16]風火急이라.

| 註解 |

1) 驛官(역관)- 역의 관리. 중국에서는 옛날부터 공문이나 명령을 빨리 멀리까지 전달하기 위하여 역을 두었다. 2) 亭鼓(정고)- 역정(驛亭)의 북. 역의 규모와 역할에 따라 역정(驛亭) 역참(驛站) 등이 있었다. 3) 鼕鼕(동동)- 북소리, 둥둥. 4) 驛使(역사)- 역리(驛吏), 역에서 일하는 관리. 5) 星馳(성치)- 별이 떨어지듯 빨리 달리는 것. 6) 부관(府官)- 부의 관리. 부는 현(縣)보다 한층 더 넓은 행정단위이다. 7) 趍(추)- 달리다, 추(趨)와 같은 자. 8) 呵叱(가즐)- 야단을 치는 것. 9) 立限(입한)- 시한(時限)을 정하는 것. 10) 頓增(돈증)- 갑자기 늘다, 갑자기 비싸지다. 11) 覓(멱)- 찾다. 12) 驊騮(화류)- 명마의 이름. 주(周) 목왕(穆王)이 천하를 주유할 적에 탔던 팔준마(八駿馬) 중의 하나임. 13) 駑駘(노태)- 아둔한 말. 14) 拊膺(부응)- 가슴을 두드리는 것. 15) 隅(우)- 모퉁이, 방 한구석. 16) 索錢(색전)- 세금을 내라고 조르는 것.

| 解說 |

원元 나라는 광대한 중국 땅을 다스리기 위하여 참적站赤 이라는 역전驛傳 제도를 운영하면서, 군수품을 나르고 급한 공문을 전달하였다. 이런 제도를 운영하면서 관리들은 얼마나 백성들에게 횡포를 다하고 또 가혹하게 세금을 거두어 들였는가 알 수 있다. 이족의 지배는 보다 더 가혹할 수 밖에 없는 것이다.

머리 흰 어머니의 노래 (白頭母吟)

흰 머리의 시어머니와
검은 머리의 며느리가 있는데,
며느리와 시어머니 추위에 두 무릎 끌어안고 울고 있네.
며느리는 전쟁터에 나간 남편 때문에 울고 시어머니는 아들
    때문에 우는데,
슬픈 바람 불어 뜰 앞의 나뭇가지 부러뜨리네.

집집마다 집이 있다 해도 군대가 주둔하고 있고
집집마다 자식이 있다 해도 전사했거나 잡혀갔네.

白頭母에, 烏頭婦러니, 婦姑[1]啼寒抱雙股라.
婦哭征夫母哭兒하고, 悲風吹折庭前樹라.
家家有屋屯[2]軍伍요, 家家有兒遭殺虜[3]라.

| 註解 |

1) 姑(고)- 시어머니. 2) 屯(둔)- 주둔(駐屯). 3) 殺虜(살로)- 전쟁에 나가 죽었거나 포로가 되는 것.

| 解說 |

원말 명초의 싸움 통에 백성들이 겪은 고초는 처절하기 짝이 없다. 집이 있다 해도 집안에 남자들은 전쟁에 나가 죽었거나 잡혀가 하나도 없고 집집마다 군대가 주둔하고 있어 백성들은 발붙일 곳조차도 없을 지경이다.

장문원(長門怨[1])

흰 이슬 옥섬돌 위에 내리고,
바람은 맑은데 달빛은 흰 비단 같네.
앉아서 보니 연못의 반딧불이
소양전으로 날아 들어가고 있네.

白露下玉除[2]하고, 風淸月如練[3]이라.

坐看池上螢⁴⁾하니, 飛入昭陽殿⁵⁾이라.
좌간지상형　　　비입소양전

| 註解 |

1) 長門怨(장문원)- 상화가사(相和歌辭) 초조곡(楚調曲)에 속하는 악부의 편명. 장문은 한(漢)나라 궁전 이름으로, 무제(武帝)의 진황후(陳皇后)가 임금의 총애를 잃고 지내던 궁전이름이다. 따라서 「장문원」은 진황후를 위하여 지은 노래이다(『樂府解題』). 2) 玉除(옥제)- 흰 옥돌로 만든 섬돌. 3) 練(련)- 흰 비단. 4) 螢(형)- 반딧불. 5) 昭陽殿(소양전)- 역시 한나라 궁전 이름. 성제(成帝)의 총애를 받던 조비연(趙飛燕)이 황후가 되어 살던 곳이다.

| 解說 |

보통 궁원宮怨을 읊은 시로 보아 넘겨도 된다. 그러나 조비연이 성제의 총애를 받으며 황후가 되어 소양전에서 호사스런 생활을 할 적에, 반첩여班倢伃는 성제의 총애를 잃고 장신궁長信宮에서 태후太后를 보살펴 드리며 쓸쓸한 나날을 보내고 있었다. 「장문원長門怨」은 「장신원長信怨」의 착오일 가능성도 있다. 당나라 왕창령王昌齡에게 「장신원」 시가 있다.

옥계원 (玉階怨)

장문궁의 등불 밑에서 흘리는 눈물이
옥섬돌 위에 떨어져 이끼가 되었다네.
해마다 봄비 내릴 즈음이면
이끼는 궁전 담 위까지 올라온다네.

長門¹⁾燈下淚이, 滴作玉階苔라.
장문　등하루　　　적작옥계태

年年傍²⁾春雨엔, 一上苑墻³⁾來라.
연년방춘우　　　일상원장래

| 註解 |

1) 長門(장문)- 앞 시에도 보인 한나라 궁전 이름. 2) 傍(방)- 가까운 것, 즈음. 3) 苑墻(원장)- 궁원(宮苑)의 담.

| 解說 |

역시 궁원시 宮怨詩 이다. 작자는 자기 가슴속의 망국의 한을 이런 궁원으로 읊었는지도 모른다.

옛 수자리 터(古戍)

옛 수자리 터에 올라보니 산불만 연이어졌고,
새로 쌓은 성에선 호가 소리가 땅을 진동하네.
온 나라 안에는 아직도 호랑이와 표범이 우글거리고,
온 세상이 제대로 농사 못 짓고 있네.
아득한 하늘 저편엔 구름이 풀밭에 드리워져 있고,
적막한 강가엔 눈 같은 물결이 사장을 덮으려 하네.
들매화는 그래도 다 타버리지 않아
가끔 두세 송이 꽃을 보여주고 있네.

古戍連山火하고, 新城殷[1]地笳[2]라.
九州[3]猶虎豹[4]요, 四海未桑麻[5]라.
天迥[6]雲垂草요, 江空[7]雪[8]覆沙라.
野梅燒不盡하여, 時見兩三花라.

| 註解 |

1) 殷(은)- 진동하다, 움직이다. 2) 笳(가)- 호가(胡笳), 옛날 군에서 쓰던 악기. 3) 九州(구주)- 중국. 4) 虎豹(호표)- 호랑이와 표범, 백성들을 괴롭히는 군대들을 가리킴. 5) 桑麻(상마)- 뽕나무 기르고 삼을 재배하는 것, 농사를 뜻함. 6) 迥(형)- 먼 것, 아득한 것. 7) 空(공)- 텅 비다, 적막하다. 8) 雪(설)- 눈, 여기서는 물결을 형용하는 말임.

| 解說 |

원나라 말기에 각지에 군사들이 일어나 나라가 혼란에 빠지자, 작자는 벼슬을 버리고 고향으로 돌아와 향군鄕軍을 조직하여 자기 고장의 평화를 지키려 하였다. 그때 옛 수자리 터에 올라가 세상을 바라보면서 느낀 감회를 읊은 것이다. 세상은 이미 처참한 형편에 빠져있다.

··· 작가 약전(略傳)

고
계

高啓　1336~1374

자는 계적季迪, 호는 사헌槎軒, 장주長洲(지금의 江蘇省 蘇州) 사람. 원말에는 오송 吳淞 강가의 청구靑丘에 숨어 살며 청구자靑丘子라 스스로 호하였다. 홍무洪武, (1369-1398) 초에 한림원국사편수翰林院國史編修가 되었고 호부우시랑戶部右侍郞 으로 승진하였으나 벼슬을 그만두고 돌아와 청구에 숨어 살았다. 뒤에 소주자사 蘇州刺史 위관魏觀의 죄에 연루되어 39세의 젊은 나이로 처형되었다. 그는 박학 하고 시를 잘 지어, 그의 맑고 빼어난 시로 명초의 대시인으로 받들어지고 있다. 그의 문집으로 『고태사대전집高太史大全集』이 있다.

금릉의 우화대에 올라 장강을 바라봄
(登金陵[1]雨花臺[2]望大江)

큰 장강이 수많은 산 사이로 흘러내리고 있으니
산 줄기도 모두 강물 따라 동쪽으로 뻗고 있는데,
종산만이 용처럼 우뚝이 서쪽으로 강물 거슬러 올라가며
거센 바람 타고 큰 물결 깨쳐버리려는 것 같네.
강과 산이 서로 양보하지 않고 힘을 겨루면서
땅의 형세가 천하장관이라고 다투어 뽐내고 있네.
진시황은 부질없이 왕 기운 누르려고 황금을 여기에 묻었으니
아름다운 기운은 자욱이 지금껏 왕성하네.
내 가슴 답답한 것 어떻게 풀어야 할까?
술 얼큰히 마시고 성 남쪽의 우화대로 달려 올라가네.
여기에 앉아 아득한 옛날의 일들 생각하노라니
먼 곳으로부터 짙은 노을과 지는 햇빛에 실려 내 마음속으로
　　모두 찾아오네.
북쪽 석두성 밑은 파도 소리가 성난 듯한데
무장한 천만 기병이라 하더라도 어찌 감히 건너올 수가 있겠
　　는가?
오吳나라 손호孫晧가 누런 깃발의 징조 믿고 진晉나라의 낙양
　　洛陽 공격하려던 일 성공했던가?
손호는 장강에 쇠사슬을 쳐 놓았지만 진晉나라 군사를 막을
　　수는 없었지.
여기에 앞 삼국시대의 오나라와
바로 뒤 육조시대의 다섯 왕조가 도읍을 했었으나

풀만 무성한 궁궐 터는 얼마나 쓸쓸한가!
영웅들이 시세를 틈타 애써 강남지역 차지하려고
몇 번이나 전쟁으로 차가운 물결 속에 사람들 피 흘려보냈던가?
나는 태어나 다행히도 성인이 남쪽 땅에 일어나시는 때를 만나서
난리도 모두 평정하시어 편안한 삶 누리고 있네.
이로부터는 온 세상이 영원히 한집안 되어
장강으로 남쪽 땅 북쪽 땅 가르는 일 없게 되리라!

大江來從萬山中하니, 山勢盡與江流東이라.
鍾山[3]如龍獨西上하여, 欲破巨浪乘長風이라.
江山相雄不相讓하여, 形勝[4]爭誇[5]天下壯이라.
秦皇空此瘞[6]黃金이니, 佳氣[7]葱葱[8]至今王이라.
我懷鬱塞[9]何由開오? 酒酣[10]走上城南臺[11]라.
坐覺蒼茫[12]萬古意[13]하니, 遠自荒煙[14]落日之中來라.
石頭城[15]下濤聲怒어늘, 武騎千群[16]誰敢渡아?
黃旗入洛[17]竟何祥고? 鐵鎖橫江[18]未爲固라.
前三國[19]과 後六朝[20]러니, 草生宮闕何蕭蕭[21]오?
英雄乘時[22]務割據[23]하고, 幾度戰血流寒潮오?

我生幸逢聖人²⁴⁾起南國하여, 禍亂初平事休息이라.
<small>아 생 행 봉 성 인   기 남 국   화 란 초 평 사 휴 식</small>

從今四海永爲家하여, 不用長江限南北이어다.
<small>종 금 사 해 영 위 가   불 용 장 강 한 남 북</small>

| 註解 |

1) 金陵(금릉)- 지금의 강소성(江蘇省) 남경(南京)시의 옛 이름. 전하는 말로는 진시황(秦始皇)〈또는 楚나라 威王이라고도 함〉이 여기에 왕기(王氣)가 있어 이를 누르려고 황금을 땅에 묻어 '금릉'이란 이름이 생겼다고 한다. 2) 雨花臺(우화대)- 남경의 남쪽 교외에 있는 대 이름. 양(梁)나라 무제(武帝) 때에 운광법사(雲光法師)가 이곳에서 강경(講經)을 하였는데 하늘에서 꽃이 비 오듯이 내려 이런 이름이 붙여졌다 한다. 3) 鍾山(종산)- 남경 동북 교외에 있는 산 이름, 자금산(紫金山)이라고도 부른다. 4) 形勝(형승)- 모양이 뛰어난 것, 풍경이 아름다운 것. 5) 爭誇(쟁과)- 다투어 뽐내다. 6) 瘞(예)- 땅에 묻는 것. 이 구절 앞의 주 1) 참조. 7) 佳氣(가기)- 아름다운 기운, 왕기(王氣)를 가리킴. 8) 葱葱(총총)- 왕성한 모양. 여기의 왕(王)은 '왕(旺)'의 뜻으로 왕성한 것. 9) 鬱塞(울색)- 우울하고 답답한 모양. 10) 酣(감)- 술에 얼큰히 취하는 것. 11) 城南臺(성남대)- 성 남쪽의 대, 우화대를 가리킨다. 12) 蒼茫(창망)- 멀고 아득한 모양. 13) 萬古意(만고의)- 먼 옛날 일에 대한 생각. 14) 荒煙(황연)- 들판 멀리의 안개, 저녁노을. 15) 石頭城(석두성)- 남경 북쪽 산 위의 성 이름. 16) 武騎千群(무기천군)- 무장한 기병 일천의 군부대, 대군을 뜻하는 말로 예부터 쓰였다. 17) 黃旗入洛(황기입락)- 삼국시대의 오(吳)나라 손권(孫權)의 손자인 손호(孫皓, 264-280) "자주색 수레 덮개에 누런 깃발 나부끼니 시운(時運)이 동남쪽으로 돌아왔다."고 하는 세간의 노래 말을 믿고 군대를 동원하여 낙양(洛陽)을 차지하려고 진(晉)나라를 공격하였다가 실패한 것을 가리킨다. 18) 鐵鎖橫江(철쇄횡강)- 오나라 손호는 장강(長江) 물속에 쇠사슬을 쳐놓고 진(晉)나라 군대가 배를 몰고 동쪽으로 내려와 자기 나라를 공격하지 못하도록 대비하였다. 그러나 진나라 군대는 기름 불로 쇠사슬을 끊고 군함을 몰고 내려와 오나라를 공격하여 손호는 항복하고 낙양으로 끌려와 오나라는 망하고 말았다. 19) 前三國(전삼국)- 금릉에 도읍을 하였던 이전 삼국시대의 오나라를 가리킨다. 20) 後六朝(후륙조)- 이후 육조시대에 금릉에 도읍을 하였던 오(吳)·동진(東晉)·송(宋)·제(齊)·양(梁)·진(陳)의 여섯 왕조를 가리킨다. 21) 蕭

蕭(소소)- 썰렁한 모양, 쓸쓸한 모양. 22) 乘時(승시)- 시세를 타다, 시세를 이용하다. 23) 割據(할거)- 힘으로 남의 땅을 빼앗아 차지하는 것. 24) 聖人(성인)- 명나라 태조 주원장(朱元璋)을 가리킴.

| 解說 |

　　시인이 처음에 명나라 주원장이 수도로 삼았던 지금의 남경인 금릉의 우화대에 올라 몽고족의 원元 나라를 쳐부시고 새로운 한족의 명나라를 세운 기쁨을 노래한 것이다. 남경은 동오東吳 이래로 수많은 왕조들이 도읍으로 삼고 흥망을 거듭한 고장이라 이미 당나라와 송나라 시대에도 수많은 시인들이 이곳에 와서 옛일을 회고하는 영사시詠史詩 를 지었다. 그러나 고계처럼 금릉의 왕기(王氣)가 서린 웅장한 산과 강물을 노래하며 새로 선 왕조를 기뻐한 작품은 없다.
　　명나라는 주원장의 홍무洪武 2년(1369)에 『원사元史』를 편찬하기 시작하여 고계도 불려들어가 그 편수編修 작업에 참여하고 있었다. 이 새 왕조를 맞이한 한족의 지식인들은 명나라의 출발을 기뻐하지 않을 수가 없었을 것이다. 심지어 명태조 주원장을 '성인'이라 부르고 있는데 이는 명나라 초기의 한족 지식인들이 지녔던 일반적인 감정이었을 것이다. 청나라 조익趙翼(1727-1814)이 『구북시화甌北詩話』에서 이 고계의 칠언시(七言詩)를 당대의 대시인 이백李白 의 작품에 비길만한 빼어난 작품이라 평가한 것도 한족 지식인으로서의 감정이 작용하고 있을 것이다.

소 치는 노래(牧牛詞)

네 소는 뿔이 둥글게 굽었고
내 소는 꼬리의 털이 다 빠졌는데,
함께 짧은 피리와 긴 채찍 들고
남쪽 언덕 동쪽 등성이를 어울려 쫓아다니네.
해는 기울고 풀밭은 먼데도 소 걸음 더디니
소가 지치고 배고픈 것을 우리만이 아네.
소 등 위에서 노래 부르다 소 배 아래 앉아 쉬고,

밤에 돌아와서는 또 소 곁에 누워 자네.
오래도록 소를 치면 아무런 걱정 없을 터인데,
다만 세금 내려고 내 소 팔까 겁이 나네.

爾牛角彎環¹⁾하고, 我牛尾禿遬²⁾이라.
共拈³⁾短笛與長鞭하고, 南隴⁴⁾東岡去相逐이라.
日斜草遠牛行遲하니, 牛勞牛飢惟我知라.
牛上唱歌牛下坐라가, 夜歸還向牛邊臥⁵⁾라.
長年牧牛百不憂리나, 但恐輸租⁶⁾賣我牛라.

| 註解 |

1) 彎環(만환)- 둥글게 굽은 것. 2) 禿遬(독속)- 털이 볼품없이 빠져버린 것. 3) 拈(념)- 손으로 잡다, 들다. 4) 隴(롱)- 고개, 언덕. 5) 臥(와)- 눕다, 누워자다. 6) 輸租(수조)- 세금을 내는 것.

| 解說 |

목동의 노래인데 낭만적이기보다는 목가적牧歌的 이란 말이 무색할 정도로 암울하다. 농민들은 세금에 시달리어 소도 마음 놓고 기르지 못할 지경인 것이다.

사나운 호랑이의 노래 (猛虎行)

음풍陰風이 숲에 불어오자 까마귀 까치도 날아 나오고
사나운 호랑이 나타나려 하면 사람들도 먼저 아네.

눈빛 번쩍이며 길을 막고 앉아 있으면
장군이라도 보자마자 활과 화살을 떨어뜨린다네.
얼마나 많은 집에서 가시나무 울타리 두르고 높은 문 만들고 있는가?
해가 지기도 전에 돼지를 몰아 드린다네.
사나운 호랑이 무섭다고는 하지만 그래도 좋은 편이니
오직 깊은 산속에서나 뛰어다니기 때문일세.

陰風[1]吹林烏鵲出하고, 猛虎欲出人先知라.
目光瞳瞳[2]當路坐면, 將軍一見弧矢[3]墮라.
幾家挿棘[4]高作門고? 未到日沒收猪豚[5]이라.
猛虎雖猛猶可喜니, 橫行只在深山裏라.

| 註解 |

1) 陰風(음풍)-『역경』에서 "구름엔 용이 따르고 바람엔 범이 따른다.(雲從龍, 風從虎.)-乾卦"고 한 말에서 흔히 "음풍이 불면 호랑이가 나타난다"고 하였다. 2) 瞳瞳(동동)- 눈알이 번쩍이는 모양. 3) 弧矢(호시)- 활과 화살. 4) 棘(극)- 가시나무. 5) 猪豚(저돈)- 돼지.

| 解說 |

사나운 호랑이보다도 더 백성들을 괴롭히어 사람들이 무서워하는 것이 관리들이라는 것이다. 왕조가 뒤바뀌는 시대의 백성들이 겪는 고초가 잘 표현되어 있다.

농가의 노래(田家行)

풀은 우거지고
물은 콸콸 흘러서,
위 밭 황폐해지고
아래 밭 물에 잠겼네.
가운데 밭엔 곡식이 있다지만 이삭은 패지 않고
어지러이 오직 오리들 양식만 대어주고 있네.
빗속에 이삭 따 돌아와 보니 반쯤 여물고 젖어있어,
새댁이 그것을 찧어 밥 지으려니 아이는 밤새 울고 있네.

초 망 망　　　수 골 골
草茫茫¹⁾하고, 水汩汩²⁾하니,
상 전 무　　　하 전 몰
上田蕪하고, 下田沒이라.
중 전 유 화 수 부 장　　　낭 자 지 공 부 압 량
中田有禾穗不長하고, 狼藉³⁾只供鳧鴨⁴⁾糧이라.
우 중 적 귀 반 생 습　　　신 부 용 취 아 야 읍
雨中摘歸半生濕⁵⁾하니, 新婦舂炊⁶⁾兒夜泣이라.

| 註解 |

1) 茫茫(망망)- 아득한 모양, 자욱한 모양. 2) 汩汩(골골)- 물이 흐르는 모양, 콸콸. 3) 狼藉(낭자)- 어지럽게 널려있는 것. 4) 鳧鴨(부압)- 오리, 들오리와 집오리. 5) 生濕(생습)- 덜 여물고 젖어있는 것. 6) 舂炊(용취)- 절구에 찌어 그것으로 밥을 짓는 것.

| 解說 |

농촌의 참상을 노래한 시이다. 비가 많이 와 장마조차도 잦았던 모양이다.

전쟁 뒤에 성을 나가 (兵後出郭)

몸을 숙였다 젖히는 사이에 나라의 흥망 달라지고,
푸른 산엔 저녁 해 비치고 있네.
백성들 돌아와 보니 이웃의 나무만이 서있고,
군졸들 떠나가니 보루堡壘의 연기도 사라졌네.
성에서 들려오는 호각 소리 여전히 슬프지만
강물 위의 배는 겨우 멀리 갈 수 있게 되었네.
옛날 가시덩굴에 내리던 이슬이
여전히 고소대姑蘇臺에 가득 내리고 있네.

俯仰¹⁾興亡異하니, 青山落照中이라.
民歸鄰樹²⁾在하고, 兵去壘³⁾煙空이라.
城角⁴⁾猶悲奏나, 江帆⁵⁾始遠通이라.
昔年荊棘⁶⁾露이, 又滿闔閭宮⁷⁾이라.

| 註解 |

1) 俯仰(부앙)- 몸을 숙였다가 젖히는 동안, 매우 짧은 동안. 2) 鄰樹(인수)- 이웃의 나무, 자기 집 이웃에 있던 나무. 3) 壘(누)- 보루(堡壘). 4) 角(각)- 호각(胡角), 옛날 군에서 신호용으로 쓰던 악기 이름. 5) 帆(범)- 배의 돛, 배를 가리킴. 6) 荊棘(형극)- 옛날 오자서(伍子胥)가 월왕(越王) 부차(夫差)에게 올바로 간해도 듣지 않자 오자서는 "곧 오나라는 망하여 궁전에 가시덩굴이 자라게 될 것이다(將滅吳國, 殿生荊棘.)"고 말했다 한다. 7) 闔閭宮(합려궁)- 합려는 오나라 임금 부차(夫差)의 아버지. 따라서 합려궁은 오나라의 궁전으로, 소주(蘇州)에 있는 고소대(姑蘇臺)를 말한다.

| 解說 |

이 시는 지정至正 27년(1367)에 명나라 태조太祖가 평강平江을 공격하여 차지하고는 소주부蘇州府로 정비한 뒤, 병란이 막 끝난 때에 지은 것이다. 백성들은 평화가 찾아왔다고 좋아하며 고향으로 돌아가지만, 고향 마을에는 살던 집이란 없고 집 옆에 서있던 나무만이 그대로 있을 따름이다. "옛날 가시덩굴에 내리던 이슬이, 여전히 고소대에 잔뜩 내리고 있다"는 것은 망한 나라의 흔적이 여전히 뚜렷하다는 것이다. 전쟁은 끝났어도 평화는 아득하다는 것이다.

성 쌓는 노래 (築城詞)

지난해에 성을 쌓던 병졸은
서리에 덮인 성 밑의 뼈가 되어있네.
올해에 성을 쌓고 있는 사람들은
성 밑 먼지 위에 땀을 흘리고 있네.
모두들 손 멈추지 말고 공이를 들어올려라!
성만 높으면 관군官軍을 내어 지킬 필요도 없다!

去年築城卒은, 霜壓城下骨이라.
今年築城人은, 汗灑[1]城下塵이라.
大家擧杵[2]莫住手하라! 城高不用官軍守니라.

| 註解 |

1) 灑(새)- 물을 뿌리다, 흘리다. 2) 杵(저)- 성을 쌓을 때 흙을 다지는 데 쓰는 공이.

| 解說 |

본시 「축성사」는 잡곡가사 雜曲歌辭 에 속하는 악부 곡명이다. 진시황 秦始皇 이 만리 장성을 쌓을 때 나온 노래라 한다. 그러나 작자 고계는 악부곡을 빌어 그 당시 백성들의 고난과 전쟁의 비정함을 고발하고 있는 것이다.

봉주의 전쟁터를 지나며 (過奉口[1]戰場)

길은 꾸불꾸불하고 거친 산 늘어섰으니
마치 옛날 요새의 문을 나서는 듯하네.
놀란 듯한 모래는 사방에 날아오르고
추운 날씨에 지려는 해 참담하네.
위에서는 굶주린 솔개 소리가 나고
아래에는 말라죽은 쑥대 뿌리만 있네.
마른 뼈 말 앞에 가로놓였으니,
귀하고 천한 신분 어찌 다시 논하겠는가?
장군이 누구였는지는 알 수 없으되
이곳에서 옛날 싸우고 도망치고 하였다네.
나는 길가 사람에게 물어보고 싶지만
가도 가도 모두 텅 빈 마을이네.
높은 곳에 올라가 무너진 보루 堡壘 바라보니
귀신들 엉기어 시름서린 구름만이 모여 있네.
그때 십만의 군사들이었다 하나
패전하였으니 몇이나 살아남았을까?
응당 홀로된 늙은 영감 있다면
여기 와 자식과 손자들 때문에 통곡하리라.

해마다 전쟁은 끊일 줄 모르고
강한 자가 약한 자 쳐서 멸하기를 일삼고 있네.
공로와 명성은 결국 누가 이룩하는 것인가?
살인이 온 천지에 행해지고 있네.
부끄럽게도 전란을 멈추게 할 술책이 없으니
우뚝이 서서 공연이 심혼만을 아프게 하네.

路廻荒山開하니, 如出古塞門이라.
驚沙[2]四邊起하고, 寒日慘欲昏이라.
上有飢鳶[3]聲하고, 下有枯蓬根이라.
白骨橫馬前하니, 貴賤寧復論고?
不知將軍誰나, 此地昔戰奔[4]이라.
我欲問路人이나, 前行盡空邨[5]이라.
登高望廢壘하니, 鬼結愁雲屯[6]이라.
當時十萬師이, 覆沒[7]能幾存고?
應有獨老翁이, 來此哭子孫이라.
年來未休兵하니, 强弱事并吞[8]이라.
功名竟誰成고? 殺人遍乾坤이라.
媿[9]無拯[10]亂術하니, 佇立[11]空傷魂이라.

| 註解 |

1) 奉口(봉구)- 절강성(浙江省) 덕청현(德淸縣)에 있는 지명. 2) 驚沙(경사)- 놀란 듯 바람에 날아오르는 모래. 3) 鳶(연)- 솔개. 4) 戰奔(전분)- 전쟁하고 패배하여 도망치고 하는 것. 5) 邨(촌)- 마을, 촌(村). 6) 屯(둔)- 몰리는 것. 7) 覆沒(복몰)- 배가 뒤집혀 가라앉는 것, 싸워서 크게 패하는 것. 8) 幷呑(병탄)- 합병시키다, 쳐서 멸하다. 9) 媿(괴)- 부끄러운 것, 괴(愧). 10) 拯(증)- 구해주다, 돕다. 11) 佇立(저립)- 우뚝 서 있는 것.

| 解說 |

전쟁의 참상을 노래한 시이다. 이 봉구라는 곳에서 언제 일어났던 전쟁인지는 분명치 않으나 참담하기 이를 데 없는 광경이다. 아마도 원 말 명 초에 있었던 전쟁일 것이다.

서대 통곡시 (西臺 慟哭詩)   병인(并引)

[서문] 월 땅의 사람 사고는 일찍이 송나라 승상 문천상文天祥의 막하幕下에 있었다. 문천상이 죽은 뒤 12년 되던 해 조대釣臺에 올라가 문공을 제사지내고 곡을 한 뒤 스스로 글을 지어 그 슬픔을 기록하였으니 곧 「서대통곡기」이다. 동양의 장맹겸이 그 글을 가져다 보이면서 시를 지어달라고 하였다. 나는 그의 의리에 감복하여 마침내 한 수를 읊었다.

〔自注〕越人謝翱이, 嘗爲宋丞相文山公之客이라. 公死之十二年에, 登釣臺하여, 祭公以哭하고, 自爲文識其哀하여, 曰西臺慟哭記라. 東陽張孟兼이, 持示求詩하니,

僕_{복감기의}感其誼하여, 遂_{수부일수}賦一首라.

| 註解 |

1) 西臺(서대)- 절강성(浙江省) 동려현(桐廬縣) 부춘산(富春山)에 있는데, 동서(東西)의 두 개가 있다. 한(漢)나라 엄자릉(嚴子陵)이 낚시를 한 곳이라 하여, 자릉대(子陵臺) 또는 조대(釣臺)라고도 부른다. 2) 謝翶(사고)- 1249~1295, 복주(福州) 장계(長溪, 지금의 福建省 霞浦縣) 사람이어서 월인(越人)이라 한 것이다. 그는 일찍이 가재(家財)를 다 바치며 문천상(文天祥)의 막하(幕下)로 들어가 자의참군(諮議參軍)으로 활약하다가, 송(宋)나라가 망한 뒤에도 숨어서 원(元)나라와 싸웠다. 마침 문천상이 죽었다는 소식을 듣자 슬퍼하며 지내다가, 서대에 올라가 문천상을 제사지내고 울면서 죽여의(竹如意)로 돌을 치며 초혼사(招魂詞)를 노래했는데, 죽여의와 돌이 함께 부셔졌고, 그때「서대통곡기(西臺慟哭記)」를 썼다 한다. 3) 宋丞相文山公(송승상문산공)- 문천상(文天祥, 1236-1283), 남송(南宋) 말의 충신. 호가 문산(文山)이었고, 이종(理宗) 때 진사가 된 뒤 여러 곳의 지방관 노릇을 하다가 공제(恭帝)의 덕우(德祐) 원년(1275) 원나라 군대가 쳐들어오자 의군(義軍)을 조직하여 싸웠다. 우승상(右丞相)이 되어 계속 싸우다가 원군에게 잡히어 북쪽으로 끌려갔으나 진강(鎭江)에서 도망쳐 남쪽으로 와서 다시 싸웠다. 그는 좌승상(左丞相)이 되어 몸 바쳐 싸웠으나 결국 패하여 연경(燕京, 지금의 北京)으로 잡혀가 사형을 당하였다. 죽기 직전에 지은「정기가(正氣歌)」는 중국인이라면 읽지 않는 사람이 없을 정도의 명문이다. 4) 釣臺(조대)- 서대의 별칭. 5) 張孟兼(장맹겸)- 이름은 정(丁), 맹겸은 자이다. 명 초의 문장가. 산동(山東)의 안찰부사(按察副使)까지 되었으나, 명 태조(太祖)의 노여움을 사 죽임을 당하였다.

높이 솟은 자릉대가 있고
그 아래 큰 강물이 흘러가네.
어떤 이가 이 높은 곳에 올라와
통곡을 하니 밝은 해도 흐려졌다네.
슬프도다! 송나라의 유신이며

전에 승상 문천상 막하에서 활약한 분이라네.
승상께서 이미 죽음으로 절조를 지키셨으니
몸이 있으나 공연히 남아있는 거라고 부끄러이 여겼다네.
북쪽으로 만 리 저쪽 하늘 바라보며
두 번 절하면서 술잔에 술을 따라 올리네.
음산한 구름이 저녁에 날아오는데
은근히 충성스런 혼백이 실려있는 듯하네.
통곡을 하는 것이 어찌 길이 막혔기 때문이겠는가?
마음속에 천고의 원한을 안고 있기 때문일세.
위로는 조국의 멸망을 슬퍼하고
아래로는 국사國士로 대해준 승상의 은혜 생각하네.
당시의 세상일은 처량하기만 하지만
평생에 하신 말씀 감동으로 다가오네.
텅 빈 산에서 누가 이 슬픔을 알겠는가?
오직 원숭이들만이 알고 있는 듯.
어찌 통곡이 여러 사람들 놀라게 함을 두려워하지 않았으랴?
나오는 소리를 참고 삼킬 수가 없었기 때문이지.
사람들은 하늘에도 귀가 있다고들 하는데
이 통곡을 어찌 듣지 못하시는 것일까?
바라건대 세찬 바람 불어와
이 피눈물 자국을 날려서
연산 모퉁이 사형 당한 곳으로 가져가 떨어뜨리고
또 그분의 무덤 풀뿌리에 뿌려주기를!
전횡田橫 같은 분 이미 멀리 가버렸으니,
그러한 도리를 이제는 논하지도 않게 되었네.

노래를 지어 지난 일을 애도하는 뜻은
야박한 세상 습속習俗 돈독敦篤 해지기 바라서이네.

峨峨¹⁾子陵臺요, 其下大江奔²⁾이라.

何人此登高오? 慟哭白日昏이라.

哀哉宋遺臣³⁾이어! 舊客⁴⁾丞相⁵⁾門이라.

丞相旣死節이니, 有身恥空存이라.

北望萬里天하고, 再拜奠⁶⁾酒尊⁷⁾이라.

陰雲暮飛來하니, 怳如⁸⁾載忠魂이라.

所哭豈窮途리오? 中抱千古寃⁹⁾이라.

上悲宗周¹⁰⁾殞¹¹⁾하고, 下念國士恩¹²⁾이라.

凄凉當世事요, 感慨¹³⁾平生言이라.

空山誰知哀오? 惟有猴¹⁴⁾與猨이라.

豈不畏衆驚이리오? 聲發不忍呑이라.

人言天有耳어늘, 此哭寧不聞고?

願因長風¹⁵⁾還하여, 吹此血淚痕하여,

往墮燕山¹⁶⁾隅하되, 一灑宿草¹⁷⁾根이라.

田橫¹⁸⁾去已遠하니, 玆道不復論이라.

作歌悼往事는, 庶¹⁹⁾使薄俗敦²⁰⁾이라.
_{작 가 도 왕 사   서 사 박 속 돈}

| 註解 |

1) 峨峨(아아)- 높이 솟은 모양. 2) 奔(분)- 급물살로 흐르다. 3) 宋遺臣(송유신)- 송나라 유신, 사고(謝翶)를 가리킴. 4) 舊客(구객)- 옛날에 막하(幕下)에 있었던 것을 가리킴. 5) 丞相(승상)- 문천상(文天祥)을 가리킴. 6) 奠(전)- 술잔을 올리는 것, 제물을 올리는 것. 7) 尊(준)- 술잔, 술그릇. 8) 恍如(황여)- 흐릿한 모양, 애매한 모양. 9) 寃(원)- 원한. 10) 宗周(종주)- 천하의 종주(宗主)가 되는 주 왕실, 여기서는 조국, 송나라를 가리킴. 11) 殞(운)- 죽다, 떨어지다, 멸망하다. 12) 國士恩(국사은)- 국사로 대우해준 은혜. 국사는 전국에서 추앙하는 인물(『史記』 淮陰侯傳). 13) 感慨(감개)- 마음으로 크게 감동하는 것. 14) 猴(후)- 원(猨)과 함께 같은 원숭이, 잔나비. 15) 長風(장풍)- 세찬 바람. 16) 燕山(연산)- 북경(北京), 문천상이 사형을 당한 곳임. 17) 宿草(숙초)- 친구의 무덤(『禮記』 檀弓上). 그러나 여기서는 문천상의 무덤의 풀을 뜻함. 18) 田橫(전횡)- 진(秦) 말 제(齊)나라의 귀족. 제나라를 다시 부흥시키려고 싸우다가 한고조(漢高祖)가 제위에 오르자 그의 부하 500여 명을 이끌고 섬으로 들어갔다. 한고조가 불러 항복을 권하자 그는 자살하였는데, 그의 부하 500여 명도 모두 그를 따라 죽었다 한다. 19) 庶(서)- 서기(庶幾), ---을 바라다. 20) 敦(돈)- 돈독(敦篤), 두터워지는 것.

| 解說 |

이 시의 서문에 밝히고 있듯이 이 시는 사고謝翶가 쓴 「서대통곡기西臺慟哭記」를 읽고 그 감상을 쓴 것이다. 명나라 초기에 아직도 안정되지 못한 백성들의 마음에 애국심을 심어주려는 뜻도 담겨있었을 것이다. 이 시를 읽으면 누구나 나라를 위해 몸을 바치는 문천상과 사고의 뜨거운 우국의 행위에 감동이 될 것이다.

마을의 무당 노래(里巫行)

마을 사람들 병이 나면 약은 먹지 않고
신을 한 번 모셔오기만 하면 역귀疫鬼를 물리쳐 준다고 한다.
달려가 늙은 무당 모셔다가 밤에 신을 내리게 하는데
흰 양이며 붉은 잉어 잔뜩 차려 놓았네.
남자와 여자들은 공손히 상 앞에 절하면서
집이 가난하여 안주가 없더라도 신께서는 잘 보아달라고 비네.
늙은 무당은 북 치며 춤추고 노래하고,
종이돈 바삭바삭 날리는 중에 음풍陰風 일어나네.
무당 말하기를 "네 수명은 이제 다 되었으나
신께서 네 신심信心 보고 네 죽음 연기해주고 있는 거야!" 라네.
신을 전송한다고 무당은 말에 올라 문을 나가는데,
집 사람들은 지붕에 올라가 울면서 죽은 이 혼백을 부르네.

이 인 유 병 불 음 약
里人有病不飮藥하고,　　神君一來疫鬼却이라.

里人有病不飮藥하고,　神君一來疫鬼却이라.
走迎老巫夜降神이러니,　白羊赤鯉縱橫¹⁾陳이라.
男女慇勤²⁾案前拜하고,　家貧無殽³⁾神勿怪라 하네.
老巫擊鼓舞且歌하고,　紙錢⁴⁾索索⁵⁾陰風多로다.
巫言汝壽當止此로되,　神念汝虔⁶⁾賖⁷⁾汝死라.
送神上馬巫出門이러니,　家人登屋啼招魂⁸⁾이라.

| 註解 |

1) 縱橫(종횡)- 많이 차려놓은 것을 뜻함. 2) 慇懃(은근)- 공손히, 성실히.
3) 殽(효)- 술안주, 여기서는 고기로 만든 제물. 4) 紙錢(지전)- 죽은 사람을 위하여 종이로 만든 저승에서 쓰는 돈. 5) 索索(삭삭)- 바삭바삭, 바람에 종이가 날리는 소리. 6) 虔(건)- 정성스러운 것, 신에 대한 신심(信心)이 두터운 것. 7) 賒(사)- 늘이다, 연장하다. 8) 登屋啼招魂(등옥제초혼)- 지붕에 올라가 울면서 죽은 이의 혼백을 다시 돌아오라고 부르다. 이것은 사람이 죽었을 때 옛날에 행해지던 풍습이다.

| 解說 |

무습을 중심으로 한 미신을 꼬집은 시이다. 이런 미신은 중국뿐만이 아니라 민간에는 세상 어디에나 있을 법한 것이다. 다만 중국에서는 일찍이 도교道敎가 생겨나 도사들이 무당들의 무술巫術까지도 다 뺏어가고, 또 현실주의적인 유교가 성행하여 후세에 와서는 표면상으로 크게 사라졌을 따름이었다.

슬픈 노래 (悲歌[1])

갈 길 험난한데
사람은 지치고 말은 허기졌네.
부자이면서 늙은 것은 가난하면서 젊은 것만 못하고,
멋있게 객지에 노니는 것은 잘못되어 집으로 돌아가는 것만
   못하다네.
뜬구름 바람 따라
사방 들판 위에 어지러운데,
하늘 우러러 슬프게 노래하니
눈물 몇 줄기 흘러내리네.

征途險巇²⁾한데, 人乏馬飢로다.
富老不如貧少요, 美遊³⁾不如惡歸⁴⁾로다.
浮雲隨風하여, 零亂⁵⁾四野로다.
仰天悲歌하니, 泣數行下로다.

| 註解 |

1) 悲歌(비가)- 슬픈 노래. 옛날 노래 제목. 잡곡가사(雜曲歌辭)에 속하는 악부시라고도 하고(『樂苑』), 고사(古辭)라고도 한다(『樂府詩集』). 2) 險巇(험희)- 높고 험난한 것. 3) 美遊(미유)- 좋은 조건 아래 집을 나가 노는 것. 4) 惡歸(악귀)- 형편이 나빠져서 집으로 돌아오는 것. 5) 零亂(영란)- 어지러운 것.

| 解說 |

역시 옛날 노래 제목을 빌어 어려운 그 시대를 읊고 있다.

배우 이주교가 동냥을 하다 (優人李州僑乞米)

2수(二首)

기일(其一)

옛날에는 부하고 귀한 사람들의 손님으로
높은 이들 앞에서 분장을 하고 연극을 하였는데,
꾀죄죄하게 궁한 처지가 되었으니
전혀 지난 날 보던 사람 아닐세.

曾稱富貴客이라 하고, 粉墨¹⁾尊前面이러니.
憔悴²⁾立窮途하니, 渾³⁾非舊時見이라.

| 註解 |

1) 粉墨(분묵)- 배우가 화장을 하고 연기를 하는 것. 2) 憔悴(초췌)- 고달픈 모양, 여위고 병든 모양. 3) 渾(혼)- 전혀.

기이(其二)

극장에는 북소리 피리소리 잠잠하고
사람들에게는 태평스런 음악이 없는 형편이네.
그대는 굶주리고 헐벗는 것 원망 말게나!
궁중의 이원梨園도 몰락한 상태이니.

戲場鼓笛靜하고, 人無太平樂이라.
爾莫怨飢寒¹⁾하라! 梨園²⁾亦零落³⁾이라.

| 註解 |

1) 飢寒(기한)- 굶주림과 헐벗음. 2) 梨園(이원)- 당(唐)나라 현종(玄宗)이 설치한 악공(樂工)과 배우들을 모아놓은 기관. 뒤에는 연극을 연출하는 장소를 가리키게도 되었다. 3) 零落(령락)- 시들어 떨어지는 것, 퇴락하는 것.

| 解說 |

몰락한 이주교라는 옛날에 유명했던 배우가 구걸하는 것을 보고 그의 비참해진 처지를 읊으면서 아울러 아직도 전란의 영향으로부터 벗어나지 못하고 있는 그 시대 사회의 처참한 현실도 드러내고 있다.

야전행 (野田行[1])

백양나무 아래 있는 것은 어느 집안의 무덤인가?
들풀은 불에 타버리고 비석에는 글자도 보이지 않네.
길옆에는 아직도 한 쌍의 돌로 조각한 말이 누워있는데,
길가는 사람들이 손가락질 하며 옛날 장군의 무덤이라네.
옛날 군졸들 내어 무덤을 만들 적에
천 대의 수레가 성 동쪽 밭두둑 길 따라 상여를 날랐다네.
지금은 자손들 떠나버리고 야인들이 와서
높은 곳에서는 양을 치고 낮은 곳에는 보리를 갈게 되었네.
살아있을 적의 의기는 어디에 있는가?
가시덩굴 위에 저녁 비 내리고 돌배나무 꽃만이 피어있네.
백 년 동안의 부귀 얼마나 믿을 수 있는가?
옹문雍門의 금 소리 정말로 슬펐을 수밖에!

白楊樹下誰家墳고? 火燒野草碑無文이라.
路旁尙臥雙石馬하니, 行人指是故將軍이라.
當時發卒開陰宅[2]할새, 千車送葬城東陌[3]이라.
子孫今去野人來하여, 高處牧羊低種麥이라.
平生意氣安在哉오? 棘叢[4]暮雨棠梨[5]開라.
百年富貴何足恃오? 雍門之琴[6]良[7]可哀라.

| 註解 |

1) 野田行(야전행)- 옛 악부 제목을 따른 것임. 당(唐)대에 나온 신악부(新樂府) 잡제(雜題)이다(郭茂倩『樂府詩集』). 2) 陰宅(음택)- 무덤을 가리킴. 3) 陌(맥)- 밭두둑 길. 4) 棘叢(극총)- 가시나무 떨기. 5) 棠梨(당리)- 돌배나무. 6) 雍門之琴(옹문지금)- 옛날 옹문(雍門, 齊나라 城門 이름) 옆에 옹문주(雍門周)라는 금(琴)의 명인이 있었는데, 한 번은 맹상군(孟嘗君)이 그가 연주하는 금 소리를 듣고 몹시 감동하여 눈물을 흘리면서 "나는 지금 나라가 망하여 고을이 다 파괴된 처지에 놓인 듯하다"고 하였다 한다. 옹문주의 금 연주하는 소리를 뜻한다. 7) 良(양)- 진실로, 정말.

| 解說 |

옛 악부를 빌어 덧없는 세상일을 노래한 것이다. 사회가 불안할 때일수록 그런 느낌은 더욱 더 절실할 것이다.

장씨 열녀의 노래 (張節婦¹⁾詞)

누가 내게 남편 있다고 했나요?
중간에 나를 버리더니 자신이 먼저 죽은 거라오.
누가 내게 아들 없다고 했나요?
첩이 아들을 낳아 주었는데 남편을 닮았다오.
아들은 책 읽고 나는 삼실 손질 하는데,
빈 방 홀로 지키며 밤마다 까마귀 우는 소리만 듣는다오.
아들이 출세를 하고 내가 다시 시집가지 않는다면
남편은 저승에서라도 편히 눈감고 있으리라.

　　수언첩　유부　　　　중로기첩신선조
　　誰言妾²⁾有夫오? 中路棄妾身先殂³⁾라.

　　　　수 언 첩 무 자　　　측 실　생 아 여 부 사
　　　　誰言妾無子오? 側室⁴⁾生兒與夫似라.
　　　　아 독 서 첩 벽 로　　　공 방 야 야 문 제 오
　　　　兒讀書妾辟鑢⁵⁾하여, 空房夜夜聞啼烏라.
　　　　아 능 성 명 첩 불 가　　　양 인 명 목 황 천 하
　　　　兒能成名妾不嫁면, 良人瞑目⁶⁾黃泉下리라.

| 註解 |

1) 節婦(절부)- 절조가 있는 부인.　2) 妾(첩)- 여자가 자신을 낮추어 부르는 말.　3) 殂(조)- 죽다.　4) 側室(측실)- 첩.　5) 辟鑢(벽로)- 삼실을 손질하여 천을 짤 수 있도록 만드는 것. '로'는 삼실.　6) 瞑目(명목)- 눈을 감다.

| 解說 |

자신을 쫓아내고 죽은 남편에게 절조節操를 지키며 첩이 낳아놓은 아들까지도 잘 키우고 있는 장씨 부인을 칭송하는 시. 현대에는 생각할 수도 없는 여인상이다.

아나괴 (阿那瓌¹⁾)

소와 양 뜯는 풀은 들판에 널려있고
큰 장막이 천산 아래 처져있네.
십만의 활을 든 장정들이
호가 소리만 들리면 일제히 말 위로 오르네.

　　　　우 양 초 만 야　　　대 장　천 산　하
　　　　牛羊草漫野하고, 大帳²⁾天山³⁾下라.
　　　　십 만 공 현 아　　　문 고 제 상 마
　　　　十萬控弦兒⁴⁾이, 聞觚⁵⁾齊上馬라.

| 註解 |

1) 阿那瓌(아나괴)- 잡곡가사(雜曲歌辭)에 속하는 옛날 악부곡 이름. 2) 大帳(대장)- 큰 장막. 몽고족이 초원에 치는 천막집. 3) 天山(천산)- 지금의 신강성(新疆省)에 있는 산 이름. 4) 控弦兒(공현아)- 활을 다루는 병사. 5) 笳(고)- 호가(胡笳), 피리의 일종. 군에서 신호용으로 씀.

| 解說 |

악부곡을 빌어 서북쪽 오랑캐에 대한 경계심을 불러일으키는 시를 읊고 있다. 원나라도 그러하였지만 옛날부터 서북쪽 오랑캐들은 쉴 겨를 없이 중국에 군사적 압력을 가해왔다.

조선 아이의 노래 (朝鮮兒歌)

조선의 아이는
검은 머리 방금 잘라 두 눈썹 위에 가지런하고,
잔치자리에 밤에 불려나와 둘이서 노래하며 춤추는데,
무명 겉옷 부드럽게 두르고 구리 고리 늘어뜨렸네.
몸 가벼이 빙빙 돌며 가는 목소리로 노래하니,
달 출렁이고 꽃 흔들리는 것을 술 취한 중에 보는 듯하네.
오랑캐 말 노래지만 어찌 통역을 필요로 하랴?
깊은 정은 고향 떠나온 한을 호소한다는 것 알겠네.
노래 끝마치자 무릎 꿇고 손님들 앞에 절하는데,
까마귀 우물가 나무에서 울고 촛불만이 타고 있네.
모두가 조선은 구름 뜬 바다 저편에 있는데
조선 아이 지금 여기 와 있는 것은 무슨 연고인가 의아해 하네.
주인이 그가 전에 멀리 사신 따라 왔던 얘기 해주는데,

만 리 바다를 순풍으로 사흘 만에 건너왔으나
나라 망하고 전란이 일어나
닭이 우는 낡은 여관에 행인으로 묵게 되었다네.
사월의 왕성에는 보리 익은 것 조차 드물어
두 조선 아이는 길 위에서 배고픔에 울었다네.
갖고 있던 금으로도 모자라 짐 보따리 다 털어
밥을 구하여 먹으며 돌아가는 배를 얻어 타고 이곳으로 오게
　　되었다네.
내가 생각건대 동쪽의 속국으로 원元 나라를 섬길 적에,
여인을 궁전에 바치어 왕후가 된 이도 있었네.
교방敎坊의 이 곡조도 응당 전하여 졌었을 것이니,
특히 사신으로 이곳에 와서는 아침저녁으로 이 곡조 즐기려
　　했으리.
중국은 근래에 전란이 그치지 않아
갑자기 조공 바치러 온 사신도 맞아들이지 못하였네.
태자太子가 피란하여 아직도 지방에 머물고 있고,
승상丞相은 지금 도읍 옮기는 일까지 꾀하고 있는 형편이네.
금수金水 가의 몇 그루 버드나무는
여전히 봄바람 속에 아무 탈 없겠지?
이 낮은 신하 옛일 살펴보며 태평세월 생각하고,
술잔 앞에 흘린 눈물이 술보다 많을 지경이네.

朝鮮兒여! 髮綠初剪齊雙眉로다.
芳筵[1]夜出對歌舞하더니, 木棉[2]裘[3]軟銅鐶垂라.

_{경 신 회 선 세 후 전} _{탕 월 요 화 취 중 견}
輕身回旋細喉轉⁴⁾하니, 蕩月搖花醉中見이라.

_{이 어 하 수 문 역 인} _{심 정 지 소 이 향 원}
夷語⁵⁾何須問譯人고? 深情知訴離鄕怨이라.

_{곡 종 권 족 배 객 전} _{오 제 정 수 납 등 연}
曲終拳足⁶⁾拜客前이러니, 烏啼井樹蠟燈⁷⁾然이라.

_{공 아 현 토 격 운 해} _{아 금 도 차 시 하 연}
共訝⁸⁾玄菟⁹⁾隔雲海하고, 兒今到此是何緣고 하네.

_{주 인 위 언 증 원 사} _{만 리 호 풍 삼 일 지}
主人爲言曾遠使하여, 萬里好風三日至나,

_{녹 주 황 궁 난 구 과} _{계 명 폐 관 행 인 차}
鹿走荒宮¹⁰⁾亂寇過하니, 鷄鳴廢館行人次¹¹⁾라.

_{사 월 왕 성 맥 숙 희} _{아 행 도 로 양 제 기}
四月王城麥熟稀하여, 兒行道路兩啼飢하고,

_{황 금 척 매 경 장 득} _{백 반 분 찬 진 박 귀}
黃金擲買¹²⁾傾裝¹³⁾得하여, 白飯分餐趁舶歸¹⁴⁾라.

_{아 억 동 번 내 신 일} _{납 녀 초 방 피 위 적}
我憶東藩¹⁵⁾內臣¹⁶⁾日에, 納女椒房¹⁷⁾被褘翟¹⁸⁾이라.

_{교 방 차 곡 역 응 전} _{특 봉 신 유 낙 조 석}
敎坊¹⁹⁾此曲亦應傳이러니, 特奉宸遊²⁰⁾樂朝夕이라.

_{중 국 년 래 난 미 서} _{돈 령 공 사 입 조 무}
中國年來亂未鋤²¹⁾하니, 頓²²⁾令貢使²³⁾入朝無라.

_{저 황 상 설 거 령 무} _{승 상 방 모 복 허 도}
儲皇²⁴⁾尙說居靈武²⁵⁾하고, 丞相²⁶⁾方謀卜許都²⁷⁾라.

_{금 수 하 변 기 주 류} _{의 구 춘 풍 무 양 부}
金水²⁸⁾河邊幾株柳는, 依舊春風無恙²⁹⁾否아?

_{소 신 무 사 억 승 평} _{준 전 루 사 다 어 주}
小臣撫事³⁰⁾憶昇平하니, 尊³¹⁾前淚瀉多於酒라.

| 註解 |

1) 芳筵(방연)- 향기로운 잔치자리, 성대한 잔치. 2) 木棉(목면)- 무명. 이 때까지도 중국에서는 많이 생산되지 않아 주로 수입되던 귀한 것이었다. 3) 裘(구)- 갖옷, 털가죽 옷. 여기에서는 겉에 걸치는 두루마기 같은 것을 가리 킬 것이다. 4) 轉(전)- 전(囀)과 통하여, 노래하다. 5) 夷語(이어)- 동이(東

夷)의 말, 조선어를 가리킨다. 6) 拳足(권족)- 다리를 굽히다, 무릎을 꿇는 것. 7) 蠟燈(납등)- 촛불로 밝힌 등불. 8) 訝(아)- 의심하다, 의아하게 여기다. 9) 玄菟(현토)- 옛날 한(漢) 무제(武帝)가 우리나라에 설치했던 한사군(漢四郡) 중의 하나. 따라서 조선을 가리키는 말로 쓰고 있다. 10) 鹿走荒宮(녹주황궁)- 옛날 오왕(吳王) 부차(夫差)에게 오자서(伍子胥)가 올바른 길로 간하였으나 들어주지 않자 "궁전 안에 사슴들이 뛰어노는 것을 보게 될 것이다"고 나라가 망할 것을 예언하였다(『史記』淮南王傳). 나라가 망한 것을 가리키는 말이다. 11) 次(차)- 머무는 것, 묵는 것. 12) 擲買(척매)- 자기 것은 버리다시피 싸게 쳐서 주고 필요한 물건을 사는 것. 13) 傾裝(경장)- 짐 보따리를 다 터는 것. 14) 趁舶歸(진박귀)- 배를 빌어 타고 돌아가다, 돌아가는 배를 얻어 타다. 15) 東藩(동번)- 동쪽 번국(藩國). 16) 內臣(내신)- 신하처럼 큰 나라를 섬기는 것. 17) 椒房(초방)- 황후(皇后)의 방, 옛날에는 황후의 방 벽에는 산초가루를 발라 향내가 나게 하였다. 여기서는 황후의 자리를 가리킨다. 18) 被褘翟(피위적)- '위적'을 입다. '위적'은 꿩 무늬를 수놓은 황후의 옷. 따라서 황후노릇을 한 것을 가리키는 말임. 19) 敎坊(교방)- 옛날 궁중의 가무에 관한 기관. 20) 宸遊(신유)- 하늘에 노닐다, 중국에 와서 활동하는 것을 가리키는 말. 21) 亂未鋤(난미서)- '난'은 원나라가 망할 적의 전란을 가리킨다. '미서'는 없어지지 않다, 깨끗해지지 않다. 원나라 지정(至正) 8년(1348) 이후 각지에 병란이 일어나고 마침내 거의 20년 만에 주원장(朱元璋)이 원나라 순제(順帝)를 몰아내고 명나라를 세운다. 그러나 이 직후에도 병란이 완전히 평정된 것은 아니었다. 22) 頓(돈)- 갑자기. 23) 貢使(공사)- 조공(朝貢)을 갖고 온 사신. 24) 儲皇(저황)- 태자(太子). 25) 靈武(령무)- 당(唐)나라 때 안록산(安祿山)이 난을 일으키자 현종(玄宗)은 사천(四川)으로 피란을 가고 태자를 영무(靈武)에 두어 반란에 대처케 하였다. 여기서는 원나라 태자가 난군에게 쫓기어 산서성(山西省) 태원(太原)으로 가 있던 것을 가리킨다. 26) 丞相(승상)- 원나라가 망하려 할 적에 승상은 왕실과 뜻이 맞지 않아 명령을 따르지 않고 다른 곳에 도읍을 정하려 하였다. 27) 許都(허도)- 한(漢)나라 말년에 조조(曹操)가 독단적으로 도읍을 낙양(洛陽)으로부터 허도(許都)로 옮기려 하였다. 여기에서는 원나라 승상이 멋대로 도읍을 딴 곳에 정하려 했던 일을 가리키는 말로 쓰고 있다. 28) 金水(금수)-호북성(湖北省) 함녕현(咸寧縣)에서 시작하여 북쪽으로 흘러 부두호(斧頭湖)로 모인 뒤 다시 서북쪽으로 흘러 무창현(武昌縣)을 거쳐 금구진(金口鎭)에서 장강(長江)으로 흘러드는 강물. 29) 無恙(무양)- 아무 탈도 없는 것. 30) 撫事(무사)- 일들을 되새기는 것. 31) 尊(준)- 술그릇, 술잔.

| 解說 |

이 시에는 작자의 "내가 주검교周檢校 댁에서 술을 마실 적에, 두 고려아高麗兒가 춤추는 것을 보았다"는 주가 붙어 있다. 고려 말 원나라로 가는 사신을 따라 중국에 갔다가 원나라가 망하는 바람에 사신노릇도 못하고 몰락하여 외국사람들 앞에 춤추고 노래하며 목숨을 부지하고 있는 두 젊은이에 관한 시이다. 아무래도 그 두 젊은이들은 연예인으로 사신을 따라 원나라에 갔었을 것이다. 어떻든 조국을 잃은 백성이 얼마나 처참해지는 가를 잘 보여주는 시이다.

··· 작가 약전(略傳)

원개

袁凱 1316?~1385?

자는 경문景文, 스스로 해수海叟라 호하였고, 송강松江 화정華亭(지금의 上海 松江) 사람이다. 일찍이 시를 잘 지어 이름이 알려졌고, 홍무洪武 3년(1370)에는 어사御史가 되었다. 그러나 궁정의 분위기가 험악함을 느끼고 거짓 미친 체하며 병을 핑계로 벼슬을 그만두고 고향으로 돌아와 일생을 보내었다. 진실하고 자연스런 시를 썼으며, 문집으로 『해수집海叟集』이 있다.

객지에서의 섣달 그믐밤 (客中除夕¹⁾)

오늘 밤은 어떠한 밤인가?
타향에서 고향 얘기 하게 되었네.
남의 자녀들이 자란 것을 보면
객지에서 보낸 세월 오래 되었네.
전란은 끊이지 않고
고향 산천은 정말 아득하네.
한 잔의 백엽주로는
줄줄 흐르는 눈물 주체할 수가 없네.

今夕爲何夕고? 他鄕說故鄕이라.
看人兒女大하니, 爲客²⁾歲年長이라.
戎馬³⁾無休歇⁴⁾하니, 關山⁵⁾正渺茫⁶⁾이라.
一杯柏葉酒⁷⁾로, 未敵⁸⁾淚千行이라.

| 註解 |

1) 除夜(제야)- 섣달 그믐날 밤. 2) 爲客(위객)- 나그네가 되다, 객지 생활을 하다. 3) 戎馬(융마)- 병마(兵馬), 여기서는 전란(戰亂)을 가리킴. 4) 休歇(휴헐)- 그치다, 쉬다. 5) 關山(관산)- 고향산천. 6) 渺茫(묘망)- 아득한 것. 7) 柏葉酒(백엽주)- 잣나무 잎을 띄워 빚은 술. 설 때 마시는 술이었다 (『風土記』). 8) 未敵(미적)- 당해내지 못하다, 주체를 못하다.

| 解說 |

작자는 전란 중에 오랜 동안 고향을 떠나와 있었다. 객지에서 맞는 섣달 그믐밤의 정취를 읊은 시이다.

종군행 (從軍行)

봉화가 변경으로부터 전해오자
병졸들을 징발하여 항오行伍를 정비하네.
날씬한 장안의 남자는
힘이 활과 쇠뇌를 이겨내지 못하는데,
요행히도 장군의 배려가 있어
막부幕府 들락거리며 심부름이나 하네.
전란이 하루아침에 멎게 되자
돌아와서는 공로로 땅을 봉封해 받네.
용감히 싸운 장군들이 우습기만 하니
피 흘려 싸우며 고난만을 겪었네.

烽火塞上來하니, 發卒備行伍라.
翩翩[1]長安兒는, 力未勝弓弩[2]나,
幸蒙車騎[3]念하여, 出入在幕府[4]라.
風烟[5]一朝息하니, 歸來受茅土[6]라.
翻笑[7]李將軍[8]하노니, 血戰自辛苦라.

| 註解 |

1) 翩翩(편편)- 나르는 모양. 본시는 풍채가 가볍고 멋진 모양을 형용하는 말이나, 여기서는 좋은 뜻으로 썼다고 볼 수는 없다. 2) 弩(노)- 쇠뇌. 3) 車騎(거기)- 한(漢)나라 위청(衛靑)이 거기장군(車騎將軍)으로 흉노(匈奴)와 싸워 많은 공을 세웠다. 여기서는 군을 지휘하는 장군을 가리킨다. 4) 幕府

(막부)- 군의 야전사령부. 5) 風烟(풍연)- 전란을 가리킴. 6) 茅土(모토)- 공로로 땅을 봉(封)해 받는 것, 땅을 떼어주어 봉후(封侯)를 하는 것. 7) 翻笑(번소)- 도리어 우습다, 오히려 우습다. 8) 李將軍(이장군)- 한(漢) 무제(武帝) 때의 명장 이광(李廣)을 가리킴. 그는 한나라를 위해 많은 싸움을 하여 큰 공로를 세웠으나 한번도 봉후(封侯)의 은택을 받지 못하였다. 여기서는 열심히 적과 싸우고도 공로를 인정받지 못하는 장군들을 가리킨다.

| 解說 |

전쟁을 노래한 시이지만 그 내용이 특수하다. 전쟁을 한 군사들에 대한 논공행상 論功行賞 이 제대로 되지 못하고 있는 모순을 꼬집고 있다. 그래서 원나라는 망했을 것이다.

회서에 홀로 앉아 (淮西¹⁾獨坐)

살랑살랑 비바람은 산천에 가득히 내리는데
서쪽 누각에 앉아 술 다 마시고 기러기 울며 지나가는 소리 듣네.
나그네의 머리 새하얀 것 이상히 여기지 마라!
타향의 가을빛이 주체할 수 없이 짙은 것을!

蕭蕭²⁾風雨滿關河³⁾하고, 酒盡西樓聽雁過라.
莫怪行人頭盡白하라! 異鄕秋色不勝多라!

| 註解 |

1) 淮西(회서)- 회수(淮水)의 상류지방. 회우(淮右)라고도 하며, 하남성(河南省)에서 안휘성(安徽省) 쪽에 이르는 회수 유역 지방. 2) 蕭蕭(소소)- 찬바

람 소리, 살랑살랑. 3) 關河(관하)- 산천.

| 解說 |

작자는 근 50세가 되어서야 명나라가 세워져 잠깐 동안 벼슬을 하였다. 그러나 대부분의 평생을 유랑하면서 나날을 보내었다. 이 시는 먼 회서 땅에서 외로이 가을에 느낀 감회를 노래한 것이다. 가을의 쓸쓸함과 객수 客愁 가 잘 표현된 시이다.

이릉이 울면서 작별하는 그림을 보고
(李陵[1]泣別圖)

상림원 上林苑 에 낙엽 질 적에 기러기 남쪽으로 날아와
쓸쓸한 먼 이역 땅으로부터 사신만이 귀국하게 되었네.
사귄 정은 그대로 있어 두 줄기 눈물 흘러내리고,
가을바람만이 한나라 신하의 옷 위로 부네.

상 림 　목 락 안 남 비　　　　만 리 소 조 　사 절 귀
上林[2]木落雁南飛하여, 萬里蕭條[3]使節歸로다.
　유 유 교 정 양 행 루　　　　서 풍 취 상 한 신 의
猶有交情兩行淚하고, 西風吹上漢臣衣로다.

| 註解 |

1) 李陵(이릉)- 한(漢)나라 무제(武帝) 때의 장군, 명장인 이광(李廣)의 손자. 그는 무제의 천한(天漢) 2년(B.C.99)에 적은 병력을 이끌고 흉노(匈奴) 땅 깊숙이 들어가 싸우다가 결국은 패전하여 흉노에 투항하였다. 그가 울면서 작별하는 상대는 소무(蘇武)이다. 그는 천한 원년(B.C.100) 흉노로 사신으로 갔다가 잡히어 이릉과 함께 지냈다. 그러나 소무는 19년 억류되어 있다가 소제(昭帝)의 시원(始元) 5년(B.C.82)에 풀려나 한나라로 돌아가게 되었다. 이때 이릉은 술상을 차려놓고 슬픈 노래로 소무를 작별했다 한다.   2) 上林(상

림)- 한대 천자들이 사냥하던 곳. 한나라에서는 사신으로 간 소무를 돌려보내줄 것을 흉노에게 요청하였으나 이미 죽었다고 거짓말을 하며 돌려보내주지 않았다. 뒤에 다른 한나라 사신이 흉노로 가서 소무가 살아있음을 확인하고, 흉노 선우(單于)에게 "한나라 황제가 상림원에서 사냥을 하다가 날아가는 기러기를 활로 쏘아 잡았는데 기러기 다리에 소무가 쓴 편지가 붙들어 매어 있어서 소무가 살아있음을 알고 있다"고 말하여, 흉노에서는 하는 수 없이 소무를 놓아 보내주게 되었다. 3) 蕭條(소조)- 쓸쓸한 모양.

| 解說 |

흉노는 몽고족이다. 그림을 보면서 지은 시이지만, 작자는 몽고족의 나라인 원元의 중원 지배를 생각하면서 이 시를 썼을 것이다.

경사에서 집의 편지를 받고 (京師得家書)

고향은 강물로 삼천리인데,
집에서 온 편지는 겨우 열다섯 줄일세.
한 줄 한 줄 다른 말은 없고,
오직 속히 고향으로 돌아오라네.

江水三千里^{강수삼천리}¹⁾이어늘, 家書十五行^{가서십오행}이라.
行行無別語^{행행무별어}요, 只道早還鄉^{지도조환향}이라.

| 註解 |

1) 三千里(삼천리)- 이때의 수도는 건강(建康, 지금의 南京), 그의 고향 송강(松江)까지는 대략 천리 정도의 거리이다.

| 解說 |

이 시는 명나라 초기에 작자가 어사御史 벼슬을 하고 있을 적에 지은 시임이 확실하다. 짧으면서도 고향을 그리는 정이 잘 드러나 있다.

... 작가 약전(略傳)

우겸

于謙 1398~1457

자는 정익廷益, 전당錢塘(지금의 浙江省 杭州) 사람. 젊어서 진사가 된 뒤 산서山西 하남河南의 순무巡撫를 역임하였는데 깨끗하고 바르게 일을 처리하였다. 뒤에 병부시랑兵部侍郞이 되었는데, 정통正統 14년(1449) 몽고의 와라瓦剌 부족이 쳐들어오자 영종英宗이 직접 나섰다가 오히려 포로가 되었다. 온 나라가 놀라고 도읍을 남쪽으로 옮기려고까지 하였으나, 병부상서兵部尙書가 된 우겸이 나서서 경종景宗을 옹립하고 와라와 싸워 그들을 물리치고 북경을 보위한 다음 천순天順 원년(1457)에는 다시 영종을 모셔다 복위시켰다. 그러나 곧 모함을 받아 피살되어 온 천하가 원통히 여겼다 한다. 그는 소박한 언어를 사용하여 시를 지었고, 문집으로 『우충숙공집于忠肅公集』이 있다.

석회의 노래 (石灰吟)

마치 곡괭이로 치고 파내어져 깊은 산을 나와
뜨거운 불로 태워도 태연하였네.
뼈가 부서지고 몸이 조각나도 전혀 두려워하지 않고
오직 맑고 깨끗하게 세상에 남아있고자 하네.

千錘[1]萬擊[2]出深山하여, 烈火焚燒若等閒[3]이라.
粉骨碎身全不怕나, 要留淸白在人間이라.

| 註解 |

1) 錘(추)- 망치, 망치로 쳐서 깨는 것. 2) 擊(격)- 곡괭이로 쳐서 파내는 것. 3) 等閒(등한)- 마음을 쓰지 않는 것, 아무 일도 아닌 듯이 지내는 것, 태연한 것.

| 解說 |

작자가 열여섯 살 때 지은 시라 한다. 사람을 석회에 비기며 세상에 유용하고도 맑고 깨끗하게 살겠다는 뜻을 담고 있다.

섣달그믐 밤 몹시 추운 태원에서 (除夜太原寒甚)

멀리 고향 떠나와 있는 나그네들에게 말하노니,
추위는 가볍게 넘겨야지 어찌 걱정할 게 있겠는가?
봄바람 머지않아 불어올 것이니

오직 집 동쪽 모서리까지 다가와 있다네.

寄語¹⁾天涯²⁾客하노니, 輕寒底用³⁾愁아?
春風來不遠이니, 只在屋東頭⁴⁾니라.

| 註解 |

1) 寄語(기어)- 말을 전하다, 말하다. 2) 天涯(천애)- 하늘 가, 고향으로부터 멀리 떨어진 곳. 3) 底用(저용)- 어찌 그럴 필요가 있느냐, 하용(何用). 4) 東頭(동두)- 동쪽 모퉁이, 동쪽 모서리.

| 解說 |

몹시 추운 겨울을 가벼이 넘기려는 작자의 고심이 보인다. 어려움을 이겨내려는 용기가 가상하다.

북풍이 부네 (北風吹)

북풍이 부네!
우리 뜰 앞의 잣나무 가지에 부네.
나무는 굳건하여 바람 불어 흔드는 것 두려워 않고
절조를 꿋꿋이 지키며 자신을 잘 건사하여,
얼음과 서리 다 이겨내고 마음 끄떡도 않네.
하물며 다시 햇빛 부드러워지고 풍경 점점 아름다워져서
아름다운 꽃과 들풀이 무성해질 것이니,
바람이 잣나무에 분들 무얼 어찌하겠는가?

북풍이 불지만
얼마나 갈 것인가?

<ruby>北風吹<rt>북 풍 취</rt></ruby>하여, <ruby>吹我庭前柏樹枝<rt>취 아 정 전 백 수 지</rt></ruby>라.
<ruby>樹堅不怕風吹動<rt>수 견 불 파 풍 취 동</rt></ruby>이니, <ruby>節操棱棱<rt>절 조 릉 릉</rt></ruby>¹⁾<ruby>還自持<rt>환 자 지</rt></ruby>하여, <ruby>氷霜歷盡心<rt>빙 상 력 진 심</rt></ruby>
<ruby>不移<rt>불 이</rt></ruby>라.
<ruby>況復陽和景漸宜<rt>황 부 양 화 경 점 의</rt></ruby>²⁾하여, <ruby>閑花野草尙葳蕤<rt>한 화 야 초 상 위 유</rt></ruby>³⁾리니, <ruby>風吹柏樹將<rt>풍 취 백 수 장</rt></ruby>
<ruby>何爲<rt>하 위</rt></ruby>오?
<ruby>北風吹<rt>북 풍 취</rt></ruby>나, <ruby>能幾時<rt>능 기 시</rt></ruby>오?

| 註解 |

1) 棱棱(릉릉)- 절조가 굳은 모양. 2) 景漸宜(경점의)- 풍경이 점점 좋아지다. 3) 葳蕤(위유)- 무성한 것, 더부룩한 것.

| 解說 |

역경 또는 불리한 현실을 북풍에 비유하고 있다. 북풍은 몽고족의 지배나 위협을 뜻하고 있을 가능성도 많다. 역경이나 고난을 이겨내려는 작자의 마음가짐이 단단하다.

태행산에 올라 (上太行¹⁾)

가을바람 불고 해 지는 중에 풀은 시들어가고
엷은 구름 떠있는 가을 하늘에 외로이 새 날아 돌아오고 있네.

양편 귀밑머리 흰 멀리 떠나온 나그네가
말 타고 또다시 태행산을 올랐네.

_{서 풍 낙 일 초 반 반}　　　　_{운 박 추 공 조 독 환}
西風落日草斑斑²⁾한데,　雲薄秋空鳥獨還이라.
_{양 빈 상 화 천 리 객}　　　_{마 제 우 상 태 항 산}
兩鬢霜華千里客이,　馬蹄³⁾又上太行山이라.

| 註解 |

1) 太行(태항)- 태항산. 주봉(主峰)이 산서성(山西省) 진성현(晋城縣) 남쪽에 있다. 2) 斑斑(반반)- 풀이 시든 모양. 3) 馬蹄(마제)- 말발굽, 말을 타고 간 것을 뜻한다.

| 解說 |

작자는 18년 동안 하남河南 산서山西 의 순무巡撫 를 지냈다. 그때 공무 여가에 많은 시를 지었는데 그의 시는 읽는 이들에게 용기와 힘을 북돋아주는 내용의 것이다. 짧으면서도 힘이 있다.

늦은 봄 여로의 감상 (暮春客途卽景)

빗속 복숭아나무 숲에는 빨간 꽃 만발하고,
바람결에 만 줄기 푸른 버들가지 흔들거리네.
묻노니 봄빛은 누가 주관한다던가?
한 쌍의 나비가 계곡 다리 위를 날아가네.

_{우 중 홍 탄 도 천 수}　　　_{풍 외 청 요 유 만 조}
雨中紅綻¹⁾桃千樹요,　風外靑搖柳萬條라.

<u>차 문 춘 광 수 관 령</u>　　　　<u>일 쌍 호 접 과 계 교</u>
借問春光誰管領²⁾고?　一雙蝴蝶過溪橋라.

| 註解 |

1) 綻(탄)- 꽃봉오리가 벌어지다, 꽃이 피다.　2) 管領(관령)- 주관하다, 다스리다.

| 解說 |

아름다운 봄날 산골을 여행하다가 눈에 들어오는 풍경을 읊은 가볍고도 아름다운 시이다. 우겸의 시의 특징 중의 하나이다.

시골집의 복사꽃 (村舍桃花)

들판에는 시냇물이 감돌고 돌길이 비스듬히 뻗은 마을에
사립문 달린 초가집이 두세 집 있는데,
나지막한 흙 담은 봄 기색을 가릴 줄도 모르는 듯
붉은 꽃 핀 복사나무를 반쯤이나 내보이고 있네.

<u>야 수 영 우　　석 경 사</u>　　　<u>필 문 봉 호　양 삼 가</u>
野水縈紆¹⁾石逕斜하고, 篳門²⁾蓬戶³⁾兩三家라.
　　<u>단 장 불 해 차 춘 의</u>　　　　<u>노 출 비 도 반 수 화</u>
　　短牆⁴⁾不解遮⁵⁾春意하고, 露出緋⁶⁾桃半樹花라.

| 註解 |

1) 縈紆(영우)- 감돌다.　2) 篳門(필문)- 사립문, 싸리나무를 엮어 만든 문. 3) 蓬戶(봉호)- 쑥대를 엮어서 문짝을 만든 집, 매우 초라한 집, 초가집.　4) 短牆(단장)- 낮은 흙 담.　5) 遮(차)- 가리다.　6) 緋(비)- 붉은색.

| 解說 |

민요에 가까운 아름다운 짧은 시이다. 깨끗하고도 강직하며 애국적인 정열이 뜨거운 사람의 시처럼 느껴지지 않는다. 실은 깨끗하고 강한 사람일수록 아름다움과 자연을 더 사랑한 것도 같다.

… 작가 약전(略傳)

심주

沈周　1427~1509

자는 계남啓南, 호는 석전石田, 만년에는 백석옹白石翁이라 스스로 호하였으며, 장주長洲(지금의 江蘇省 蘇州) 사람이다. 공부를 많이 하여 벼슬자리에 초빙되었으나 나가지 않았다. 명대의 화가로 유명하며 산수山水와 화조花鳥를 잘 그렸다. 자연스러우면서도 그의 시대를 반영하는 시들을 지었고, 문집으로 『석전집石田集』이 있다.

종군행 (從軍行)

말 위에 누런 모래 얼굴에 뒤집어쓰며 길을 가는데,
중원 땅엔 언제나 전쟁이 그치려나?
흉노족은 오래된 사돈 관계도 잊고 있는데
지금 어떤 장군이 있어 부형처럼 의지할 수가 있는가?
검은 구름 덮인 파륵나루에는 군기가 휘날리고
밝은 달이 떠있는 수항성에선 조두 소리 들려오네.
흉노 왕을 일찍이 잡아 묶어와야지,
공로 따지느라 흰 머리 나도록 세월 허송 말기를!

馬上黃沙拂面行하니, 漢家[1]何日不勞兵[2]고?
匈奴久自忘甥舅[3]니, 僕射[4]今誰托父兄고?
雲暗旌旗[5]婆勒[6]渡요, 月明刁斗[7]受降城[8]이라.
左賢[9]早待長繩縛[10]이니, 莫遣[11]論功白髮生하라.

| 註解 |

1) 漢家(한가)- 한나라 집안, 중원, 중국. 2) 勞兵(로병)- 병사들이 수고하다, 전쟁을 하는 것. 3) 甥舅(생구)- 사위와 장인, 사돈지간을 가리킴. 한나라는 초기에 흉노의 침입을 완화시키기 위하여 공주들을 흉노 왕인 선우(單于)에게 시집보내었다. 그러나 이제는 그런 사돈관계를 잊고 있다는 것이다.
4) 僕射(복야)- 벼슬 이름. 당(唐)나라 때 곽자의(郭子儀)가 좌복야(左僕射)가 되어 〈안록산(安祿山)의 난〉을 평정하였다. 나라를 위하여 외적을 막아줄 훌륭한 장군을 가리킨다. 5) 旌旗(정기)- 군기(軍旗). 6) 婆勒(파륵)- 강물 이름. 신강성(新疆省)의 박라탑랍하(博羅塔拉河)인 듯. 7) 刁斗(조두)- 군대에서 쓰던 밥그릇, 낮에는 밥을 끓여 먹고 밤에는 두드려 신호용으로 쓰던

동으로 만든 그릇. 8) 受降城 (수항성)- 지금의 내몽고(內蒙古) 남쪽 음산(陰山) 북쪽에 있는 성 이름. 9) 左賢(좌현)- 흉노의 선우(單于) 다음 가는 높은 관리, 좌도기왕(左屠耆王). 10) 長繩縛(장승박)- 긴 줄로 묶다. 한나라 무제(武帝) 때 황제가 남월(南越) 왕을 굴복시키려 하자 종군(終軍)이란 장군이 자기에게 긴 갓끈만 내려주면 당장 가서 남월 임금을 잡아 묶어오겠다고 자청했던 일을 빌어 표현한 것이다. 11) 遣(견)- 세월을 헛되이 보내는 것.

| 解說 |

이 시의 원주原注에 성화成化 을미乙未(1475)에 썼다 하고 있다. 원나라가 망한 지 여러 해가 되었지만 몽고족의 위협은 계속 느끼고 있었던 것이다.

서산의 호랑이 노래 (西山有虎行)

서산에 사는 사람은 산 곁에 살고 있는데,
노래하며 찻잎 뜯으러 산으로 올라가네.
산에서 내려와 해가 져도 여전히 노래 부르고,
길 어둡고 숲은 우거졌어도 호랑이 걱정 하지 않네.
올해는 호랑이가 많아 사람들 걱정케 하니,
산을 돌아다니며 사람을 잡아먹어 찻잎 거둬들이지도 못하네.
담 동쪽 집 소녀는 호랑이에게 물려 피를 흘리고,
마을 남쪽에 사는 영감은 잡아먹혀 뼈만 남았다네.
관청에서는 호랑이 쏘아 잡겠다고 활잡이를 보냈는데,
그는 산가에 숨어 닭 안주로 술만 마시고 있네.
다음날이면 성으로 들어가 관청에 보고하기를,
호랑이는 대감님이 두려워서 지금은 피하여 도망쳤다고 한다네.

西山人家傍山¹⁾住러니, 唱歌採茶山上去라.
下山日落仍唱歌하고, 路黑林深無虎慮라.
今年虎多令人憂니, 繞²⁾山搏人³⁾茶不收라.
墻東小女膏血⁴⁾流하고, 村南老翁空髑髏⁵⁾라.
官司射虎差⁶⁾弓手로되, 自隱山家索鷄酒⁷⁾라.
明朝入城去報官하되, 虎畏相公⁸⁾今避走라 하네.

| 註解 |

1) 傍山(방산)- 산 곁. 2) 繞(요)- 두르다, 돌아다니다. 3) 搏人(박인)- 사람을 잡다, 사람을 잡아먹다. 4) 膏血(고혈)- 진한 피. 5) 髑髏(촉루)- 해골, 죽은 사람의 뼈. 6) 差(채)- 파견하다, 보내다. 7) 索鷄酒(색계주)- 닭과 술을 찾다, 닭과 술만 구하여 먹고 마시다. 8) 相公(상공)- 재상, 높은 관리. 여기서는 고을의 수령(守令).

| 解說 |

"가혹한 정치는 사나운 호랑이보다도 더 사납다(苛政, 猛於虎也)"고 한 공자의 말(『禮記』 檀弓 下)을 근거로, 당시 관원들의 비리와 어려운 백성들의 현실을 고발한 시이다. 백성들을 돌보아 주어야 할 관리들이 도리어 백성들을 괴롭히고 있다는 것이다.

감회를 읊어 스님에게 붙임 (寫懷寄僧)

텅 빈 벽에 비치는 희미한 등불 심지만 붉고,
한가한 섬돌 여기저기엔 벌레 울음 요란하네.

은하수는 얇은 구름 저쪽으로 그림자처럼 흐르고 있고,
맑은 이슬은 나무숲 속에 소리 없이 내리네.
물의 고장엔 아득히 가을 물이 차있고,
주민들은 흩어져서 들엔 안개만이 적막하네.
누가 걱정 근심 풀어 없애줄까 모르겠는데,
홀로 푸른 산 마주보고 있으려니 스님 생각이 나네.

虛^허壁^벽疏^소燈^등一^일穗^수¹⁾紅^홍이오, 閑^한階^계隨^수處^처亂^난鳴^명蟲^충이라.

明^명河^하²⁾有^유影^영微^미雲^운外^외하고, 淸^청露^로無^무聲^성萬^만木^목中^중이라.

澤^택國^국³⁾蒼^창茫^망⁴⁾秋^추水^수滿^만하고, 居^거民^민流^유落^락⁵⁾野^야烟^연空^공이라.

不^부知^지誰^수解^해抛^포⁶⁾憂^우患^환이러니, 獨^독對^대靑^청山^산憶^억贊^찬公^공⁷⁾이라.

| 註解 |

1) 穗(수) - 곡식 이삭, 등불 심지. 2) 明河(명하) - 은하수. 3) 澤國(택국) - 연못이 많은 고장, 수향(水鄕). 4) 蒼茫(창망) - 멀고 아득한 것, 아득히 퍼져 있는 것. 5) 流落(유락) - 다른 고장으로 흩어져 가는 것. 6) 抛(포) - 던지다, 없애버리다. 7) 贊公(찬공) - 당(唐)나라 때의 고승(高僧). 두보(杜甫)에게 「숙찬공방(宿贊公房)」이란 시가 있다. 여기서는 시를 붙여줄 스님을 가리킨다.

| 解說 |

난세의 지식인의 고민을 잘 드러낸 시이다. 명나라가 섰다지만 그의 시대까지도 일반 백성들의 생활은 정상을 되찾지 못하고 있었던 것이다.

꽃을 껶는 미인 (折花仕女[1])

지난 해 님과 작별할 적엔 꽃이 한창 피어 있었는데
오늘 꽃이 피어 있는데도 님은 돌아오지 않네.
자줏빛 한과 붉은 시름 천만 가지를
봄바람이 싣고 손 안으로 불어 들어오고 있네.

거 년 인 별 화 정 개　　　금 일 화 개 인 미 회
去年人別花正開러니,　今日花開人未回라.
자 한 홍 수　천 만 종　　춘 풍 취 입 수 중 래
紫恨紅愁[2]千萬種을　春風吹入手中來라.

| 註解 |

1) 仕女(사녀)- 여인, 부인, 사녀(士女). 2) 紫恨紅愁(자한홍수)- 자줏빛 한과 붉은 시름. 자색 꽃을 보면 느껴지는 님과 이별한 한스러운 마음과 붉은 꽃을 보면 더해지는 님 그리운 시름.

| 解說 |

이 시는 미녀도 美女圖 옆에 써 넣은 제화시 題畵詩 이다. 꽃을 꺾는 여인은 미녀도에 흔한 주제이다. 작자는 꽃을 꺾고 있는 미인의 묘사를 통해서 절절한 님 그리움의 정을 노래하고 있다. 미인에게는 떠나보낸 님에 대한 한과 수심이 서려 있어 꽃과 어울리어 더욱 아름답기만 하다.

... 작가 약전(略傳)

이동양

李東陽 1447~1516

자는 빈지賓之, 호는 서애西涯, 다릉茶陵(지금의 湖南省) 사람이나, 북경에서 태어났다. 진사가 된 뒤 낮은 벼슬에서 시작하여 이부상서吏部尙書를 거쳐 화개전대학사華盖殿大學士까지 되었다. 그는 50년 동안 조정에 벼슬을 하면서 당시의 문단을 영도하여 제자들이 많았다. 다릉시파茶陵詩派의 영도자로서 명초의 대각체臺閣體에서 전후칠자前後七子로 옮겨가는 중간역할을 맡은 셈이다. 그의 시는 단정하고도 아름다우며, 문집으로『회록당집懷麓堂集』이 있다.

밤에 소백호를 지나며 (夜過邵伯湖[1])

자욱하게 안개는 하늘까지 차있고,
점점 달은 물 위로 떨어져 가네.
펄펄 바람은 양편 귀밑머리 날리고,
자욱하여 멈출 곳을 모르겠네.
돛이 가벼워 노도 젓지 않는데
놀라게 하는 물결 소리 귀에서 사라지지 않네.
강과 호수는 날로 넓어지고 있는데,
가는 길은 아직도 끝이 멀었네.
객지에 있는 것은 정말 걱정스러운데
하물며 밤중에 깨어 일어나서야!

蒼蒼[2]霧連空하고, 冉冉[3]月墮水라.
飄颻[4]雙鬢風하니, 恍惚[5]無定止라.
輕帆不用楫[6]이나, 驚浪長在耳라.
江湖日浩蕩[7]하니, 行役[8]方未已라.
羈栖[9]正愁絶이어늘, 況乃中夜起아!

| 註解 |

1) 邵伯湖(소백호)- 강소성(江蘇省) 중부 양주(揚州) 북쪽에 있는 호수, 북쪽으로는 고우호(高郵湖)와 이어지고 있다. 2) 蒼蒼(창창)- 무성한 모양, 자욱한 모양, 짙푸른 모양. 3) 冉冉(염염)- 천천히 움직이는 모양. 4) 飄颻(표요)- 바람에 나부끼는 모양. 5) 恍惚(황홀)- 분간을 못하는 모양. 6) 楫

(접)- 배의 노. 7) 浩蕩(호탕)- 넓어지는 것, 넓은 모양. 8) 行役(행역)- 나랏일로 집을 나가 다니는 것. 9) 羈栖(기서)- 객지에 머물고 있는 것.

| 解說 |

작자가 젊었을 적(26세)에 한림원편수 翰林院編修 로 있으면서 휴가를 내어 조상들의 고향인 호남 湖南 으로 가다가 소백호 근처를 지나면서 지은 시이다. 오언고시로서의 성조 변화를 잘 보여주고 있는 작품이다.

마선의 노래 (馬船¹⁾行)

남경의 마선은 크기가 집채만 한데
배 하나에 삼백 섬 곡식을 싣는단다.
높은 돛이 형세를 타면 바람처럼 빨라서
뱃전의 파도는 만 마리 소의 발처럼 보인다네.
관청의 물건은 적고 개인의 짐이 많이 실렸는데,
남쪽으로 올 적에는 직물을 싣고 북쪽으로 갈 적에는 소금을
　　싣는다네.
벼슬과 권세에 기댄 세력이 불처럼 뜨거워
순라군이이고 나루의 관원이고 감히 조사도 못한다네.
이리저리 어울려 싸우면서도 속임수에 넘어가지 않으려 하고
재빨리 왔다갔다하니 그 속을 뉘 알리?
시세를 이용하여 이익을 추구하는 것은 풍습이 되어,
등을 돌리기만 하면 저자들은 바보라고 비웃는다네.
저자들은 비록 바보이고 가난해도 즐겁지만
내일 아침이면 법을 어긴 너희들은 오랏줄에 묶이리라.

관청에서 법령이 마침 다시 전해오자
나루의 관원은 이제 다시 돈을 먹고자 하고 있네.

南京馬船大如屋하니, 一舸²⁾能容三百斛³⁾이라.
高帆得勢疾若風하고, 咫尺⁴⁾波濤萬牛足이라.
官家貨少私貨多하고, 南來載縠⁵⁾北載䰞⁶⁾라.
凭⁷⁾官附勢如火熱하니, 邏人⁸⁾津吏⁹⁾不敢詰¹⁰⁾이라.
爭狃鬪捷¹¹⁾轉防欺하니, 倏去忽來¹²⁾誰復知아?
乘時¹³⁾射利¹⁴⁾習成俗하여, 背面却笑他人痴¹⁵⁾라.
他人雖痴病¹⁶⁾亦樂이나, 明朝犯令爾輩縛¹⁷⁾이리라.
官家號令¹⁸⁾時復傳하니, 津吏如今更索錢¹⁹⁾이라.

| 註解 |

1) 馬船(마선)- 명나라 때 강남 물 위를 항행하며 물자를 나르던 배 이름. 2) 舸(가)- 배. 3) 斛(곡)- 곡식의 양을 세는 단위, 1곡은 10말이라 한다. 그러니 섬과 같았다고 볼 수 있다. 4) 咫尺(지척)- 아주 가까운 것, 여기서는 배에 가까운 곳, 곧 뱃전. 5) 縠(곡)- 수레바퀴의 한 가지 부속품. 여기서는 곡(穀)의 잘못인 듯. '곡'은 얇은 비단이나, 여기서는 직물을 뜻하는 말로 쓰인 듯. 6) 䰞(차)- 소금. 7) 凭(빙)- 기대다, 의지하다. 8) 邏人(나인)- 순라군(巡邏軍). 9) 津吏(진리)- 나루터에서 세금을 걷고 불법을 감시하는 관리. 10) 詰(힐)- 묻다, 조사하다. 11) 爭狃鬪捷(쟁뉴투첩)- 이리저리 어울리어 여러 가지로 다투고 싸우는 것. 12) 倏去忽來(숙거홀래)- 재빨리 왔다갔다 하는 것. 13) 乘時(승시)- 시국을 이용하다, 때를 틈타다. 14) 射利(사리)- 자기 이익을 추구하는 것. 15) 痴(치)- 바보. 16) 病(병)- 빈(貧)의 잘못인 듯. 가난함. 17) 縛(박)- 오랏줄에 묶이다, 체포당하다. 18) 號令(호령)- 명

령, 법령. 19) 索錢(색전)- 돈을 추구하다, 돈을 먹으려 하다.

| 解說 |

명나라 때 관의 물자를 수송하던 관리들의 엄청난 부정을 고발한 시이다. 관리들의 부패는 어느 시대이건 끊이지 않았던 듯하다.

거듭 서애를 지나면서(重經西涯[1])

무너진 언덕과 높은 다리 따라 섰다가 다시 가곤 하는데,
시골 사람들 만나도 인사도 하지 않네.
고패소리 내는 논마다 물 가득하고,
버드나무 가지 위엔 나무마다 꾀꼬리가 우는 듯.
대나무 구경하던 동쪽 대숲엔 옛 주인 보이지 않으니,
강남에 땅을 마련하여 살리라 새로이 작정하네.
성 밖에 봄은 오고 있는가 모르겠는데,
향기로운 풀과 안개가 벌써 성에 가득 찼네.

　　　　결 안 위 교 단 부 행　　　　야 인 상 견 불 통 명
　　　　缺岸[2]危橋[3]斷復行[4]하니, 野人相見不通名[5]이라.
　　　　녹 로　 성 리 전 전 수　　　 양 류 지 두 수 수 앵
　　　　轆轤[6]聲裏田田水요, 楊柳枝頭樹樹鶯이라.
　　　　간 죽 동 림 무 구 주　　　　매 산 남 국 유 신 맹
　　　　看竹東林無舊主하니, 買山南國[7]有新盟이라.
　　　　부 지 성 외 춘 다 소　　　　방 초 청 연 이 만 성
　　　　不知城外春多少나, 芳草晴烟已滿城이라.

| 註解 |

1) 西涯(서애)- 북경(北京) 덕승문(德勝門) 부근에 있는 지명. 이동양의 할아

버지가 호남(湖南)의 다릉(茶陵)으로부터 옮겨와 살던 곳이다. 이동양은 어린 시절을 이곳에서 보냈기에 호를 서애라 했던 것이다. 그는 벼슬을 하면서 북경 서쪽 장안문(長安門) 서쪽 효종(孝宗)이 내려준 집으로 이사 와 살았다. 그러나 그는 서애에 대하여 큰 애착을 지니어 여러 편의 시를 짓고 있다. 2) 缺岸(결안)- 곳곳이 약간씩 무너져 있는 강 언덕. 3) 危橋(위교)- 높이 걸린 다리. 4) 斷復行(단부행)- 걸음을 멈추었다가 다시 가는 것, 가다가 서 있다 다시 가는 것. 5) 通名(통명)- 이름을 서로 알리는 것, 서로 인사하는 것. 6) 轆轤(녹로)- 고패, 줄을 걸고 물건을 높은 곳으로 들어올리는 데 쓰는 도르래. 7) 南國(남국)- 남쪽 나라, 강남. 이동양은 벼슬을 그만두면 자기 할머니의 고향인 강소성(江蘇省) 상주(常州)로 가서 살려고 땅을 사고 준비를 하였다.

| 解說 |

북경 성 밖의 경치와 사람들의 생활이 가볍게 그려진 시이다. 자신이 어렸을 때 살던 곳에 대한 애정을 지니고 있으면서도 뒤에는 다시 강남으로 가서 살려는 그의 심리가 묘하다.

가경중이 먹으로 그린 대나무 (柯敬仲[1]墨竹)

대나무 그리는 것 쉽고 어려움 논하지 말지니
방금까지도 무성한 대나무 그리기 어렵다고 말해왔는데 간단
 한 대나무 그림이 더 어려운 것 같네.
보시게! 한들거리는 몇 줄기 잎새 뿐인데
대청 가득히 비바람 몰려와 추위를 견디기 어려운 듯하네!

막 장 화 죽 논 난 이   강 도 번 난 간 갱 난
莫將畵竹論難易니, 剛道[2]繁[3]難簡更難이로다.
군 간 소 소 지 수 엽   만 당 풍 우 불 승 한
君看蕭蕭[4]只數葉이로되, 滿堂風雨不勝寒이로다.

| 註解 |

1) 柯敬仲(가경중)- 원(元)나라 시대에 그림과 글씨로 유명했던 사람. 호는 단구생(丹丘生)이고, 산수와 화초 그림에 뛰어났으나 먹물로만 그린 대나무로도 유명하였다. 2) 剛道(강도)- 방금 말하다. 3) 繁(번)- 번잡한 것, 무성하고 많은 대나무를 뜻함. '간(簡)'은 그 반대. 4) 蕭蕭(소소)- 찬바람 소리, 풀이나 나무가 바람에 흔들리는 모양, 한들거리는 것.

| 解說 |

간단한 시이지만 가경중이 먹물로 그린 대나무 그림을 무척 높이 사고 있다. 간단한 붓질을 몇 번 한 그림인 것 같은데 그 그림은 보는 사람들에게 많은 감흥을 일으키게 하며 깊은 뜻을 전해주고 있다. 이런 점이 중국 그림의 특징이라 할 수 있다.

… 작가 약전(略傳)

당인

唐寅 1470~1523

자는 백호伯虎, 혹은 자외子畏, 호는 육여거사六如居士, 또는 복사꽃 암자 주인(桃花庵主). 오현吳縣(지금의 江蘇省 蘇州) 사람. 과거를 볼 적에 주고관主考官이 정민정程敏政이란 사람이었고 그와 가까웠는데, 그가 시험문제를 누설하였다는 탄핵彈劾을 받았을 적에 연루되어 하옥下獄되었다. 옥에서 나와서는 오현의 창문閶門 안 복사꽃 마을(桃花塢)에 별장을 짓고 술이나 마시며 시와 그림으로 세월을 보내다가 일생을 마쳤다. 그의 그림은 심주沈周 등과 명사가明四家라 알려졌고, 그의 시문은 축윤명祝允明 등과 함께 오중사재자吳中四才子라 일컬어졌다.

복사꽃 암자 노래 (桃花庵[1]歌)

복사꽃 마을 안에 복사꽃 암자 있고
복사꽃 암자 안에 복사꽃 신선이 사네.
복사꽃 신선은 복숭아나무 심어놓고는
복사꽃을 따가지고 가서 술 살 돈 마련한다네.
술이 깨면 오직 꽃 앞에만 앉아있고
술이 취하면 돌아와서 꽃 밑에서 잔다네.
반은 취하고 반은 깨어서 하루 또 하루를 보내고
꽃은 졌다가 다시 피기를 한 해 다시 한 해를 거듭한다네.
다만 바라는 건 꽃과 술과 어울리다가 죽는 것,
말과 수레 앞에 허리 굽히는 짓은 하지 않으려 하네.
수레 먼지나 말 발굽은 부자들의 취향이고
술잔과 꽃가지는 가난한 자들의 벗일세.
부하고 출세한 자들과 가난한 사람들을 견주어 본다면
한쪽은 땅바닥에 있고 한쪽은 하늘 위에 있는 것이지.
가난하고 천한 것과 수레와 말을 모는 것을 견주어 본다면
저들은 바삐 쫓아다니지만 우리는 한가히 지내고 있지.
딴 사람들은 내가 무척 미쳤다고 비웃지만
나는 그들이 제대로 보지 못한다고 비웃고 있다네.
귀족과 호걸들의 무덤을 보지 못하는가?
꽃도 없고 술도 없이 갈려서 밭이 되어 있는 것을!

桃花塢[2]裏桃花庵이오, 桃花庵裏桃花仙[3]이라.

桃花仙人種桃樹하고, 又摘桃花換酒錢이라.
酒醒只在花前坐요, 酒醉還來花下眠이라.
半醉半醒日復日이오, 花落花開年復年이라.
但願老死花酒間이오, 不願鞠躬⁴⁾車馬前이라.
車塵馬足富者趣요, 酒盞花枝貧者緣⁵⁾이라.
若將富貴比貧者면, 一在平地一在天이라.
若將貧賤比車馬면, 他得驅馳⁶⁾我得閑이라.
別人笑我忒⁷⁾風顚⁸⁾이나, 我笑他人看不穿⁹⁾이라.
不見五陵¹⁰⁾豪傑墓아? 無花無酒鋤¹¹⁾作田이라.

| 註解 |

1) 桃花庵(도화암)- 작자 당인이 소주(蘇州)의 도화오(桃花塢)라는 고장에 지은 별장 이름. 이를 바탕으로 그는 도화암주(桃花庵主)라고 호하기도 하였다. 2) 桃花塢(도화오)- 소주의 성 밖 서북쪽에 있던 마을 이름. 마을에 복숭아나무를 많이 심어 놓아 봄이면 복사꽃이 마을을 뒤덮어 그런 이름이 붙여졌다. 3) 桃花仙(도화선)- 복사꽃 신선, 작자 당인 자신을 가리킴. 4) 鞠躬(국궁)- 몸을 굽혀 절하는 것, 몸을 굽혀 공손하고 공경하는 몸가짐을 갖는 것. 5) 緣(연)- 인연, 연고. 연고가 있는 벗 같은 관계. 6) 驅馳(구치)- 바삐 말달리며 쫓아다니는 것. 일로 몰아침을 당하는 것. 7) 忒(특)- 매우, 심하게. 8) 風顚(풍전)- 풍전(瘋癲), 미친 것, 정신이 돌은 것. 9) 看不穿(간불천)- 보는 것이 철저하지 못한 것, 제대로 보지 못하는 것. 10) 五陵(오릉)- 장안(長安) 근교에 다섯 자리의 한나라 왕릉이 있던 고장, 그곳에 부자들과 귀족들이 몰려 살았었다. 11) 鋤(서)- 호미질을 하다, 밭의 김을 매다. 여기서는 밭으로 경작하는 것을 뜻한다.

| 解說 |

작자 당인은 벼슬은 않고 전원에 숨어 살면서 스스로 '강남 제일의 풍류재자(江南第一風流才子)'라 하였다. 이 시는 그의 '풍류재자'로서의 면모를 잘 드러내 보여주고 있는 작품이다. 시의 표현도 통속적이면서도 아무런 꾸밈이 없이 있는 그대로이다. 당대의 두보杜甫가「술 좋아하는 여덟 신선의 노래(飮中八仙歌)」에서 이백李白을 두고 "장안의 저자 안 술집에서 잠을 자고, 천자가 오라고 불러도 배에 올라가지 않았네(長安市上酒家眠, 天子呼來不上船.)."이라 읊었는데, 당인은「술잔을 들고 달을 벗하는 노래(把酒對月歌)」에서 스스로 "나도 천자의 배에 올라가지 않았으나, 나도 장안에서 잠자지는 아니하였네. 소주 성 밖 한 칸 초가에서 나무 가득히 복사꽃 피고 달이 하늘에 밝은 것 즐겼지.(我也不登天子船, 我也不上長安眠. 姑蘇城外一茅屋, 萬樹桃花月滿天.)" 특히 이백의 술 마시고 달을 즐기며 거침없이 사는 풍도를 본뜨려 하였음이 분명하다.

… 작가 약전(略傳)

왕수인

王守仁 1472~1528

자는 백안伯安, 호가 양명陽明이어서 세상 사람들은 양명선생陽明先生이라 불렀다. 여요餘姚(지금의 浙江省) 사람이다. 진사가 된 뒤 병부주사兵部主事가 되었으나 환관 유근劉瑾의 뜻에 거슬리어 귀주貴州의 용장역승龍場驛丞으로 유배되었다. 유근이 처형된 뒤에야 다시 여릉廬陵 지현知縣으로 옮겨졌다. 정덕正德 11년(1516)에는 첨도어사僉都御史가 되어 남감南贛 순무巡撫로서 그 고장 농민반란을 진압하였다. 1519년에는 영왕寧王 신호宸濠의 반란을 평정하고 그 공으로 신건백新建伯에 봉해졌으며, 벼슬은 남경병부상서南京兵部尙書가 되었다. 죽은 뒤 문성文成이라 시하였다.

그는 '양지良知'와 '지행합일知行合一'을 주장한 명대를 대표하는 사상가이기도 하다. 그의 문집으로 『왕문성공전집王文成公全集』이 있다.

바다 위에서 (泛海)

험하고 평탄한 것 본시 가슴 속에 두지 않으니,
구름 위에 떠서 공중을 날아가는 것과 무엇이 다른가?
밤은 고요한데 바다 물결은 널리 끝없이 출렁이고,
달은 밝은데 하늘의 바람 따라 노니네.

험 이   원 불 체   흉 중   하 이 부 운 과 태 공
險夷¹⁾原不滯²⁾胸中하니, 何異浮雲過太空고?
야 정 해 도 삼 만 리   월 명 비 석   하 천 풍
夜靜海濤三萬里요, 月明飛錫³⁾下天風이라.

| 註解 |

1) 險夷(험이)- 험난함과 평이함. 2) 滯(체)- 담아두다. 3) 飛錫(비석)- '석'은 옛날 중들이 짚고 다니던 석장(錫杖), 긴 지팡이 위에 주석으로 만든 고리인 석환(錫環)이 달렸고 보신용으로도 쓰였다. 이 '석장을 날린다'는 것은 중이 세상을 자유로이 유람하는 것을 뜻한다.

| 解說 |

중국시 중에는 해상여행을 읊은 작품이 거의 없다. 어쩌다가 있다 하더라도 바다의 넓고 험난한 중의 자신의 작고 무력함을 의식하고 있는 것이 대부분이다. 왕양명이 이런 시를 지었다는 것은 곧 그의 큰 흉회胸懷를 나타낸다.

양지 네 수를 읊어 제자들에게 줌
(詠良知四首示諸生) 4수(四首)

기일(其一)

모든 사람의 마음속에는 공자가 계신데,
스스로 보고 듣는 것으로 가리어져 미혹되는 것일세.
지금 진실한 존재를 가르쳐 줄 것이니
그것은 오직 양지라는 것을 다시는 의심치 말게나!

_{개 개 인 심 유 중 니}
箇箇人心有仲尼[1]로되,　_{자 장 문 견 고 차 미}
自將聞見苦遮迷[2]라.

_{이 금 지 여 진 두 면}
而今指與眞頭面[3]하노니,　_{지 시 양 지 갱 막 의}
只是良知更莫疑하라.

| 註解 |

1) 仲尼(중니)- 공자의 자.　2) 遮迷(차미)- 가리어져 미혹되다.　3) 頭面(두면)- 면모, 모습.

기이(其二)

그대들에게 묻노니 무엇 때문에 매일 어쩔 줄을 모르고
번뇌 속에서 공부를 그르치는가?
성인의 문하에 도법을 알려주는 말이 없다고 하지마라!
양지 두 글자야말로 바로 그것이란다.

_{문 군 하 사 일 동 동}
問君何事日憧憧[1]고?　_{번 뇌 장 중 착 용 공}
煩惱場中錯用功[2]이라.

莫道聖門無口訣³⁾하라! 良知兩字是參同⁴⁾이니라.
_{막도성문무구결} _{양지양자시참동}

| 註解 |

1) 憧憧(동동)- 마음을 잡지 못하고 허둥지둥 하는 모양, 쉴 새 없이 왔다갔다 하는 모양. 2) 錯用功(착용공)- 공부를 잘 못하다, 그릇되게 힘쓰다. 3) 口訣(구결)- 도법(道法)이나 비술(秘術)을 전수하는 요점을 나타내는 말. 4) 參同(참동)- 합치되는 것, 들어맞는 것.

기삼(其三)

사람마다 자기의 나침반이 있으니
만물 변화의 근원은 모두 마음속에 있다네.
우스운 건 이전에 지녔던 거꾸로 된 생각이니,
모든 일을 밖에서 추구하였네.

人人自有定盤針¹⁾이니, 萬化根源總在心이라.
_{인인자유정반침} _{만화근원총재심}
却笑從前顚倒²⁾見하니, 枝枝葉葉³⁾外頭尋이라.
_{각소종전전도견} _{지지엽엽 외두심}

| 註解 |

1) 定盤針(정반침)- 나침반(羅針盤), 지남철. 2) 顚倒(전도)- 거꾸로 된 것, 거꾸로. 3) 枝枝葉葉(지지엽엽)- 모든 가지와 모든 잎, 모든 크고 작은 일.

기사(其四)

소리도 없고 냄새도 없지만 홀로 아는 것,
이것이 곧 천지 만물의 기본일세.

자기에게 무진장으로 있는 것은 내던지고
남의 집 문 앞 돌아다니며 깡통 들고 거지 흉내 내네.

無^무聲^성無^무臭^취獨^독知^지時^시니, 此^차是^시乾^건坤^곤萬^만有^유¹⁾基^기로다.

拋^포卻^{각2)}自^자家^가無^무盡^진藏^장하고, 沿^연門^문持^지鉢^{발3)}效^{효4)}貧^빈兒^아로다.

| 註解 |

1) 萬有(만유)- 만물, 모든 존재. 2) 拋卻(포각)- 내던지다, 버리다. 3) 鉢(발)- 중들의 밥그릇, 여기서는 탁발승(托鉢僧)의 밥그릇임으로, 거지들이 먹을 것을 빌기 위하여 들고 다니는 깡통을 말한다. 4) 效(효)- 본뜨다, 흉내 내다.

| 解說 |

왕양명이 자기의 중심사상이라 할 수 있는 양지良知를 제자들이 쉽게 이해하도록 지은 시이다. 그에게는 이러한 사상을 읊은 시가 적지 않다.

짹짹 우는 노래 (啾啾¹⁾吟)

지혜 있는 자는 미혹되지 아니하고 어진 사람은 걱정이 없다
  했거늘
그대는 어찌하여 두 눈썹 찌푸리고 걱정 속에 사는가?
발길 가는대로 왔다갔다하면 어디나 평탄한 길이고,
하늘에 의지하여 판단을 내리면 사람들의 꾀와는 전혀 다르네.
써 주면은 곧 나아가고 버리면 곧 그만두니
이 몸은 아무 데도 걸릴 것이 없어 빈 배를 띄워놓은 것 같네.

대장부라면 거칠 것 없이 하늘과 땅 사이에 우뚝한 법이니
어찌 궁한 죄수처럼 속박을 받으려 하겠는가?
천금의 진주로 참새를 쏘겠는가?
땅을 파는데 어찌 번거로이 명검을 쓰겠는가?
그대는 보지 못했는가? 동쪽 집의 늙은이는 호랑이의 해를 막
　으려 했는데
호랑이가 밤에 집으로 들어와 그의 머리를 물어 떼어놓았고,
서쪽 집 아이는 호랑이를 알지 못하여
장대 들고 호랑이 좇기를 소 몰 듯한 것을.
바보는 목에 걸릴까 겁이 나서 내내 음식을 먹지 못하고
어리석은 자는 물에 빠질까 두려워 먼저 스스로 물에 몸을 던
　진다네.
사람은 태어나 운명에 통달하고 스스로가 걸리는 데 없이 깨
　끗하면 되는 건데,
모함을 걱정하고 비난을 피하려고 부질없이 짹짹 울고 있네.

　　　　지 자 불 혹　인 불 우　　　　군 호 척 척　비 쌍 수
　　　　知者不惑[2]仁不憂어늘,　君胡戚戚[3]眉雙愁아?
　　　　신 보　행 래 개 탄 도　　　빙 천 판 하　비 인 모
　　　　信步[4]行來皆坦[5]道요,　憑天判下[6]非人謀라.
　　　　용 지 즉 행　사 즉 휴　　　차 신 호 탕　부 허 주
　　　　用之則行[7]舍卽休니,　此身浩蕩[8]浮虛舟라.
　　　　장 부 락 락　흔　천 지　　　기 원 속 박 여 궁 수
　　　　丈夫落落[9]掀[10]天地니,　豈願束縛如窮囚아?
　　　　천 금 지 주 탄 조 작　　　　굴 토 하 번 용 촉 루
　　　　千金之珠彈鳥雀하고,　掘土何煩用鐲鏤[11]아?
　　　　군 불 견 동 가 로 옹 방 호 환　　　호 야 입 실 함　기 두
　　　　君不見東家老翁防虎患이러니,　虎夜入室啣[12]其頭요,

西家兒童不識虎하여, 執竿驅虎如驅牛라.
癡人懲噎¹³⁾遂廢食하고, 愚者畏溺¹⁴⁾先自投¹⁵⁾라.
人生達命自灑落¹⁶⁾이어늘, 憂讒避毁徒啾啾라.

| 註解 |

1) 啾啾(추추)- 새들이 우는 모양, 시끄러운 모양. 2) 知者不惑(지자불혹)- 이 첫 구절은 『논어(論語)』 자한(子罕)편의 말을 인용한 것이다. 3) 戚戚(척척)- 걱정하고 두려워하는 모양. 4) 信步(신보)- 발걸음 가는 대로 맡기는 것. 5) 坦(탄)- 평탄한 것. 6) 判下(판하)- 판단을 내리다, 세상일을 판단하다. 7) 用之則行(용지즉행)- 이 구절은 『논어』 술이(述而)편의 말을 인용한 것이다. 8) 浩蕩(호탕)- 널리 전혀 걸리는 것이 없는 것. 9) 落落(락락)- 거칠 것이 없는 모양, 활달(豁達)한 것. 10) 掀(흔)- 우뚝한 것, 들어올리는 것. 11) 鐲鏤(촉루)- 촉루(屬鏤)로 씀이 옳으며, 옛날의 명검 이름. 특히 오(吳)왕 부차(夫差)가 오자서(伍子胥)에게 자결하라고 내린 칼로 유명하다. 12) 啣(함)- 물다, 물어뜯다. 13) 懲噎(징열)- 목이 막힐까 두려워하는 것. 14) 溺(닉)- 물에 빠지는 것, 익사하는 것. 15) 投(투)- 투신, 몸을 물에 던지는 것. 16) 灑落(쇄락)- 걸리는 데 없이 깨끗한 것, 자유로운 것.

| 解說 |

달관한 인생관이다. 거칠 데가 없고 패기가 넘친다. 이런 성격을 바탕으로 그에게서 지행합일 知行合一 의 사상이 발전하였을 것이다.

... 작가 약전(略傳)

이몽양

李夢陽 1472~1529

자는 천사天賜 또는 헌길獻吉, 호는 공동자空同子, 경양慶陽(지금의 甘肅省) 사람. 진사가 된 뒤 호부주사戶部主事가 되고 낭중郎中으로 승진하였으나 성격이 강직하여 권력가들과의 알력으로 많은 어려움을 겪었다. 뒤에 환관 유근劉瑾을 탄핵하다가 옥에 갇혔으나, 유근이 처형된 뒤에 출옥하여 강서제학부사江西提學副使가 되었다. 그는 문학에 있어서 "문필진한, 시필성당文必秦漢, 詩必盛唐"의 구호를 주장하며 전칠자前七子의 중심인물이 되었다. 복고復古를 내세우면서도 그 시대를 반영하는 시도 남기고 있다. 그의 문집으로 『공동집空同集』이 있다.

이수가 운중으로 가는 것을 전송하며
(送李帥¹⁾之雲中²⁾)

누런 먼지바람 불어오니 구름의 기세도 험악한데,
운주雲州의 씩씩한 사나이들이 밤인데도 호각을 불고 있네.
장군은 칼자루에 손을 얹은 채 새벽을 기다리는데,
흘우산이 움직이어 달은 반쯤 지고 있네.
구유 앞에서 말이 울부짖고 군사들은 배불리 먹었으며,
옛날에는 온전한 옷 못 입었다는데 지금은 수놓은 전포戰袍 입고 있네.
모래밭을 고삐 늦추고 달리며 수리나 쏘아 잡으니
가을 풀 온 땅에 가득한데 선우單于는 도망치고 있네.

黃風³⁾北來雲氣惡이어늘, 雲州健兒夜吹角이라.
將軍按劍夜待曙⁴⁾어늘, 紇于山⁵⁾搖月半落이라.
槽⁶⁾頭馬鳴士飯飽하고, 昔無完衣今繡襖⁷⁾라.
沙場緩轡⁸⁾行射雕⁹⁾하니, 秋草滿地單于¹⁰⁾逃라.

| 註解 |

1) 李帥(이수)- 이개(李介). 홍치(弘治) 10년(1497) 여름에 북쪽 오랑캐들이 국경을 침범하자 이개는 좌첨도어사(左僉都御史)가 되어 군향(軍餉)을 독려하러 갔다. 그러나 그가 가자 적은 모두 후퇴하여 군비만 잘 갖추어 놓고 돌아왔다 한다. 2) 雲中(운중)- 지금의 산서성(山西省) 장성 밖의 땅, 지금의 대동현(大同縣) 일대, 운주(雲州)라고도 불렀다. 3) 黃風(황풍)- 누런 바람, 먼지바람. 4) 曙(서)- 새벽, 날이 새는 것. 5) 紇于山(흘우산)- 지금의 산서

성 대동현 동쪽에 있는 산 이름. 일년 내내 눈을 이고 있다 한다. 6) 槽(조)-구유. 7) 繡襖(수오)- 수놓은 두루마기, 수놓은 군포(軍袍). 8) 緩轡(완비)- 고삐를 느슨히 하다, 말을 타고 서서히 달리는 것. 9) 雕(조)- 수리. 10) 單于(선우)- 흉노(匈奴)의 임금.

| 解說 |

친구 이개가 전장에 나가는 것을 전송하면서, 특히 원나라를 세워 중원을 지배하였던 북쪽 오랑캐에 대한 경계심을 고취하고 있다.

태산 (泰山)

머리를 숙여 보아도 제나라 지방 노나라 지방이 분별되지 않고
동쪽을 바라보니 바다는 술잔이나 같네.
문득 한 봉우리 위에 오르니
뜻밖에도 뭇 산들이 벌여져 있네.
해가 부상을 안고 뛰어 오르고
하늘에는 갈석산이 비껴있네.
그대 보게나, 진시황 뒤에도
다시 한무제가 비석을 세웠다네.

부수무제로　　　동첨해사배
俯首無齊魯¹⁾요,　東瞻海似杯라.
두연 일봉상　　　불신 만산개
斗然²⁾一峰上하니,　不信³⁾萬山開라.
일포부상 약　　　천횡갈석 래
日抱扶桑⁴⁾躍하고,　天橫碣石⁵⁾來라.
군간시황후　　　잉유한황대
君看始皇後⁶⁾에,　仍有漢皇臺⁷⁾라.

| 註解 |

1) 無齊魯(무제로)- 태산의 북쪽은 제나라 지방이고 남쪽은 노나라 지방이다. 2) 斗然(두연)- 갑자기, 돌연. 3) 不信(불신)- 믿지 못하겠다, 뜻밖에. 4) 扶桑(부상)- 해가 뜨는 곳에 있다는 전설적인 나무 이름(『山海經』海外東經). 5) 碣石(갈석)- 하북성(河北省) 창려(昌黎) 북쪽에 있는 산 이름, 진시황이 순수하다가 이곳에서도 바다를 바라보고 자기의 공덕을 칭송하는 비석을 세웠다. 6) 始皇後(시황후)- 진시황은 천하를 순수하면서 각지에 비석을 세웠는데, 태산에 와서도 공로를 칭송하는 비석을 세웠는데 지금은 겨우 아홉 글자 반만이 남아있다 한다. 7) 漢皇臺(한황대)- 한무제(漢武帝)도 태산에 와서 아직 산에 초목의 잎이 나지 않은 것을 보고 태산 위에 비석을 세우게 하였다 한다(『史記』孝武本紀).

| 解說 |

태산에 오른 감회를 노래한 시. 그러나 초점은 전제 군주들이 태산에 와서 자신들의 공적이나 크게 칭송하는 비석을 세웠던 일로 모아지고 있다.

정생이 태산으로부터 돌아와 (鄭生[1]至自泰山)

어제 그대는 태산에 올라갔는데
어떤 봉우리가 가장 높던가?
장인석은 그대로 있던가 없던가?
오대부송은 어떻던가?
바다의 해는 낮게 파도 따라 나는 새와 함께 떠오르고
산골짜기의 우렛소리는 동굴에서 용이 솟아오르는 듯하였겠지.
누가 천하가 작은 듯 하다고 했던가?
이 세상 밖에도 또 다른 나라가 있으리라.

$$昨汝登東嶽^{2)}이니, 何峰是絕峰^{3)}고?$$
_{작여등동악} _{하봉시절봉}

$$有無丈人石^{4)}고? 幾許大夫松^{5)}고?$$
_{유무장인석} _{기허대부송}

$$海日低波鳥요, 巖雷^{6)}起窟龍^{7)}이라.$$
_{해일저파조} _{암뢰기굴룡}

$$誰言^{8)}天下小아? 化外^{9)}亦王封^{10)}이리라.$$
_{수언천하소} _{화외역왕봉}

| 註解 |

1) 鄭生(정생)- 정작(鄭作). 이몽양의 제자로 매우 서로 가깝게 지냈다. 2) 東嶽(동악)- 태산. 3) 絕峰(절봉)- 최고봉. 4) 丈人石(장인석)- 태산의 절정 서쪽 장인봉(丈人峰) 위에 있는 바위 이름. 곱추 영감 형상의 바위이다. 5) 大夫松(대부송)- 태산 기슭에 있는 오대부송(五大夫松). 진시황이 태산에 봉선(封禪)을 하고 내려 오다가 비를 만나 이 소나무 밑에서 비를 피했다. 진시황은 그 공덕을 기리어 소나무를 오대부(五大夫)에 봉하였다 한다. 6) 巖雷(암뢰)- 산골짜기에 울리는 우렛소리. 7) 窟龍(굴룡)- 용이 동굴로부터 뛰어나오는 것. 8) 誰言(수언)- 누가 말하였다. 공자가 태산에 올라 "천하가 작게 보인다"고 하였다 한다(『孟子』盡心). 9) 化外(화외)- 이 세상 밖. 10) 王封(왕봉)- 다른 임금의 나라.

| 解說 |

전태산에 갔다 돌아온 제자를 마중하면서 지은 시. 태산에 대한 동경심이 잘 드러나고 있다.

석장군의 싸움터 노래 (石將軍[1]戰場歌)

청풍점 남쪽에서 만난 영감님이
내게 얘기해준 기사ㄹㅌ년 전쟁 일이네.
청풍점 북쪽에는 옛 싸움터가 그대로 남아 있는데,

버려진 화살촉엔 아직도 근왕勤王 두 자가 남아있어,
영종英宗이 잡혀가던 옛일 생각하면 정말 참담해지니,
되풀이 되는 형세는 비바람 불어오듯 하네.
자형관 위에서는 낮에도 호각소리 울렸고
살기 띤 군사들 함성은 유주幽州와 삭방朔方에 넘쳤네.
오랑캐 군사들이 창의문彰義門 앞에서 말에 물을 먹이고,
봉화가 밤이면 연산 위 구름에 비쳤네.
그러나 안에는 우상서于尙書가 계시고
밖에는 석장군이 계셨네.
석장군의 관군은 우레와 번개 같아서
맑은 하늘 아래 넓은 들판으로 나와 용감하게 싸웠네.
조정에서 이미 자형관을 잃었으니,
우리 백성들이 어찌 청풍점을 보존할 수가 있겠는가?
할아버지 끌고 자식 업고 나섰으되 도망갈 곳은 없어
곡하는 소리 하늘에 진동하고 바람만이 노호하는데,
아이들은 북소리 호각소리에 놀라 침상 머리에 엎드리고
남정들은 지붕 위로 올라가 군대 깃발의 움직임 살피네.
석장군이 이때 창을 들고 떨쳐 나와
적군을 풀이나 쑥대 베듯 무찔러 버리고,
도망치는 자들 추격한 다음 돌아와 피 묻은 칼을 씻는데
밝은 해는 움직이지도 않고 푸른 하늘 높은 곳에서 빛을 비추
  었네.
세상의 전란을 한 칼로 쓸어버리니
이런 부자 영웅은 옛날부터 흔치 않은 일이네.
적의 임금 선우單于는 도마관에서 통곡하고

와라병瓦剌兵들은 비호도에서 반 이상 죽었다네.
곳곳에서 환성 울리며 북소리 깃발 요란하고
집집마다 소고기와 술 장만하여 우리 병사들 먹였네.
한漢나라 장군 곽거병霍去病의 공로에 견줄만 하니
당唐나라 장군 곽자의郭子儀처럼 늙도록 명예 지키기 바라네.
이 일 읊조리다 보니 이미 육십년 전의 일이나
이곳 지나갈 적마다 눈물이 수건을 적신다네.
지는 해 가린 누런 구름 아래 하얀 썩은 뼈가 있고,
모래와 자갈도 참담하게 느껴져 길가는 이 서럽게 하네.
길가는 이 오다가 싸움터 버들가지를 꺾고
말에서 내려 앉아 거용관居庸關 바라보네.
다시 생각나는 건 수많은 관원들이 돌아오는 황제 마중하려고
말 탄 천만 명의 사람들이 도성을 내려가던 때의 일이네.
천하에 나라를 다시 일으킬 황제 뵐 수 있게 되었고,
살벌한 중에도 재건할 계획이 들리네.
석장군의 이름은 운대雲臺 위에 새겨져야 할 것이니
이러한 싸움의 공로는 천하에 다시없을 것이네.
아아! 싸움의 공로는 지금와선 없어진 것이나 같다지만,
어찌하면 이런 분들이 다시 나와 서쪽 오랑캐들을 막아 줄까?

청풍점 남봉부로 　　　　고 아 기 사 년 간 사
淸風店[2] **南逢父老**러니, **告我己巳**[3] **年間事**로다.
　　점북유존고전장 　　　　유촉 상대근왕 자
店北猶存古戰場하니, **遺鏃**[4] **尙帶勤王**[5] **字**라.
　　억석몽진 실참달　　　 반복세여풍우지
憶昔蒙塵[6] **實慘怛**[7]하니, **反覆勢如風雨至**라.

紫荊關[8]頭畫吹角하고, 殺氣軍聲滿幽朔[9]이라.
胡兒[10]飮馬彰義門[11]하고, 烽火夜照燕山[12]雲이라.
內有于尙書[13]하고, 外有石將軍이라.
石家官軍若雷電하니, 天淸野曠來酣戰[14]이라.
朝廷旣失紫荊關이니, 吾民豈保淸風店고?
牽爺負子[15]無處逃하고, 哭聲震天風怒號라.
兒女牀頭[16]伏鼓角[17]하고, 野人屋上看旌旄[18]라.
將軍此時挺戈出[19]하여, 殺敵不異草與蒿[20]라.
追北歸來血洗刀러니, 白日不動蒼天高라.
萬里烟塵[21]一劍掃하니, 父子英雄[22]古來少라.
單于痛哭倒馬關[23]하고, 羯奴[24]半死飛狐道[25]라.
處處懽聲噪[26]鼓旗하고, 家家牛酒犒[27]王師라.
應追漢室姚嫖將[28]하고, 還憶唐家郭子儀[29]라.
沈吟此事六十春[30]이니, 此地經過淚滿巾이라.
黃雲落日古骨白하고, 沙礫慘淡愁行人이라.
行人來折戰場柳하고, 下馬坐望居庸口[31]라.
却憶千官迎駕[32]初에, 千乘萬騎下皇都라.

　　　　건 곤 득 견 중 흥 주　　　　　살 벌 중 문 재 조 도
　　乾坤得見中興主하고, 殺伐中聞載造圖³³⁾라.
　　　　성 명 응 륵 운 대　　상　　　여 차 전 공 천 하 무
　　姓名應勒雲臺³⁴⁾上이니, 如此戰功天下無라.
　　　　오 호 전 공 금 이 무　　　안 득 재 생 차 배 서 비 호
　　嗚呼戰功今已無어늘, 安得再生此輩西備胡리오?

| 註解 |

1) 石將軍(석장군)- 석형(石亨), 영종(英宗)의 정통(正統) 14년(1449), 서북쪽의 와라(瓦刺) 부족이 침입하자 영종이 직접 이들과 싸우다가 포로가 되었다. 그리고 계속 북경(北京)을 위협하자 우겸(于謙)의 지휘 아래 석형이 군사를 이끌고 와라를 물리쳐 북경은 온전할 수가 있었다. 그리고 천순(天順) 원년(1457)에야 영종은 풀려 돌아와 다시 왕위에 올랐다.　2) 淸風店(청풍점)- 지금의 하북성(河北省) 정현(定縣) 30리 북쪽에 있는 지명. 석형은 이곳에서 와라의 군대를 크게 쳐부수었다.　3) 己巳(기사)- 명 정통 14년.　4) 遺鏃(유촉)- 버려져 있는 화살촉.　5) 勤王(근왕)- 나라의 임금을 위하여 싸움터에 나서는 것.　6) 蒙塵(몽진)- 영종이 와라에게 잡혀갔던 일을 가리킴. 7) 慘怛(참달)- 마음이 처참한 것, 몹시 슬픈 것.　8) 紫荊關(자형관)- 지금의 하북성 역현(易縣) 서쪽 자형령(紫荊嶺) 위에 있던 관문 이름.　9) 幽朔(유삭)- 유주(幽州)와 삭방(朔方), 지금의 하북성과 산서성(山西省) 북쪽지방을 가리킨다.　10) 胡兒(호아)- 오랑캐 아이, 와라의 군사들을 가리킴.　11) 彰義門(창의문)- 북경 성문 중의 하나. 와라의 군대는 창의문 앞에까지 왔었다.　12) 燕山(연산)- 지금의 하북성 계현(薊縣) 동남쪽에 있는 큰 산.　13) 于尙書(우상서)- 우겸(于謙), 그때 그의 벼슬이 병부상서(兵部尙書)였다. 14) 酣戰(감전)- 분발하여 용감하게 나가 싸우는 것.　15). 牽爺負子(견야부자)- 늙은 영감은 손잡고 끌고 가고 어린 자식은 업고 가는 것.　16) 牀頭(상두)- 침대 머리.　17) 鼓角(고각)- 군대에서 신호용으로 쓰던 북소리와 호각(胡角) 소리.　18) 旌旄(정모)- 군기, 군대의 깃발.　19) 挺戈出(정과출)- 창을 들고 뛰쳐나오는 것.　20) 蒿(호)- 쑥.　21) 烟塵(연진)- 연기와 먼지. 전란을 가리킴.　22) 父子英雄(부자영웅)- 석형에게 어떤 아들이 있었는지는 확실치 않다. 조카인 석표(石彪)가 전공으로 정원후(定遠侯)에 봉해졌다. 23) 倒馬關(도마관)- 상산관(常山關)이라고도 부르며, 지금의 하북성 당현(唐縣) 서북쪽에 있다.　24) 羯奴(갈노)- '갈'은 흉노족(匈奴族)의 별종 이름이어서, 와라의 군사들을 가리킨다.　25) 飛狐道(비호도)- 비호관(飛狐關),

지금의 하북성 내원(淶源) 북쪽 울현(蔚縣) 경계에 걸쳐 있는데 백여 리에 달하는 험하고 좁은 통로라 한다. 26) 噪(조)- 시끄러운 것, 떠들썩한 것. 27) 犒(호)- 음식을 군사들에게 먹여주며 위로하는 것. 28) 嫖姚將(표요장)- 한(漢)나라 장군 곽거병(霍去病), 외적의 침입을 막은 공로가 그와 비슷하다는 것이다. 곽거병은 표요교위(嫖姚校尉)라는 벼슬을 하였다. 29) 郭子儀(곽자의)- 당나라 때 안록산(安祿山)의 난을 평정하는 데 큰 공을 세운 장군. 곽거병은 뒤에 옥중에서 죽었으나 곽자의는 전공으로 왕에 봉해지고 늙도록 영광을 누리었다. 30) 六十春(육십춘)- 육십년. 와라가 영종을 잡아간 것은 1449년이고, 이 시를 지은 것은 무종(武宗)의 정덕(正德) 초년(1509) 경이다. 31) 居庸口(거용구)- 거용관(居庸關), 북경의 서북쪽에 있다. 32) 迎駕(영가)- 사신을 와라에게 보내어 영종을 다시 모셔온 것. 33) 載造圖(재조도)- 나라의 재건 계획. 34) 雲臺(운대)- 한나라 명제(明帝)가 나라의 공신들을 오래도록 기리려고 공신들의 영정을 걸어놓기 위하여 지은 건물.

| 解說 |

명나라 때 와라 부족이 침입해 와서 영종을 잡아간 이른바 토목지역 土木之役 에 큰 공을 세운 석형 장군의 공로를 기린 시이다. 판본에 따라 약간 자구상의 차이가 있어서 가장 적합하다고 생각하는 것을 골라 번역하였다. 앞에 보인 우겸 于謙 의 생애와 시를 참고하기 바란다.

변경의 대보름날 밤 (汴京[1] 元夕[2])

중산 中山 의 미인들이 새로 화장하고 나왔는가,
북방의 미인들이 한껏 재주 뽐내면서,
주헌왕 朱憲王 이 작곡한 봄의 노래 합창하는데,
금량교 밖의 달빛은 서리가 내린 듯 밝네.

中山[3] 孺子[4] 倚新粧하고, 鄭女燕姬[5] 獨擅場[6] 이라.

_{제창헌왕 춘악부} _{금량교 외월여상}
齊唱憲王⁷⁾春樂府⁸⁾러니, 金梁橋⁹⁾外月如霜이라.

| 註解 |

1) 汴京(변경)- 북송(北宋)의 수도였던 도시. 지금의 하남성(河南省) 개봉(開封). 2) 元夕(원석)- 원소(元宵), 음력 정월 대보름날 저녁. 3) 中山(중산)- 옛날 나라 이름. 옛 악부에「중산유자첩가(中山孺子妾歌)」가 있는데 여인의 아름다움을 노래한 것이다. 4) 孺子(유자)- 임금의 첩 중에 품호(品號)가 있는 사람, 여기서는 미인을 가리킨다. 5) 鄭女燕姬(정녀연희)- 정나라와 연나라의 여자들, 북방의 미인들을 가리킴. 6) 擅場(천장)- 놀이마당에서 다른 사람들을 압도하는 것. 7) 憲王(헌왕)- 주원장(朱元璋)의 손자인 주유돈(朱有燉), 그의 봉지(封地)가 변경이었고, 그 시대의 유명한 잡극(雜劇)과 산곡(散曲)의 작가로 작품집『성재악부(誠齋樂府)』가 전한다. 8) 春樂府(춘악부)- 봄을 주제로 작곡한 산곡. 9) 金梁橋(금량교)- 변경의 대량문(大梁門) 밖에 있는 다리 이름.

| 解說 |

5수로 된 시 중의 제3수만을 뽑았다. 변경의 아름답고 화려한 정월 대보름날 저녁 풍경을 읊은 시로 유명한 작품이다. 특히 가희歌姬 들의 아름다움과 주유돈의 산곡 작품에 대한 그때 사람들의 경도가 잘 드러나 있다.

··· 작가 약전(略傳)

변공

邊貢 1476~1532

자는 정실廷實, 호는 화천華泉, 역성歷城(지금의 山東省 濟南) 사람. 과거에 급제하여 진사進士가 된 뒤 한림원서길사翰林院庶吉士를 거쳐 섬서陝西와 하남河南의 제학부사提學副使를 지냈고, 가정嘉靖 연간에는 남경형부상서南京刑部尙書까지 되었으나, 일은 하지 않고 밤낮으로 유람하며 술로 세월을 보내다가 탄핵을 받아 벼슬자리에서 쫓겨났다. 그러나 문학사상으로는 이몽양李夢陽·하경명何景明 등과 함께 이른바 '전칠자前七子' 중의 한 사람으로 쳐진다.

문천상의 사당을 찾아뵙고 (謁文山祠[1])

승상님의 위대한 영혼은 아직도 사라지지 않은 듯
붉은 장막 속의 등불이 찬바람에 나부끼고 있네.
하늘과 땅은 한없이 넓은데 몸 둘 곳조차 없으셨고
잡혀오던 길은 험난하여 꿈속에서도 아득하기만 하였네.
죽음을 당하던 연경 저자의 꽃나무 저편에서 두견새는 슬피
  울었고 달만이 비치고 있었는데,
그 영혼은 물가의 정위새 되었는가, 절강의 물결이 되어 버렸
  는가!
사당에는 항주杭州 서호의 나무와 같은 것들이 서 있는데
남쪽 가지 따라 나뭇가지가 북쪽을 향해 뻗은 것이란 없네.

丞相[2]英靈猶未消니, 絳帷[3]燈火颯寒飆[4]라.
乾坤浩蕩[5]身難寄하고, 道路間關[6]夢且遙라.
花外子規[7]燕市[8]月이오, 水邊精衛[9]浙江潮[10]라.
祠堂亦有西湖樹[11]하니, 不遣南枝向北朝라.

| 註解 |

1) 文山祠(문산사) - '문산'은 남송 문천상(文天祥, 1236-1282)의 호. 문천상은 남송 말 근왕병(勤王兵)을 이끌고 원나라 군대에 맞서 끝까지 싸우다가 조주(潮州, 지금의 廣東省 潮安縣)에서 원나라 군사들에게 잡히어 지금의 북경인 연경(燕京)으로 끌려왔다. 원나라에서는 여러 가지로 그를 달래보았으나 끝내 굴복하지 않자 4년 만에 연경의 시시(柴市)에서 그를 처형하였다. 명나라 초기에 북경 시시에 문천상의 사당이 세워졌다. 그는 애국자일 뿐만

이 아니라 「정기가(正氣歌)」 등 유명한 시와 사도 남기었다. 작자는 북경의 문천상의 사당에 들렸다가 감회를 읊은 것이다.   2) 丞相(승상)- 문천상은 우승상겸추밀사(右丞相兼樞密使)를 거쳐 소보신국공(少保信國公)에 봉해지기도 하였음으로 '승상' 이라 부르고 있는 것이다.   3) 絳帷(강유)- 붉은 장막.   4) 颯寒飆(삽한표)- 차가운 회오리바람이 불어 소리를 내고 있는 것. 그러나 여기에서는 소리를 내면서 부는 차가운 바람에 촛불이 흔들리는 것을 묘사하고 있다고 보아야 한다. 그 촛불이 마치 문천상의 영혼이 아직도 살아서 움직이고 있는 것 같음을 뜻하는 것이다.   5) 浩蕩(호탕)- 광대한 모양, 아득히 넓은 모양.   6) 間關(간관)- 길이 험난한 모양.   7) 子規(자규)- 두견새, 두견새가 문천상의 죽음을 슬퍼하여 슬피 울었음을 뜻한다.   8) 燕市(연시)- 문천상은 원나라 군사에게 잡히어 원나라 수도였던 연경(燕京, 지금의 北京)에 잡혀와 4년 동안 구금되어 있다가 시시(柴市)에서 처형되었다. 그리고 그 자리에 사당이 세워졌다. '연시' 는 연경의 시시를 가리킨다.   9) 精衛(정위)- 전설적인 새 이름. 서산(西山)의 돌과 나무를 물어다가 동해를 메우려고 했던 새. 염제(炎帝)의 딸이 바다에 빠져죽은 뒤(『述異記』), 정위라는 작은 새가 되었는데 자기를 죽게 하였던 바다를 메우려 했다는 것이다(『山海經』 北山經). 여기서는 나라를 잃은 원한을 못 잊는 문천상의 영혼을 상징하고 있다.   10) 浙江潮(절강조)- 절강성 전당강(錢塘江)의 바다와 잇닿는 곳에 일고 있는 유명한 물결. 오(吳)나라의 장수 오자서(伍子胥)는 충성스러운 뜻에도 불구하고 오나라 임금 부차(夫差)에게 죽임을 당하였다. 뒤에 그의 원혼이 전당강의 조신(潮神)이 되었다 한다.   11) 西湖樹(서호수)- 항주(杭州) 서호 기슭에는 북송(北宋) 때 금(金)나라에 대항하여 싸우다가 죽은 영웅 악비(岳飛)의 묘에 심겨져 있는 나무. 그곳의 나무는 모두 북쪽의 금나라가 싫은 듯이 가지를 모두 남쪽으로만 뻗고 있다고 한다.

| 解說 |

이 시는 중국의 옛날 애국 영웅을 칭송한 빼어난 작품의 하나로 알려져 있다. 작자 변공은 애국 영웅 문천상이 나라를 위하여 남쪽에서 싸우다가 원나라 군사에게 잡혀 북쪽 연경으로 끌려와 온갖 고초를 겪은 끝에 시시에서 처형되는 경과를 머릿속에 되새겨 보며 그의 애국 열정을 슬퍼하고 있다. 여기에서 두견새를 노래한 것은 문천상이 적군에게 잡히어 북쪽으로 끌려오는 도중 금릉역 金陵驛 에서 읊은 시에 "이제 강남 길을 떠나가서는, 슬피 우는 두견새 되어 피를 토하면서 돌아오게 되리라.(從今別卻江南路, 化作啼鵑帶血歸.)"고 한 시구를 연상한 것인 듯하다. 애국 영웅의 처절한 최후를 시인은 역시 처절한 정감으로 되새기고 있는 것이다.

… 작가 약전(略傳)

서정경

徐禎卿 1479~1511

자는 창곡昌穀, 또는 창국昌國, 오현吳縣(지금의 江蘇省) 사람. 진사가 된 뒤 국자감박사國子監博士 벼슬을 지냈고, 33세의 젊은 나이에 죽었다. 일찍부터 재사로 알려졌고, 전칠자前七子 중의 한 사람으로 친다. 고시에 뛰어나고 소시小詩들도 신운神韻이 담겨있다고들 평한다. 작품집으로『적공집迪功集』이 있다.

사선 시어를 보내며 (送士選[1]侍御[2])

장사는 멀리 떠나는 것을 즐기어
문 앞에서는 변경으로 갈 말이 울부짖고 있네.
봄바람에 한 봄의 버들가지 날리는데
자네가 갈 대동성 쪽은 먼지가 날리어 자욱하네.
노구교 다리 밑 동쪽으로 흘러가는 물 같은 우정 있어
친구와의 정은 술 한 잔으로 다하지 않네.
오랑캐 땅 하늘엔 언덕 위의 구름조차 다 날아가 버리고
오직 거용관의 산만이 저녁노을로 자줏빛이 되었네.
자네의 별똥별처럼 빨리 달릴 말이 부럽기만 하니,
나도 돛배 타고 동정호로 내려갈 것이기 때문일세.
새북과 형남으로 멀리 떨어져 마음으로만 그리게 될 것인데
칼 차고 절한 뒤에 장정長亭을 향해 가네.

壯士樂長征하니, 門前邊馬鳴이라.
春風三月柳요, 吹暗大同[3]城이라.
蘆溝橋[4]下東流水하니, 故人一樽[5]情未已라.
胡天飛盡隴頭[6]雲하고, 惟見居庸[7]暮山紫라.
羨君鞍馬[8]速流星하니, 子亦孤帆下洞庭[9]이라.
塞北荊南[10]心萬里리나, 佩刀長揖[11]向都亭이라.

| 註解 |

1) 士選(사선)- 웅탁(熊卓), 그의 자가 사선임. 감찰어사(監察御史) 벼슬을 하고 있었다. 2) 侍御(시어)- 어사(御史)의 별칭. 3) 大同(대동)- 지금의 산서성(山西省) 지명, 웅탁이 그곳으로 가는 것이다. 4) 蘆溝橋(노구교)- 북경 서남쪽 교외 영정하(永定河) 위에 놓인 다리 이름. 5) 樽(준)- 술 그릇, 술잔. 6) 隴頭(농두)- 변경 쪽 높은 고개 위, 산마루 위. 7) 居庸(거용)- 거용관(居庸關), 북경 서북쪽 교외 장성 입구이다. 8) 鞍馬(안마)- 웅탁이 타고 갈 말. 9) 洞庭(동정)- 동정호, 호남성(湖南省) 장강(長江) 남쪽에 있는 큰 호수. 10) 荊南(형남)- 동정호 일대 남쪽지방을 가리키는 말. 11) 長揖(장읍)- 깊숙이 몸을 굽혀 절을 하는 것.

| 解說 |

친구 웅탁이 권세를 지닌 환관 유근 劉瑾에게 몰리어 귀양 가는 것을 전송하는 시이다. 불행을 당한 친구 앞에 슬픈 내색을 하지 않는 것은 정의를 격려하려는 뜻이었을 것이다. 자신도 곧 남쪽으로 유람을 떠날 계획으로 있으니 이 이별은 실상 더욱 가슴 아픈 것이었을 것이다.

잡요 (雜謠)

남편은 잡혀가고
마누라는 옥에 갇히고,
젊은 며느리 문 밖으로 도망치다가
길에서 자기 부모 만났으되 거두어주지 못하네.
동쪽 거리에도
서쪽 거리에도,
누런 공문 든
관원들 오니,

개는 꼬리를 감추고
닭도 울면서 지붕 위로 날아오르네
바람만이 문 앞에 불어오니 풀만 설렁거리네.

夫爲虜¹⁾하고, 妻爲囚²⁾하여,
少婦出門走라가, 道逢爺娘不敢收라.
東市街와, 西市街에,
黃符³⁾下하여, 使者來로다!
狗觫觫⁴⁾하고, 鷄鳴飛上屋이라.
風吹門前草肅肅⁵⁾이라.

| 註解 |

1) 虜(로)- 포로, 잡혀가는 것. 2) 囚(수)- 잡혀 감옥에 갇히는 것. 3) 黃符(황부)- 조정에서 내보내는 공문, 여기서는 체포영장. 4) 觫觫(속속)- 몹시 두려워하는 모양. 5) 肅肅(숙숙)- 바삭바삭 소리가 나는 모양, 설렁거리는 모양.

| 解說 |

4수 중의 한 수를 뽑았다. 작자 스스로 "이 시는 모두 정덕正德 5년(1510) 8월의 변고를 노래한 것"이라 주를 달고 있다. 그 변고란 권력을 휘두르던 태감(太監) 유근劉瑾이 처형된 것을 말하는데, 이때 그의 죄와 연관되어 잡혀가 처벌을 받은 자가 무척 많았다. 그 중에는 무고한 이들도 적지 않았다 한다.

무창에서 지음 (在武昌[1]作)

동정호 가엔 아직 낙엽이 지지 않는데
소수瀟水와 상수湘水 근처엔 가을이 찾아왔네.
여관에서 밤새도록 빗소리 들으며
홀로 무창에 와 누워있네.
고향 생각만 거듭 되니
강수江水 한수漢水 지방의 나그네 정은 쓸쓸하기만 하네.
하늘 저 멀리 날아가는 기러기는
무엇 때문에 먼 길 가는 것을 즐기는가?

洞庭葉未下나, 瀟湘[2]秋欲生이라.
高齋[3]今夜雨하니, 獨臥武昌城이라.
重以桑梓[4]念하니, 凄其江漢[5]情이라.
不知天外雁은, 何事樂長征고?

| 註解 |

1) 武昌(무창)- 명대의 고을 이름. 지금의 호북성(湖北省) 악성(鄂城). 2) 瀟湘(소상)- 소수(瀟水)와 상수(湘水), 호남성(湖南省)에 흐르는 강물 이름으로, 소수가 상수에 합쳐져 동정호로 흘러들고 있다. 3) 高齋(고재)- 여관을 아름답게 표현한 말. 4) 桑梓(상자)- 고향을 가리킴. 고향 집 가에는 흔히 뽕나무와 가래나무가 심어져 있었기 때문에 그렇게 부른다. 5) 江漢(강한)- 강수(江水)와 한수(漢水), 무창도 강한 지방에 있고 작자는 그때 그 지방을 여행하고 있었다.

| 解說 |

여정을 노래한 맑고도 애틋한 서정이 느껴지는 작품이다. 이러한 품격이 서정경 시의 특징 중의 하나이다.

우연히 보인 것 (偶見)

깊은 산 꼬불꼬불한 길에서 복사꽃을 보고도
해가 기울어 말을 재촉하며 길을 가네.
어쩔 수 없이 채찍을 멈추지 못하고 휘두르며
봄을 어긴 한을 품은 채 하늘 저쪽으로 가고 있네.

深山曲路見桃花로되, 馬上匆匆¹⁾日欲斜라.
可奈²⁾玉鞭³⁾留不住니, 又銜⁴⁾春恨到天涯라.

| 註解 |

1) 匆匆(총총)- 바쁘게 길을 재촉하는 모양. 2) 可奈(가내)- 어쩔 수 있는가, 어쩔 수 없이. 3) 玉鞭(옥편)- 채찍을 아름답게 표현한 말. 4) 銜(함)- 물다, 품다.

| 解說 |

여행 도중에 아름다운 복사꽃을 보고도 제대로 감상할 사이도 없이 길을 재촉해야 하는 나그네의 정을 읊은 짧지만 아름다운 시이다.

... 작가 약전(略傳)

하경명

河景明 1483~1521

자는 중묵仲默, 호는 대복산인大復山人, 신양信陽(지금의 河南省) 사람. 진사가 된 뒤 중서사인中書舍人이 되었으나, 정덕正德 초에 권세를 휘두르는 환관 유근劉瑾을 탄핵하다가 관직에서 쫓겨났다. 유근이 처형된 뒤 복직되어 벼슬이 섬서제학부사陝西提學副使까지 올랐다. 문학계에 있어서는 이몽양李夢陽과 함께 전칠자前七子 중의 한 사람으로 문단을 영도하였다. 작품집으로 『대복집大復集』이 있다.

노래를 듣고 (聞歌)

밝은 달 아래 잠시 미인의 노래를 듣고 있으려니,
푸른 하늘 저 멀리 남쪽으로 구름이 날아가고 있네.
이 곡조 끝까지 들을만하다 말하지 말라,
사랑하는 남녀가 동쪽과 남쪽으로 각자 헤어져 버렸다네.

　　　　　　　　명 월 잠 수 진 농 옥　　　　　　벽 공 요 도 초　행 운
　　　　　　　　明月暫隨秦弄玉[1]이러니,　碧空遙度楚[2]行雲이라.

　　　　　　　막 언 차 곡 종 감 청　　　　공 작　동 남 각 자 분
　　　　　　　莫言此曲終堪聽하라,　孔雀[3]東南各自分이라.

| 註解 |

1) 秦弄玉(진농옥) - 춘추(春秋)시대 진(秦)나라 목공(穆公)의 딸. 소사(蕭史)라는 소(簫)를 잘 부는 사람이 있었는데 농옥이 그를 좋아하였다. 목공은 그를 불러 농옥에게 소(簫)를 가르치도록 하였는데, 뒤에 농옥은 소의 연주로 봉황새 울음소리까지도 내게 되어 봉황새가 찾아오기도 하였다 한다. 뒤에 이들은 부부가 되어 하늘로 날아올라갔다 한다. 여기서는 노래를 부르는 여인을 가리킨다.　2) 楚(초) - 남쪽의 초나라 지방.　3) 孔雀(공작) - 옛 악부 「고시위초중경처작(古詩爲焦仲卿妻作)」의 고사와 표현을 인용한 것이다. 한(漢)나라 말엽 초중경 부부가 있었는데, 그 처가 시어머니에게 쫓겨났다. 친정에서 개가할 것을 강요하자 그 처는 자결을 하였는데, 그 얘기를 들은 초중경도 찾아와 목을 매어 죽었다. 집안에서는 이들을 합장해주었다는 데, 이들의 사랑을 노래한 이 시의 첫 귀가 "공작동남비, 오리일배회(孔雀東南飛, 五里一徘徊)"이다.

| 解說 |

시의 내용으로 보아 이때 시인은 이루지 못한 남녀의 사랑을 노래한 매우 슬픈 노래를 들었다. 노래의 감동이 느껴지는 듯하다.

협객의 노래 (俠客行)

아침에 주인 집 문을 들어가나
저녁에 주인 집 문을 들어가나
주인의 원수를 죽여 주인의 은혜에 보답할 생각뿐.
주인이 등불 밝히고 밤에 잔치자리를 벌인 다음
협객에게 천금을 내주고 백금을 전별금으로 주네.
가을 대청 앞엔 이슬 내리고 달은 높이 솟았는데,
일어서서 바라보니 마구간에는 천리마가 매여있고,
상자 안에는 보도寶刀가 들었는데,
그 칼을 빼어들고 말에 올라 문 열고 길을 나서면서
주인이 준 황금은 던져둔 채 돌보지도 않네.

朝入主人門하고, 暮入主人門하며, 思殺主讐謝主恩이라.
主人張鐙¹⁾夜開宴할새, 千金爲壽²⁾百金餞³⁾이라.
秋堂露下月出高러니, 起視廐中有駿馬하고, 匣中有寶刀라.
拔刀躍馬門前路할새, 投主黃金去不顧라.

| 註解 |

1) 鐙(등) - 등불, 등(燈)과 같은 자. 2) 壽(수) - 남에게 선물로 주는 금이나 비단 같은 것을 뜻한다. 3) 餞(전) - 전별금으로 주는 것.

| 解說 |

의기가 있는 협객의 모습을 노래한 시. 의기가 사라져 가는 세상을 생각하면서

작자는 이 시를 썼을 것이다.

무릉에서 원릉으로 가는 도중에 지은 잡시(自武陵¹⁾至沅陵²⁾道中雜)

산은 깊어 나무는 많으나
백리 길에 백성들은 드므네.
가끔 너덧 집이 있어
초가지붕이 산언덕 저쪽으로 보이네.
모래밭은 농사지을 수도 없으니
어떻게 흉년을 견디어 내나?
문 앞 몇 떼기 밭에서는
오직 다북쑥과 명아주나 거둘 수 있을 뿐이네.
새벽부터 나가 골짜기 물 길러 오지만
저녁 무렵에나 밥 짓게 되네.
아이들 어찌 나가 놀겠나?
언제나 호랑이나 곰 만날까 두렵네.
풀은 누렇게 시들었는데도 관에선 늦벼 바치라 하고,
뽕잎이 파래지면 명주실 바치라 재촉하네.
아아! 그대들 먼 곳 사람들이야
우리의 고달픔 누가 다 알 수 있으리?

山深多樹木이나, 百里人民稀라.
時有四五家하여, 茅茨³⁾隔山陂라.

沙田不可耕하니, 何以御歲飢⁴⁾아?
門前數畝園엔, 只收蓬⁵⁾與藜⁶⁾라.
平明⁷⁾出汲洞⁸⁾이나, 薄暮⁹⁾始得炊라.
童稚那敢出고? 但畏逢虎羆¹⁰⁾라.
草黃納晩禾¹¹⁾하고, 桑綠催官絲라.
嗟爾遠方人이, 辛苦誰具知리오?

| 註解 |

1) 武陵(무릉)- 지금의 호남성(湖南省) 상덕시(常德市), 원수(沅水) 가에 있다. 2) 沅陵(원릉)- 역시 호남성에 속하는 지명, 원수의 상류 쪽에 있다. 3) 茅茨(모자)- 초가, 초가지붕. 4) 歲飢(세기)- 흉년이 들어 굶주리는 것. 5) 蓬(봉)- 다북쑥. 6) 藜(려)- 명아주. 모두 곡식이 아님. 7) 平明(평명)- 새벽. 8) 洞(동)- 깊은 골짜기. 9) 薄暮(박모)- 해질 무렵, 저녁나절. 10) 羆(비)- 곰, 큰 곰. 11) 晩禾(만화)- 늦벼, 늦 곡식. 관사(官絲), 곧 관에 바칠 명주실과 함께 세금으로 관에 바칠 곡식임.

| 解說 |

여행을 하면서 자기 눈에 보이는 백성들의 고난을 고발하고 있다. 한족의 왕조인 명나라가 들어섰다고는 하지만 백성들의 생활에는 별 도움이 되지 못하고 있는 것이다.

운양의 강어귀에 배를 대고 달을 감상하다
(泊雲陽[1]江頭玩月)

조각배를 모래 언덕에 대자
밝은 달이 푸른 언덕 위에 떠있네.
봉창을 열고 맑은 달빛 감상하려니
내 배의 외로운 촛불을 싸늘하게 비쳐주네.
높은 나무숲 위로 달빛 성글게 흩어지고
멀리 모래톱에까지 엷은 빛이 닿았네.
은하수는 종횡으로 돌아가고
보름이 되어 옥승 별자리가 빛나고 있네.
반달이 둥근달 되기를 몇 번이나 거듭하도록
여행길에 있는데 아직도 경치는 각별하네.
먼 산들과 다시 만날 기약 하노라니
꼿꼿이 앉아 깊은 생각에 잠기게 하네.

扁舟泊沙岸하니, 皓[2]月出翠嶺이라.
開窓鑒淸輝러니, 照我孤燭冷이라.
高林散疏光[3]하고, 遠渚[4]接餘景[5]이라.
縱橫銀漢回하고, 三五[6]玉繩[7]耿이라.
弦望[8]幾更易이나, 客行尙殊境이라.
佳期邈山岳이러니, 端坐[9]令人省[10]이라.

| 註解 |

1) 雲陽(운양)-지금의 사천성(四川省) 기주(夔州)의 호북성(湖北省)과 맞닿아 있는 곳. 2) 皓(호)- 흰 것, 밝은 것. 3) 疏光(소광)- 성근 달빛. 4) 渚(저)- 모래톱. 5) 餘景(여영)- 희미한 달빛을 가리킴. 6) 三五(삼오)- 음력 보름, 십오일. 7) 玉繩(옥승)- 별자리 이름. 북두칠성 자루 쪽의 두 개의 별임. 8) 弦望(현망)- '현'은 상현(上弦) 하현(下弦)으로 달이 기운 때, '망'은 달이차서 둥근 때, 보름달. 9) 端坐(단좌)- 단정히 앉다, 꼿꼿이 앉다. 10) 省(성)- 반성하다, 깊이 생각하다.

| 解說 |

하경명은 시사와 관련된 시보다도 이러한 서정에 뛰어난다. 달 밝은 밤의 강변 정취가 그림을 보는 듯하다.

헌길의 강서에서 보낸 편지를 받고 (得獻吉[1]江西書)

근래에 심양강 가에서 보내온 편지 받으니
멀리 이백 같은 당신 그리워 더욱 내게 시름 안기네.
하늘가에는 요괴들이 사람들 지나가는 것 엿보고 있고
해가 지면 괴물들이 나그네 곁에 와 있다네.
양강으로 배를 몰고 오는 것은 불가능할 것이니
양선에 밭을 사놓고 사는 것이 어떻겠나?
뒷날 회수 지방으로 찾아올 수 있게 되거든
동백산 속에 함께 움막을 꾸리세!

近得潯陽江[2]上書하니, 遙思李白[3]更愁予라.

천변이매 규인과
天邊魑魅⁴⁾窺人過하고, 일모원타 방객거
日暮黿鼉⁵⁾傍客居라.

고 타 양 강   응 미 득
鼓柁⁶⁾襄江⁷⁾應未得이리니, 매 전 양 선   정 하 여
買田陽羨⁸⁾定何如오?

타 년 회 수   능 상 방
他年淮水⁹⁾能相訪이면, 동 백 산 중 공 결 려
桐柏山中共結廬인저!

| 註解 |

1) 獻吉(헌길)— 이몽양(李夢陽)의 자. 이때 그는 강서제학부사(江西提學副使)로 있었다. 2) 潯陽江(심양강)— 장강(長江)이 강서성(江西省) 구강시(九江市) 서북쪽에 흐르는 일단을 옛날에 심양강이라 불렀다. 3) 李白(이백)— 당나라 때 시인, 이몽양을 이백과 비슷하다 하여 그렇게 부른 것이다. 4) 魑魅(이매)— 도깨비, 산천의 요괴. 군자들을 중상모략하기 좋아하는 간사한 무리들을 가리킴. 5) 黿鼉(원타)— 큰 자라와 악어, 괴물들. 역시 사람을 해치는 간신배들을 가리킴. 6) 鼓柁(고타)— 배의 키를 움직이다, 배를 움직이는 것. '柁'는 타(舵)와 같은 자, 키. 7) 襄江(양강)— 한수(漢水)가 흘러내려 양양(襄陽)을 지난 곳을 그렇게도 부른다. 8) 陽羨(양선)— 지금의 강소성(江蘇省) 의흥(宜興) 남쪽에 있던 지명. 송대의 문호 소식(蘇軾)이 "양선에 밭을 사놓고 늘그막엔 가서 숨어 살겠다"는 뜻을 사(詞)로 읊고 있다. 9) 淮水(회수)— 하남성(河南省) 동백현(桐柏縣) 서남쪽 동백산(桐柏山)에서 시작하여 흐르는 강물 이름. 시의 작자의 고향 신양(信陽)은 회수의 남쪽 동백산의 동쪽에 있다.

| 解說 |

이 시의 작자인 하경명과 이몽양은 다 같이 명대 전칠자前七子 중의 대표적인 인물로서 복고문학復古文學 운동의 영수였다. 짧은 시이지만 우정과 친구에 대한 믿음이 넘쳐난다.

망지에게 답함 (答望之¹⁾)

당신에게 보내는 편지 도달하기 어려운 게 염려되어

누각에 올라가 바라보니 아무것도 분간 못할 지경이네.
차가운 하늘에 외기러기 날아오는데
해가 저무니 쉬지 않고 가면서 우네.
흉년이 들어 도적 떼들 많아지고
세금은 과부들에게도 빠짐없이 거둬들이네.
강호지방이 더욱 형편없으니
어디로 가야 편히 살 수 있을꼬?

念汝書難達하여, 登樓望欲迷라.
천한일안지   일모만행제
天寒一雁至러니, 日暮萬行啼라.
기근 요 군도   정구 급과처
饑饉²⁾饒³⁾群盜하고, 征求⁴⁾及寡妻라.
강호갱요락   하처가안서
江湖更搖落⁵⁾하니, 何處可安栖⁶⁾오?

| 註解 |

1) 望之(망지)- 맹양(孟洋)의 자. 맹양은 그의 자부(姊夫)이고 어릴 적부터의 친구이며, 역시 시를 잘 지었다. 2) 饑饉(기근)- 흉년이 드는 것, 흉년으로 굶주리는 것. 3) 饒(요)- 많은 것, 풍부한 것. 4) 征求(정구)- 세금을 거둬들이는 것. 5) 搖落(요락)- 영락(零落), 풀과 나뭇잎이 시들어 떨어지는 것, 형편없어지는 것. 6) 安栖(안서)- 편안히 살다.

| 解說 |

자기 친구이며 자부 姊夫 인 맹양의 편지에 답장 삼아 쓴 시. 친구의 안부보다도 세상의 혼란과 모순이 더 걱정이다.

… 작가 약전(略傳)

양신

楊愼 1488~1559

자는 용수用修, 호는 승암升庵, 신도新都(지금의 四川省) 사람. 아버지가 대학사大學士 양정화楊廷和. 과거에 급제한 뒤 한림원수찬翰林院修撰·경연강관經筵講官을 지냈다. 명나라 임금 무종武宗에게 정실 아들이 없어 사촌인 세종世宗이 임금 자리를 이었다. 세종이 황제가 된 뒤 번왕藩王이었던 자기 아버지를 황제로 높이려 하자 양신은 여러 곧은 신하들과 함께 그것이 안될 일임을 주장하다가 세종의 노여움을 사 곤장을 맞은 다음 멀리 운남雲南 영창위永昌衛(지금의 保山)로 귀양을 갔다. 그는 거친 귀양살이 땅에서 30여 년을 지내다가 그곳에서 죽었다. 그는 학문이 해박하고 많은 저술을 남겼다. 천계天啓 연간에 문헌文憲이란 시호諡號가 내려졌다. 시에 있어서도 전칠자前七子 들과는 달리 육조六朝와 초당初唐의 아름다움을 추구하던 풍조를 받아들이어 자기 나름대로의 독특한 색깔의 작품을 남겼다. 문집으로 『승암전집升庵全集』이 있다.

금사강에 묵으며 (宿金沙江[1])

지난날에도 일찍이 가릉강 가에서 묵은 일이 있었는데
역루驛樓의 동쪽 난간 모퉁이 방이었지.
강물 소리는 밤새도록 집 떠나온 시름 불러일으키고
하늘의 밝은 달은 쓸쓸하고 외로운 정을 북돋아 주었었네.
덥고 습한 장기瘴氣 자욱한 고장으로 떠나오게 될 줄 어이 알
　　았으랴?
가릉강 가에서 묵었던 지난 일이 더욱 아득히 되살아나네.
강물 소리나 달빛을 어찌 차마 탓하겠는가?
만 리 길의 금사강 역루에 오니 창자가 끊어지는 것 같네.

往年曾向嘉陵[2]宿이러니, 驛樓[3]東畔蘭干曲[4]이라.
江聲徹夜[5]攪[6]離愁하고, 月色中天照幽獨[7]이러라.
豈意飄零[8]瘴海[9]頭아? 嘉陵回首轉悠悠[10]라.
江聲月色那堪[11]說고? 腸斷金沙萬里樓라.

| 註解 |

1) 金沙江(금사강)- 청해(靑海)성 옥수(玉樹)에서 시작하여 사천(四川)성 의빈(宜賓) 쪽으로 흘러 장강(長江) 상류에 합쳐지는 강물 이름. 그곳에는 금모래가 많이 난다고 한다. 이 시는 작자 양신이 가정(嘉靖) 연간에 황제의 노여움을 사 장안으로부터 운남의 영창위(永昌衛)로 귀양을 가다가 도중에 금사강 가의 역루(驛樓)에 묵으면서 지은 시이다. 2) 嘉陵(가릉)- 사천성 동쪽 지방을 흘러내려와 중경(重慶)에서 장강에 합쳐지는 강물 이름. 작자는 옛날에 고향을 떠나 장안으로 가다가 가릉강 가의 역루에 묵은 일이 있다. 그에

게는 그때 지은 「가릉강」이라는 시도 있다. 3) 驛樓(역루)- 강가의 지대가 험하고 습한 곳이라 오가는 관원들이 묵는 역사(驛舍)를 누각처럼 높이 지어 '역루'라 부르는 것이다. 4) 闌干曲(란간곡)- 난간이 구부러지고 있는 곳의 모퉁이 방. 5) 徹夜(철야)- 밤새도록. 6) 攪(교)- 흔들어 놓다, 불러일으키다. 7) 幽獨(유독)- 쓸쓸하고 외로운 것. 8) 飄零(표령)- 바람에 날리는 것, 떠나오는 것. 9) 瘴海(장해)- 날씨가 덥고 습기가 많은 고장의 병을 '장'이라 하고 그 병 기운을 장기(瘴氣)라 한다. '장해'는 장기로 가득한 지방을 가리키는 말이다. 10) 轉悠悠(유유)- '유유'는 아득한 모양, '전유유'는 아득하게 되살아나는 것. 11) 那堪(나감)- 어찌 차마 ---을 하겠는가?

| 解說 |

작자 양신은 황제에게 글을 가르치는 경연관經筵官으로 있다가 세종인 가정황제가 자기 아버지를 황제로 높이려는 일이 부당함을 아버지 양정화楊廷和와 함께 주장하다가 곤장을 맞고 멀리 운남 땅으로 귀양을 가게 되었다. 그때 양신을 동조한 사람이 229명이었다 한다. 죄도 없이 먼 고장으로 귀양을 가다가 쓸쓸한 금사강 가의 역루에 묵으면서 지은 시라 느낌이 처절하다. 옛날의 귀양길이 아니라 장안으로 올라갈 적에 묵었던 가릉강 가의 정경과 대비시킴으로서 지금의 창자가 끊어지는 듯한 쓸쓸하고 외로운 정을 잘 드러내 보이고 있다. 그는 귀양을 떠나오기 전에 곤장을 맞다가 죽었다가 되살아났다고 전해진다. "창자가 끊어지는 것 같다."고 끝맺고 있는 이 시의 정감이 그대로 읽는 이의 가슴에 와 닿게 된다.

여학관이 나강으로 돌아가는 것을 전송함
(送余學官¹⁾歸羅江²⁾)

두자산에서
질그릇 북 두드리는 소리가 나니,
양평산에는
여우비가 내리네.
여우비가 내리는 것은

용왕의 딸이 시집가기 때문이네.
용왕 딸은 비단 짜가지고 가는데
비단 길고도 길어서,
반은 나강에 펼쳐지고
반은 현무에 펼쳐진다네.

내 이 면주가를 읊고 보니
고향 그리는 마음 더욱 절실해지네.
그대 돌아가는 것 전송하노니
고향 나강 가 그립구나!

　　　두자산　　　타와고
　　豆子山³⁾에, 打瓦鼓⁴⁾하니
　　　양평산　　　살 백우
　　陽坪山⁵⁾엔, 撒⁶⁾白雨로다.
　　　백우하　　　취용녀
　　白雨⁷⁾下는, 娶⁸⁾龍女⁹⁾로다.
　　　직득견　　　이장오
　　織得絹이, 二丈五¹⁰⁾니,
　　　일반속라강　　　일반속현무
　　一半屬羅江이오, 一半屬玄武¹¹⁾로다.

　　　아송면주가　　　사향심독고
　　我誦綿州歌¹²⁾하니, 思鄕心獨苦로다.
　　　송군귀　　　나강포
　　送君歸하니, 羅江浦여!

| 註解 |

　　1) 余學官(여학관)- 어떤 사람인지 잘 알지 못함. 이 시로 보아 사천(四川)
　　나강(羅江) 사람이며, 운남(雲南)에서 학관(學官) 벼슬을 하였음. 2) 羅江(나강)-현(縣) 이름. 지금은 사천성 안현(安縣)과 덕양현(德陽縣)에 나뉘어져 들어가 있음. 그 경내를 흐르던 나강은 안현에서 시작하여 지금의 나강현을 거쳐 동쪽으로 중강현(中江縣)으로 흘러가 삼태현(三台縣)에서 부강(涪江)에 합쳐짐. 3) 豆子山(두자산)- 나강현과 중강현 사이에 있는 산 이름. 4) 瓦鼓(와고)- 질그릇으로 만든 옛날의 타악기, 토고(土鼓)라고도 불렀음. 5) 陽坪山(양평산)- 중강현에 있는 산 이름. 6) 撒(살)- 뿌리다. 7) 白雨(백우)- 사천 지방의 토속어. 햇볕이 나면서 내리는 비, 여우 비. 8) 娶(취)- 장가 드는 것. 여기서는 여자임으로 시집가는 것임. 9) 龍女(용녀)- 용왕의 딸. 10) 二丈五(이장오)- 2장 반. '장'은 길이의 단위로 1장은 10자. 따라서 25자이나, 여기서는 매우 길다는 뜻으로 쓰고 있음. 11) 玄武(현무)- 중강현의 옛 이름. 12) 綿州歌(면주가)- 면주지방의 가요, 곧 면주파가(綿州巴歌). '면주'는 지금의 면양(綿陽). 지금의 안현과 중강현 중간 옆, 옛날 나강의 바로 옆 고을이다.

| 解說 |

작자 양신이 오랜 기간 억울한 귀양살이를 먼 운남에서 하고 있는 동안 그 외로운 땅에서 만난 고향사람 여학관이 고향 나강으로 돌아가는 것을 전송한 시이다. 운남에서 고향 사람을 고향으로 떠나보내는 시인의 감회는 각별하였을 것이다. 그는 각별한 심정을 말로 표현할 길이 없어 먼저 고향 지방의 민요를 한 자락 인용하고 있다. 이 민요를 읊조리는 속에 담긴 고향을 그리는 절절한 정과 귀양살이의 외로움과 고통이 짙게 느껴진다. 시의 구상부터가 각별하기 짝이 없다. 자기 말은 끝머리의 짧은 네 구절밖에는 없으나 하고 싶은 말은 이미 고향의 옛 노랫가락에 실리어 충분히 표현되고 있다.

버드나무(柳)

가지 아래로 쳐진 수양버들 가지는 아름다운 시절을 얽어매고 있고,
나르는 버들 꽃 솜은 먼 하늘까지 장식하고 있네.
한식이 지나자 싸움닭의 쇠 발톱 같은 새싹이 트고,

따듯한 바람 일자 흰 나방 같은 버들 솜 눈 날리듯 하네.
버들가지 꺾어 주며 장강長江 가에서도 이별하고 황하 가에도 이별하고는
다리 가에도 길가에도 버들가지 던져져 있네.
집 떠나온 나그네는 남쪽 버드나무 우거진 변경의 달 쳐다보며 그리움에 애태우고,
아름다운 그의 처는 버드나무 푸른 안개 낀 누각에서 님 생각에 애간장 끊어지리라.

垂楊垂柳綰¹⁾芳年하고, 飛絮²⁾飛花媚³⁾遠天이라.
수양수류관 방년　　　　비서 비화미 원천

金距⁴⁾鬪鷄寒食⁵⁾後요, 玉娥⁶⁾翻雪暖風前이라.
금거 투계한식 후　　　　옥아 번설난풍전

別離江上還河上하여, 抛擲⁷⁾橋邊與路邊이라.
별리강상환하상　　　　포척 교변여로변

遊子魂消靑塞⁸⁾月이오, 美人腸斷翠樓⁹⁾煙¹⁰⁾이라.
유자혼소청새 월　　　　미인장단취루 연

| 註解 |

1) 綰(관)- 얽어매다. 2) 飛絮(비서)- 바람에 날리는 버들 솜. 비화(飛花)도 결국은 같은 것임. 3) 媚(미)- 아름답게 장식하는 것. 4) 金距(금거)- 싸움닭 발가락에 끼워놓던 날카로운 쇠 발톱. 5) 寒食(한식)- 절기 이름, 청명(淸明) 하루 이틀 전임. 청명은 4월 4일 또는 5일 무렵임. 6) 玉娥(옥아)- 옥 나방, 흰 나방. 7) 抛擲(포척)- 내던지다. 옛날 중국 사람들은 사람을 떠나보낼 적에 버들가지를 꺾어 석별의 정을 나타내었다. 그걸 들고 떠나온 사람은 받은 버들가지를 다리 가나 길 가에 버리게 되는 것이다. 8) 靑塞(청새)- 버드나무가 푸르게 자라있는 변경 지역, 대체로 남쪽의 국경지대를 가리킴. 9) 翠樓(취루)- 버드나무가 푸르게 자라있는 누각, 또는 청루(靑樓)와 같은 화려하고 아름다운 누각. 10) 煙(연)- 안개를 가리킴.

| 解說 |

많은 비평가들이 이 시는 육조六朝시대의 유미주의적인 시풍을 가장 잘 다시 살린 작품이라 평하고 있다. 첫 구절에서 수양버들 가지가 "아름다운 시절을 얽어매고 있다"고 읊고 있는데, 그처럼 버드나무를 노래하면서 젊은이들의 봄에 느끼는 아름다운 정을 함께 담고 있다. 아름다운 봄날을 장식하던 버들가지가 길가에 버려지기도 하는 것처럼 아름다운 젊은 시절에도 사람들의 애간장을 녹이는 사연들이 생기게 마련인 것이다.

··· 작가 약전(略傳)

사진

謝榛 1495~1575

자는 무진茂秦, 호는 사명산인四溟山人이며 임청臨淸(지금의 山東省) 사람. 애꾸눈이며, 북경으로 와서 이반룡李攀龍·왕세정王世貞 등과 시사詩社를 조직하여 후칠자後七子 중의 한 사람이 되었다. 뒤에 이반룡의 배척을 받자 편지를 보내고 절교하였다. 그 뒤로 황하黃河 남북 쪽으로 널리 유람하며 그곳 번왕藩王들의 예우를 받았다. 그의 시에는 높은 기개가 느껴지며, 작품집으로 『사명집四溟集』이 있다.

유하에서 새벽에 출발하며 (楡河[1]曉發)

아침 햇살에 여러 산들이 드러나고
저 멀리 거용관이 보이네.
구름은 세 관문 밖 변경에서 피어오르고,
바람은 여러 군마들 사이에서 일고 있네.
전란은 언제면 고요해지려나?
옛 수자리로 나간 사람들 몇 명이나 돌아왔던고?
문득 한漢나라 종군終軍이 생각나자
공연히 객지에서 귀밑머리만 희끗희끗해진 것 부끄럽네.

조 휘 개 중 산 　　요 견 거 용 관
朝暉[2]開衆山하니, 遙見居庸關[3]이라.
운 출 삼 변 외　　풍 생 만 마 간
雲出三邊[4]外요, 風生萬馬間이라.
정 진 하 일 정　　고 수 기 인 환
征塵[5]何日靜고? 古戍幾人還고?
홀 억 기 유 자　　공 참 여 빈 반
忽憶棄襦者[6]하니, 空慚旅鬢斑[7]이라.

| 註解 |

1) 楡河(유하)- 북경시 북쪽에 흐르는 냇물 이름. 거용관(居庸關)으로부터 남쪽으로 흘러 통현(通縣)에 이르러 북쪽으로 백하(白河)로 합쳐진다. 부하(富河)라고도 부른다. 2) 暉(휘)- 해, 빛, 햇살. 3) 居庸關(거용관)- 북경시 창평현(昌平縣) 서북쪽 장성으로 통하는 곳에 있는 관문 이름. 4) 三邊(삼변)- 하북성(河北省) 경내에 장성을 따라 있는 거용관, 도마관(倒馬關) 및 자형관(紫荊關)의 세 관문이 있는 변경. 5) 征塵(정진)- 전란을 가리킴. 6) 棄襦者(기유자)- '유'는 관문을 드나들 때 신분증명용으로 쓰던 비단. 나갈 적에 반을 찢어 두고 들어올 때 다시 맞추어봄으로써 나갔던 사람을 증명하였다. 한(漢)나라 때 장군 종군(終軍)은 관문을 나가면서 "대장부가 관문을 나

갔다가 이게 없다고 못 돌아와서야 되겠느냐?"고 하면서 '유'를 버리고 갔다. 그러나 나가서 세운 공으로 관문지기가 알아보고 '유' 없이도 환영을 받으며 돌아왔다 한다. 7) 斑(반)- 희끗희끗한 것.

| 解說 |

명나라 수도인 북경을 떠나면서 큰일을 이루어보겠다는 의기를 드러낸 시이다. 여수보다는 아직도 남아있는 의기가 가상하다.

변경의 노래 (塞上曲)

많은 전쟁으로 썩은 뼈가 많고,
가을이 깊어지니 마른 풀 우거졌네.
나는 독수리가 사막 위를 맴돌고
말 울음소리는 높은 숲에 진동하네.
먼 고장 사람들을 달래는 것은 임금의 은덕이고,
제후에 봉해지려는 것은 장사들의 마음일세.
중국과 오랑캐는 자연스런 한계가 있으니
변경 땅을 침범하지 말기를!

百戰多枯骨이오, 秋高白草深이라.
飛雕¹⁾盤²⁾大漠³⁾하고, 嘶⁴⁾馬振長林이라.
柔遠⁵⁾君王德이오, 封侯⁶⁾壯士心이라.
華夷⁷⁾自有限이니, 邊徼⁸⁾莫相侵하라.

| 註解 |

1) 雕(조)- 독수리. 2) 盤(반)- 빙빙 도는 것. 3) 大漠(대막)- 넓은 사막. 4) 嘶(시)- 말이 우는 것. 5) 柔遠(유원)- 먼 고장 사람들을 달래는 것. 6) 封侯(봉후)- 공을 세워 제후(諸侯)로 봉해지는 것. 7) 華夷(화이)- 중화(中華)와 이적(夷狄), 중국과 오랑캐. 8) 邊徼(변요)- 변경, 국경지방.

| 解說 |

「새상곡」은 옛 악부樂府 횡취곡橫吹曲에 속하는 악곡 제명이다. 중국은 옛날부터 서북쪽 오랑캐들과의 전쟁이 끊일 날이 없어서 이런 노래들이 계속 유행하였다. 서북쪽 초원에서 유목遊牧을 하는 이민족들은 틈만 있으면 중국으로 침입하여 약탈을 일삼았다. 이 시는 그러한 서북쪽 오랑캐들에 대한 경계를 강조하는 뜻이 담겨있다.

멀리 이별한 이의 노래 (遠別曲)

임은 여러 해 삼진三秦 지방에 가 계시는데,
한수 가의 우리 집 늘 생각해주기 바라네.
문 밖의 두 그루 오구수 나무야!
편지 가져갈 이에게 잘 말 좀 해다오!

阿郎¹⁾幾載客三秦²⁾하니, 好憶儂³⁾家漢水濱하라.
門外兩株烏桕樹⁴⁾여, 丁寧⁵⁾說向寄書人하라.

| 註解 |

1) 阿郎(아랑)- 임, 낭군. 2) 三秦(삼진)- 지금의 섬서성(陝西省) 남부지방. 옛날 항우(項羽)와 유방(劉邦)이 천하를 다툴 적에, 항우가 그곳에 진삼장(秦

三將)을 두어 다스리게 함으로써 '삼진'이란 말이 생겼다(『史記』高祖本紀). 3) 儂(농)- 나, 우리. 4) 烏桕樹(오구수)- 가을에 단풍이 아름다운 교목 이름. 5) 丁寧(정녕)- 자세히 잘.

| 解說 |

멀리 떠나가 있는 임을 그리는 노래. 옛날 중국에는 나랏일로 인한 이러한 젊은이들 사이의 이별이 많았다.

가을 날 아우를 생각하며 (秋日懷弟)

손수 나무 하고 풀 베며 살아가는 네 생활 걱정하면서도,
계절이 바뀔 적마다 놀라며 아직도 돌아다니고 있네.
이별한 지 몇 년 되었으니 아들딸들 많이 컸을 것이나
멀리 떨어져 그리는 우리 형제는 외롭기만 하네.
가을날 떨어지는 나뭇잎처럼 시름은 얼마나 많은가?
늦은 밤 빗소리 들으며 등불 아래 잠들어 꿈에서나 너를 만날까?
멀리 고향집 생각하며 눈물 뿌리는데
더욱이 싸늘한 하늘에 기러기가 강물 위에 내려앉으며 우는 소리까지 들리네.

生涯¹⁾憐汝自樵蘇²⁾나, 時序³⁾驚心尙道途라.
別後幾年兒女大나, 望中千里弟兄孤라.
秋天落木愁多少아? 夜雨殘燈⁴⁾夢有無아?

요 상 고 원 휘 제 루　　　황 문 한 안 하 강 호
遙想故園揮涕淚러니, 況聞寒雁下江湖로다.

| 註解 |

1) 涯(생애)- 생활. 2) 樵蘇(초소)- 땔나무를 하고 풀을 베는 것. 3) 時序(시서)- 계절이 바뀌는 것. 4) 殘燈(잔등)- 희미한 등불, 꺼져가는 등불.

| 解說 |

고향에서 농사지으며 살아가고 있는 아우에 대한 생각이 절실하다. 아울러 자신의 각지에서 느끼고 있는 시름도 각별히 잘 드러나고 있다.

사막 북쪽의 노래 (漠北詞)

부싯돌로 불 일궈 양고기 구워 먹으며
오랑캐 여인은 나지막이 노래 부르면서 술을 권하네.
매우 취한 오랑캐 남자들은 밤 가는 줄도 모르는데,
요아령 아래 달빛은 서리 내린 듯 밝네.

석 두　고 화　자 황 양　　　　호 녀 저 가 권 낙 장
石頭¹⁾敲火²⁾炙黃羊³⁾하고, 胡女低歌勸酪漿⁴⁾이라.
취 쇄　군 호 부 지 야　　　요 아 령　하 월 여 상
醉殺⁵⁾群胡不知夜러니, 鷂兒嶺⁶⁾下月如霜이라.

| 註解 |

1) 石頭(석두)- 돌, 부싯돌. 2) 敲火(고화)- 부싯돌을 쳐서 불을 일구는 것. 3) 黃羊(황양)- 몽고령(蒙古羚)이라고도 부르는 양의 일종. 4) 酪漿(낙장)- 소나 양 젖으로 만든 요구르트 비슷한 술. 5) 殺(쇄)- 뒤에 붙어 앞의 동작을 강조하는 말. 매우, 지독히. 6) 鷂兒嶺(요아령)- 지금의 하북성(河北省)

탁록현(涿鹿縣) 경계에 있는 고개 이름. 여기에서 많은 전쟁이 있었다.

| 解說 |

특히 사람들에게 서북쪽 오랑캐에 대한 경계심을 높여 주기 위하여 지은 시이다. 정통 正統 14년(1449) 와라 瓦剌는 이곳을 통해 침략해 왔고, 이 시에 보이는 요아령에서 매복하고 있다가 명나라 군대를 크게 쳐부수었다. 그리고 다음날 영종 英宗 은 그들에게 잡혀갔었다. 이 시에는 이런 치욕을 상기시키려는 뜻도 있었을 것이다.

변경의 노래 (塞上曲)

군기가 들판에 나부끼고 변경의 구름 걷히자
군의 징소리 북소리 하늘에 울려 퍼지고 기러기 남쪽으로 돌아가네.
지는 해 산허리에 걸칠 때까지 교활한 적을 추격하고,
화살 먹인 활을 든 채 곧장 이릉대를 지나가네.

　　　　정 기 탕 야　　　새 운 개　　　　　금 고　련 천 삭 안 회
　　　　旌旗蕩野¹⁾塞雲開하니, 金鼓²⁾連天朔雁回³⁾라.
　　　　낙 일 반 산 추 할 로　　　　만 궁　직 과 이 릉 대
　　　　落日半山追黠虜⁴⁾하고, 彎弓⁵⁾直過李陵臺⁶⁾라.

| 註解 |

1) 蕩野(탕야)- 들판 위에 나부끼다. 2) 金鼓(금고)- 군대에서 신호용으로 쓰는 징과 북. 3) 朔雁回(삭안회)- 북쪽 기러기가 돌아가다, 곧 기러기가 남쪽으로 날아가는 것. 4) 黠虜(할로)- 약은 적, 교활한 적. 5) 彎弓(만궁)- 활시위를 당기는 것. 6) 李陵臺(이릉대)- 지금의 내몽고(內蒙古) 정람기(正藍旗) 남흑성(南黑城), 한(漢)나라 장군 이릉이 흉노와 싸우다가 이곳에서 흉

노에게 항복하였다 한다.

|解說|

역시 서북쪽 오랑캐들에 대한 경계심을 불러일으키려는 뜻에서 악부시제를 이용하여 지은 것이다. 작자는 특히 몽고족에 대한 경계심이 많았던 듯하다.

... 작가 약전(略傳)

귀유광

歸有光 1506~1571

자는 희보熙甫, 호는 진천震川, 곤산昆山(지금의 江蘇省) 사람. 진사가 된 뒤 벼슬은 남경태복시승南京太僕寺丞까지 지냈다. 특히 산문에 있어서 명대의 대가로 알려졌고, 시의 명성은 그만 못하나 그 시대를 반영하는 작품들을 남기고 있다. 전후칠자前後七子와는 문학에 대한 견해를 달리하였고, 문집으로 『진천선생집震川先生集』이 있다.

갑인년 시월의 사건 (甲寅¹⁾十月紀事)

전란의 재해를 겪고 나자
강변 마을 모두가 초토화 하였네.
길 어디에나 승냥이와 이리 발자국,
어느 집인들 닭이나 개가 남아있겠는가?
대낮에도 차가운 바람 불고
저녁 무렵 되면 도깨비불 어지럽네.
무엇 때문에 세금거두는 관리들은
여전히 다시 문 앞으로 오는가?

經過兵燹²⁾後에, 焦土遍江村이라.
滿道豺狼³⁾迹이어늘, 誰家鷄犬存고?
寒風吹白日이오, 鬼火⁴⁾亂黃昏이라.
何事征科⁵⁾吏이, 猶然⁶⁾復到門고?

| 註解 |

1) 甲寅(갑인)- 가정(嘉靖) 33년(1554). 이 해 정월에서부터 8월에 이르기까지 왜구(倭寇)가 여러 차례 강소(江蘇) 절강(浙江) 지역을 침략하여 약탈을 자행하였다(『明史』世宗紀). 이 시는 가정(嘉定)이 왜구에게 약탈당한 뒤의 참상을 읊은 것이다. 2) 兵燹(병선)- 전란으로 인한 재해, 전화(戰禍). 3) 豺狼(시랑)- 승냥이와 이리, 왜구를 가리킨다. 4) 鬼火(귀화)- 도깨비 불. 사람의 썩은 뼈가 많으면 거기에서 밤에 인(燐)이 빛을 발한다. 5) 征科(정과)- 세금을 거두는 것. 6) 猶然(유연)- 전대로, 여전히.

| 解說 |

왜구가 중국 해변 지역에 끼친 해악을 잘 묘사하고 있다. 강소 절강은 특히 농촌이 부유하고 상업이 발달한 고장이라 왜구들의 약탈 표적이 되었을 것이다.

바닷가 사건 기록 (海上紀事) 6수(六首)

기일(其一)

오(吳) 지방은 자연 재해로 말미암아
여러 해 세금 내느라 천 조각도 안 남았을 정도인데,
이 지방은 풍요로운데다가 전란도 없었다고
또다시 왜구들의 배가 바다로부터 몰려오네.

자시오분 유세재 　　　 연년저축 이감애
自是吳分[1]有歲災[2]하니, 連年杼軸[3]已堪哀어늘,

독요 차지무융마 　　　 우견야범 해상래
獨饒[4]此地無戎馬라 하여, 又見椰帆[5]海上來로다.

| 註解 |

1) 吳分(오분)- 오 지방, 소주(蘇州)를 중심으로 한 절강(浙江) 지방. 2) 歲災(세재)- 자연 재해, 흉년. 3) 杼軸(저축)- 베틀의 부속품. '저'는 씨줄을 담아두는 북, '축'은 날줄을 감아두는 도투마리. 『시경(詩經)』 소아(小雅) 대동(大東) 시에 "저축기공(杼柚其空)"이라 한 표현을 빌린 것. 북과 도투마리가 다 비었다는 것은 세금을 가혹하게 거둬가 직물 곧 천이란 하나도 남지 않았다는 뜻임. 4) 饒(요)- 넉넉하다, 풍요롭다. 5) 椰帆(야범)- 왜구의 배를 이르는 말.

기이(其二)

이백년 동안 오직 군사만 길렀는데
한 명의 기병도 포위된 성 밖으로 나가지 못하게 하네.
백성과 군사들은 모두 살해되고 고을 관리들은 도망가자
또 민간으로 내려와 장정들을 뽑아가네.

二百年來只養兵이러니, 不敎一騎出圍城이라.
民兵殺盡州官走하니, 又下民間點壯丁[1]이라.

| 註解 |

1) 點壯丁(점장정) - 장정들을 징발해 가다.

기삼(其三)

바닷가 바람과 물결이 어떠한 지는 들어볼 수도 없는데
동쪽 교외에 살기는 날로 기운이 더해가네.
고을 수령은 자신의 철벽같은 성이 있다는데
어찌 차마 자기 백성들을 적군의 미끼가 되게 할 수 있는가?

海上風波不可聞이로되, 東郊殺氣日氤氳[1]이라.
使君[2]自有金湯固[3]어늘, 忍使吾民餌[4]賊軍가?

| 註解 |

1) 氤氳(인온) - 기운이 성해지는 모양. 2) 使君(사군) - 고을의 수령(守令).

3) 金湯固(금탕고)- 금성탕지(金城湯池)의 견고함, 철벽같은 성. 4) 餌(이)- 먹이.

기사(其四)

반은 창칼과 화살에 맞아죽고 반은 구차히 살아있는데,
한 곳에 봉화 연기 오르면 모든 고장 사람들 놀라네.
민간에서 그런 중에도 우스갯소리를 들었는데,
세금 재촉 한때라도 멎어지는 게 그래도 기쁘다네.

반조봉적 반투생　　　　일처봉연처처경
半遭鋒鏑¹⁾半偸生이나,　一處烽烟處處驚이라.
청득민간유소어　　　　최과 차희일시정
聽得民間猶笑語하니,　催科²⁾且喜一時停이라.

| 註解 |

1) 鋒鏑(봉적)- 칼날 창끝과 화살촉. 2) 催科(최과)- 부세(賦稅)를 독촉하는 것.

기오(其五)

바닷속 섬의 오랑캐들도 보물 좋아하는데
고을 수령은 어찌 고생하며 깊이 도망쳐 숨겠는가?
왜구를 만나게 되면 자연스런 호신책이 있으니
침대 머리의 일만 금만 없애면 된다네.

해도만이역애침　　　　사군하고둔도 심
海島蠻夷亦愛琛¹⁾이어늘,　使君何苦遁逃²⁾深고?
봉왜자유전신책　　　　소득상두일만금
逢倭自有全身策이니,　消得床頭一萬金이라.

| 註解 |

1) 琛(침)- 보물. 2) 遁逃(둔도)- 도망쳐 숨는 것.

기류(其六)

바다 물결은 새로이 피에 물들어 흐르며 노을 지고,
대낮에도 퓨퓨 많은 귀신들 탄식하네.
관청에서는 그래도 임금님 노여움이 두려워서
피해 본 것은 사십 가구라는 조사보고 올리네.

해 조 신 염 혈 류 하　　백 일 추 추 만 귀 차
海潮新染血流霞요, 　白日啾啾¹⁾萬鬼嗟로다.

관 사 각 공 군 왕 노　　감 보 창 이 사 십 가
官司却恐君王怒하여, 　勘報²⁾瘡痍³⁾四十家라.

| 註解 |

1) 啾啾(추추)- 울거나 탄식하는 소리. 2) 勘報(감보)- 조사 보고 하는 것.
3) 瘡痍(창이)- 피해, 상처 입은 것.

| 解說 |

명나라 시대 왜구의 피해로 인한 백성들의 참상을 고발한 시이다. 왜구들도 문제지만 명나라 군대며 관리들이 더 큰 문제였다. 왜구가 난리를 치는데도 백성들로부터 가혹한 세금을 거두어, 왜구들이 침입하면 일시적으로나마 세금독촉이 없어지는 것을 좋아하고 있다. 그리고 높은 관리들은 거금을 준비해놓고 있다가 왜구들이 쳐들어오면 그 금덩어리 등을 내주고 자기 목숨만 보전한다. 백성들의 안전은 안중에 없다. 그런데 또 상부에 보고할 적에는 문책을 당할까 두려워서 왜구의 피해를 아주 적게 줄여서 보고한다. 이런 나라가 망하지 않고 오래갈 수는 없을 것이다.

… 작가 약전(略傳)

이반룡

李攀龍 1514~1570

자는 우린于鱗, 호는 창명滄溟, 역성歷城(지금의 山東省 濟南) 사람. 진사가 된 뒤 여러 벼슬을 거쳐 섬서제학부사陝西提學副使를 지내고 사직한 뒤 고향에 와서 지내다가 10년 뒤 다시 나가 하남안찰사河南按察使 벼슬까지 하였다. 후칠자後七子의 영수로 복고復古에 힘을 쏟았고, 작품집으로 『창명집滄溟集』이 있다.

연말에 소리치며 노래하다 (年抄[1]放歌)

일년 내내 책을 쓰려 했는데 한 자도 쓴 게 없고
중년이 되도록 도道를 공부했건만 여전히 광부狂夫일세.
그대에게 권하노니 베개 높이 베고 편히 지내며 스스로를 아끼게!
그대에게 권하노니 막걸리라도 스스로 받아다 마시게!
어떤 사람이든 벼슬살이가 즐겁다고 말하지 않는 이 있던가?
그러나 그대처럼 벼슬 버리는 것도 나쁘지 않은 일일세.
어느 곳에서건 인정은 뜨거웠다 차가워졌다 한다고 말하지 않는 적 있던가?
그러니 그대처럼 문 닫고 밖에 나가지 않는 것도 해롭지 않을 걸세.
시종 멋 대로고 서툴러서 시세의 흐름에 맞지 않을 것이니,
바로 유유히 되는대로 지내는 것도 장점이 될 걸세.

終年[2]著書一字無요, 中歲學道仍狂夫[3]라.
勸君高枕且自愛요, 勸君濁醪[4]且自沽[5]라.
何人不說宦遊[6]樂고? 如君棄官亦不惡이라.
何處不說有炎凉[7]고? 如君杜門[8]復不妨이라.
終然疏拙[9]非時調[10]니, 便是悠悠[11]亦所長이라.

시선 詩選 • 169

| 註解 |

1) 年抄(연초)- 연말. 2) 終年(종년)- 한 해가 다 가도록, 일년 내내. 3) 狂夫(광부)- 자기 생각대로 행동하는 사람, 지나친 자유인. 4) 濁醪(탁료)- 탁주, 막걸리. 5) 沽(고)- 사다. 6) 宦遊(환유)- 벼슬살이를 하는 것. 7) 炎凉(염량)- 사람들 생활과 감정에 변화가 많은 것을 가리킴. 인정이 뜨거웠다 차가워졌다 하는 것. 8) 杜門(두문)- 문을 닫아 거는 것. 9) 疏拙(소졸)- 세상일에 관심이 적고 일을 하는데 서투른 것. 10) 時調(시조)- 시세, 시대적 동향. 11) 悠悠(유유)- 유유히 지내는 것, 유유자적(悠悠自適)하는 것.

| 解說 |

자신의 처세관을 노래한 시이다. 세상은 어지럽고 지저분하니 너무 세상일에는 집착하지 않고 자기는 자유롭게 유유히 살아가겠다는 것이다.

자상이 광릉으로 돌아가는 것을 전송함
(送子相¹⁾歸廣陵)

광릉의 가을빛은 빗속에 깊어져 가고 있을 터인데,
강가 높은 누대 옆 푸른 단풍나무에 말을 매네.
해지는 속에 수많은 돛배 돛 내리고 있는데,
사람을 놀라게 하는 파도가 한 무더기 눈 산처럼 밀려오네.

　　　　광 릉　추 색 우 중 개　　　　계 마 청 풍 강 상 대
　　　　廣陵²⁾秋色雨中開리나,　繫馬青楓江上臺라.
　　　　　　낙 일 천 범 저 불 도　　　　경 도 일 편 설 산 래
　　　　落日千帆低不度³⁾러니,　驚濤一片雪山來라.

| 註解 |

1) 子相(자상)- 종신(宗臣)의 자. 종신도 이반룡과 함께 후칠자(後七子) 중의

170 • 명대시선 明代詩選

한 사람이며, 양주(揚州) 흥화(興化) 사람이다. 2) 廣陵(광릉)- 강소성(江蘇省) 양주(揚州)의 옛 이름. 3) 低不度(저불도)- 돛을 내리고 움직이지 않는 것.

| 解說 |

친구가 고향으로 돌아가는 것을 전송하는 시인데 잘 가라는 말 한 마디도 없다. 강의 큰 파도를 읊고 있는 것은 험한 길 조심하라는 뜻으로 볼 수도 있고, 떠나는 것을 아쉬워하는 마음을 나타내는 듯도 하다.

명경이 강서로 가는 것을 전송하며
(送明卿¹⁾之江西)

푸른 단풍 가지 살랑거리는 중에 내리는 비는 쌀쌀하고,
가을빛은 멀리 바라보니 남쪽 초 땅으로 가면서 희미해지네.
누가 외로운 배 속의 쫓기어 가는 나그네 동정해줄까?
흰 구름만이 넓은 강서로 전송해주고 있네.

<u>청 풍 삽 삽   우 처 처</u>　　<u>추 색 요 간 입 초 미</u>
青楓颯颯²⁾雨淒淒³⁾하고,　秋色遙看入楚⁴⁾迷라.
<u>수 향 고 주 연 축 객</u>　　<u>백 운 상 송 대 강 서</u>
誰向孤舟憐逐客고?　白雲相送大江西라.

| 註解 |

1) 明卿(명경)- 오국륜(吳國倫)의 자. 그는 가정(嘉靖) 30년(1551) 권세가인 환관 엄숭(嚴嵩)의 미움을 받아 강서(江西) 남강(南康)으로 귀양을 갔다. 이 시는 귀양가는 친구를 전송하는 것이다. 2) 颯颯(삽삽)- 바람에 나뭇가지가 움직이는 소리. 살랑살랑. 3) 淒淒(처처)- 싸늘한 모양, 살살한 것. 4) 楚(초)- 남쪽 초 지방, 강서 지방을 가리킨다.

| 解說 |

쓸쓸한 이별이다. 귀양가는 친구를 동정하며 전송해 주는 것은 흰 구름뿐인 듯하다.

왕중승의 죽음을 슬퍼함(挽¹⁾王中丞²⁾) 2수(二首)

기일(其一)

사마대司馬臺 앞에는 측백나무가 높이 늘어서 있고,
그분의 기운 같은 풍운이 아직도 깃발 사이에 걸려 있네.
자결하라는 칼을 내린 것은 임금의 뜻이 아니니
오자서伍子胥의 시체가 버려진 강물처럼 큰 파도 일으키지 마시기를!

_{사 마 대 전 열 백 고}　　　_{풍 운 유 자 협 정 모}
司馬臺³⁾前列柏⁴⁾高하고, 風雲猶自夾旌旄⁵⁾라.
_{촉 루 불 시 군 왕 의}　　　_{막 작 서 강 만 리 도}
屬鏤⁶⁾不是君王意니, 莫作胥江⁷⁾萬里濤하라.

| 註解 |

1) 挽(만)- 상여를 끄는 것, 조상(弔喪)하는 것. 2) 王中丞(왕중승)- 왕여(王忬), 왕세정(王世貞)의 아버지. 진사가 된 뒤 벼슬이 우도어사(右都御史)에 올랐으나 간사한 권신인 엄숭(嚴嵩)의 미움을 받아 가정(嘉靖) 38년(1559) 옥에 갇히었다가 다음 해 처형되었다. 작자 이반룡은 왕세정과 친구 사이이다. 3) 司馬臺(사마대)- 어사대(御史臺)를 이르는 말. 왕여가 우도어사란 벼슬을 하였음을 뜻한다. 4) 柏(백)- 측백나무, 향나무 비슷한 나무 이름. 5) 旌旄(정모)- 깃발. 6) 屬鏤(촉루)- 칼 이름. 춘추(春秋)시대에 오자서(伍子胥)는 오(吳)나라 임금 합려(闔閭)를 섬기고, 다시 그의 아들 부차(夫

差)를 섬길 적에 모함을 받아 부차는 촉루라는 칼을 내려주고 자살하도록 하였다. 7) 胥江(서강)- 오자서의 시체가 버려진 강. 부차는 오자서가 자살하자 그의 시체를 강물에 버렸다. 오자서는 죽은 뒤 전당강(錢塘江) 조수(潮水)의 신이 되어 늘 강 위에 성난 큰 파도를 일으켰다 한다.

기이(其二)

총독總督의 막부幕府 높이 솟은 앞에 갈석산이 벌여 서 있고,
계문薊門의 붉은 깃발은 그대로 휘날리고 있네.
모래밭에는 밤이 되면 흔히 비바람 치는데,
사람들이 총독께서 친히 군마를 끌고 오시는 것을 보았다네.

幕府¹⁾高臨碣石²⁾開하고, 薊³⁾門丹旐⁴⁾重徘徊⁵⁾라.
沙場入夜多風雨러니, 人見親提鐵騎⁶⁾來라.

| 註解 |

1) 幕府(막부)- 왕여가 계료총독(薊遼總督)으로 있을 적의 막부. 2) 碣石(갈석)- 산 이름, 지금의 하북성(河北省) 여현(黎縣) 북쪽에 있다. 3) 薊(계)- 지금의 하북성 북부 지역. '계문'은 계료총독 관부의 문. 4) 旐(조)- 기폭 위에 거북과 뱀이 그려진 깃발 이름. 5) 徘徊(배회)- 깃발이 휘날리는 것. 6) 鐵騎(철기)- 군마(軍馬), 총독이 타던 말을 가리킴.

| 解說 |

앞의 시에서는 왕여가 모함을 받아 서시西市에서 처형당하였는데, 그것은 임금의 본뜻이 아니니 죽어서라도 성내지 말라는 위로의 말이 중심이다. 모함을 받았다 하더라도 모함을 받아들인 것은 임금임에 틀림이 없다. 둘째 시에서는 왕여가 계료총독으로 나라를 위하여 공을 세운 일을 강조하고 있다. 원혼을 달래려는 뜻일 것이다.

양백룡에게 지어 보냄 (寄贈梁伯龍[1])

꽃이 핀 채색 붓으로 이별의 노래를 짓고,
옥 술병에 담긴 봄 술 마시며 남방 미녀를 희롱하네.
금릉의 젊은이들은 모두 그의 이름을 알고,
악부에서는 다투어 그의 절묘한 작품을 전하네.

彩筆含花[2]賦別離하고, 玉壺春酒調[3]吳姬[4]라.
金陵[5]子弟知姓名하고, 樂府[6]爭傳絶妙辭라.

| 註解 |

1) 梁伯龍(양백룡)- 양신어(梁辰魚), 자가 백룡이며 그 시대의 대표적인 전기(傳奇) 작가. 특히 곤강(崑腔)에 맞는 『완사기(浣紗記)』를 지어 곤곡(崑曲)의 성행에 큰 역할을 하였다. 2) 彩筆含花(채필함화)- 채색 붓에 꽃이 달리다. 당대의 이백(李白)이 꿈에 자기의 붓에 꽃이 피는 꿈을 꾸고 시재(詩才)가 넘쳐나게 되었다 한다(『開元天寶遺事』). 3) 調(조)- 조소(調笑), 어울려 희롱하다. 4) 吳姬(오희)- 남쪽 오나라 지방의 미녀. 5) 金陵(금릉)- 남경(南京)의 옛 호칭. 6) 樂府(악부)- 나라의 음악을 관장하는 관청.

| 解說 |

양신어는 과거와 공명을 우습게 보며 극작에만 전념했던 작가이다. 더구나 청대까지 성행한 곤곡崑曲의 성행을 유도한 작품들을 쓴 작가이니 그 시대 극단에서의 명성은 대단했을 것이다. 이 시의 첫째 구는 양신어의 뛰어난 문재文才를, 둘째 구는 그의 호방한 성격과 생활을 읊은 것이고, 뒤의 두 구는 그의 작품의 유행이 얼마나 대단하였는가를 짐작케 하는 내용이다.

태행산의 절정이 되는 황유 마릉 등의 고개에 올라서 (登黃楡¹⁾馬陵²⁾諸山是太行³⁾絶頂處)

황유령黃楡嶺은 높이를 알 수 없을 정도여서
올라가 내려다보니 정말 특이하네.
황하의 형세가 들판 가운데에서 나누어지고
태행산의 모양이 상당上黨 쪽에서 다가오네.
흰 구름은 국경을 가로질러 끊어놓고,
차가운 골짜기가 하늘에 기대어 벌어져 있네.
낙엽 지는 맑은 가을빛 대하니
시 짓는 내 글재주가 매우 부끄럽기만 하네.

<small>황 유 고 불 극　　임 조 역 기 재</small>
黃楡高不極하니, 臨眺⁴⁾亦奇哉인저!
<small>하 세 중 원 탁　　산 형 상 당 래</small>
河⁵⁾勢中原坼⁶⁾이오, 山形上黨⁷⁾來로다.
<small>백 운 횡 새 단　　한 협 의 천 개</small>
白雲橫塞斷하고, 寒峽倚天開로다.
<small>요 락 청 추 색　　다 참 작 부 재</small>
搖落⁸⁾清秋色이니, 多慚作賦才로다.

|註解|

1) 黃楡(황유)- 황유령(黃楡嶺), 하북성(河北省) 형대현(邢臺縣) 서북쪽 160리 되는 곳에 있다.　2) 馬陵(마릉)- 마령(馬嶺), 산서성(山西省) 석양현(昔陽縣) 동남쪽 100리 되는 곳 형대현과의 접경에 있다.　3) 太行(태행)- 태행산맥(太行山脈), 산서고원(山西高原)과 하북평원(河北平原) 사이에 뻗어 있다. 4) 臨眺(임조)- 높은 곳에 올라가 멀리 내려다보는 것. 5) 河(하)- 황하(黃河). 6) 坼(탁)- 쪼개지다, 갈라지다.　7) 上黨(상당)- 지금의 산서성(山西省) 장치시(長治市)에 있던 옛 지명. 8) 搖落(요락)- 낙엽이 지는 것.

| 解說 |

스스로는 "낙엽 지는 맑은 가을빛을 대하니 자신의 짧은 시재詩才가 부끄럽기만 하다"고 했지만, 높은 산마루에 올라서 느낀 정서가 잘 표현된 시이다. 자연의 묘사에도 힘이 실려 있다.

옛 가락 (古意)

가을바람 서북쪽에서 일어
내 나그네의 바지에 부네.
뜬구름은 어디로부터 오는가?
고향으로부터 오는 게 아님을 어찌 알겠는가?
히힝히힝 오랑캐 말이 울고
펄렁펄렁 마른 뽕잎이 떨어지고 있네.
저녁 빛이 들판 가운데로 들어오자
날아다니는 쑥대가 전쟁터에 뒹구네.
갈 길은 생각할 수 조차도 없으니
먼 길 가는 것이 스스로 슬프기만 하네.

秋風西北起하여, 吹我遊子[1]裳이라.
浮雲從何來오? 安知非故鄕고?
蕭蕭[2]胡馬鳴이오, 翩翩[3]下枯桑이라.
暮色入中原하니, 飛蓬[4]轉戰場이라.
往路不可懷하니, 行役[5]自悲傷이라.

| 註解 |

1) 遊子(유자)- 떠돌아다니는 사람, 나그네. 2) 蕭蕭(소소)- 말이 우는 소리. 3) 翩翩(편편)- 어지러이 나는 모양. 4) 蓬(봉)- 쑥, 마른 쑥대. 5) 行役(행역)- 나랏일로 집을 떠나 멀리 가는 것.

| 解說 |

집 떠나온 나그네의 여수를 노래한 시이다. 중국은 나라가 커서 이와 같은 행역行役은 『시경』에서부터 이미 임 그리움의 서정과 함께 사회의 모순을 고발하는 시의 큰 주제의 하나로 등장하고 있다.

명비의 노래 (明妃¹⁾曲)

천산에 눈이 내린 뒤 북풍 더욱 차가운데,
비파를 끌어안고 말 위에서 타고 있네.
한 곡조 끝난 뒤에도 청해의 달은
왔다갔다하면서 아직도 한나라 궁전을 내려다보고 있는지 모르겠네.

天山²⁾雪後北風寒이로되, 抱得琵琶³⁾馬上彈이라.
曲罷不知靑海月은, 徘徊猶作漢宮看이로다.

| 註解 |

1) 明妃(명비)- 한(漢)나라 원제(元帝)의 후궁(後宮)이었던 왕소군(王昭君). 그는 절세의 미녀로 흉노(匈奴) 선우(單于)의 강요에 못 이겨 선우에게로 출가하였다. 2) 天山(천산)- 뒤의 청해(靑海)와 함께 왕소군이 시집간 흉노 땅과는 굉장히 먼 거리에 있으나 모두 오랑캐 땅을 가리키는 말로 쓰이고 있

다. 3) 琵琶(비파)- 옛날의 현악기, 왕소군은 비파를 잘 탔다고 한다.

| 解說 |

이 명비에 관한 얘기는 역대의 시인들이 되풀이하여 노래 부르고 또 소설과 희곡으로도 각색되었다. 중화사상이 중국의 역대 지식인들을 더욱 흥분시킨 듯하다.

... 작가 약전(略傳)

서위

徐渭 1521~1593

자는 문장文長, 호는 천지산인天池山人 또는 청등도사靑藤道士, 산음山陰(지금의 浙江省 紹興) 사람. 과거에 급제 못하여 절민총독浙閩總督 호종헌胡宗憲 막하幕下로 들어가 왜구 토벌전에 참여하기도 하였다. 호종헌이 하옥되자 자기에게도 화가 미칠까 겁이 나서 미친 체하며 자살을 기도하기도 하였고, 자기 처를 죽인 죄로 7년의 옥살이도 하였다. 풀려난 뒤엔 글과 글씨 및 그림으로 남북을 유랑하며 기인의 생활을 하였다. 시며 글이며 희곡 작품까지도 일정한 격식에 얽매이지 않고 개성적인 작품을 썼다. 그의 문집으로 『서위집徐渭集』이 있다.

감산에서 싸워 이긴 노래 (龕山[1]凱歌[2])

단검과 창을 들고 해가 지자 포위를 좁히니,
차가운 바람 피를 날려 와 사람들에게 붙이네.
아침이 되어 길 위에 돌아오는 우리 말 탄 병사들 보니
한 조각 붉은 얼음이 갑옷에 차갑게 붙어있네.

短劍隨鎗[3]暮合圍하니, 寒風吹血着人飛라.
朝來道上看歸騎[4]하니, 一片紅氷冷鐵衣[5]라.

| 註解 |

1) 龕山(감산) - 절강성(浙江省) 소산현(蕭山縣) 동북쪽 50리 되는 곳 전당강(錢塘江)이 바다로 들어가는 남쪽 기슭에 있는 산으로 항주(杭州) 방위의 요충지이다. 2) 凱歌(개가) - 싸움에 이긴 것을 노래하는 것. 3) 鎗(창) - 창(槍). 4) 歸騎(귀기) - 싸움에 이기고 돌아오는 말 탄 병사들. 5) 鐵衣(철의) - 갑옷.

| 解說 |

9수로 이루어진 시 중 네 번째 시이다. 가정嘉靖 34년(1555), 절강 연해에 침입한 왜구倭寇를 감산에서 크게 쳐부수었을 적에 지은 시이다. 이때 작자 서위는 호종헌胡宗憲의 막하幕下에서 왜구 토벌을 돕고 있었다.

송대 사람이 그린 잠자는 개 그림에 써넣음 (題宋人畵睡犬)

신묘하여 붓을 댄 흔적 찾기 어렵고
완연히 살아있어 진짜 개와 똑같네.

깊이 잠들어 있으니 언제 깨어날지 모르지만
아무래도 너는 전혀 도둑 지키려는 생각은 없나 보구나!

神妙難尋落筆踪¹⁾이오, 渾然²⁾生質與天同이라.
不知酣睡³⁾何時覺이나, 料⁴⁾爾都無警盜功⁵⁾이라.

| 註解 |

1) 踪(종)- 발자취, 흔적. 2) 渾然(혼연)- 완전한 모양, 완연. 3) 酣睡(감수)- 달게 잠자다, 깊이 잠들다. 4) 料(요)- 생각하다, 추측하다. 5) 警盜功(경도공)- 도적을 경계하려는 노력, 도적을 막을 생각.

| 解說 |

서위는 그림을 좋아하여 그림에 써넣는 시도 많이 짓고 있다. 잠자는 개 그림에 써넣었다는 시인데, 마치 잠자는 개 그림을 보는 듯한 느낌을 지니게 한다.

밤에 산언덕 집에 묵다 (夜宿丘園¹⁾)

늙은 나무들은 하늘의 구름을 잡으려 하고,
긴 등나무 가지는 계곡의 초목들을 뒤덮고 있네.
파란 도깨비불이 마른 나무뿌리에서 싸늘한 빛을 내고,
앞산은 요정들과 벗하고 있네.
어떤 사람이 도사의 옷을 입고서
밝은 달 아래 내게 말을 걸어오네.
"나를 이상히 여기지 않았으면 좋겠소!
밤이 되었으니 여행에서 겪은 얘기나 합시다."

老樹拏²⁾空雲하고, 長藤網溪翠³⁾라.
碧火⁴⁾冷枯根이오, 前山友精祟⁵⁾라.
或爲道士服하고, 月明對人話라.
幸勿相猜嫌⁶⁾이니, 夜來談客旅라.

| 註解 |

1) 丘園(구원)- 언덕 위의 원림(園林), 산 중턱에 원림이 있는 집. 2) 拏(나)- 손으로 잡는 것. 3) 溪翠(계취)- 계곡의 풀과 나무. 4) 碧火(벽화)- 파란 불, 도깨비 불. 5) 精祟(정수)- 요정(妖精), 요괴. 6) 猜嫌(시혐)- 의심하고 싫어하는 것.

| 解說 |

산속의 집에서 묵은 경험을 쓴 것이다. "늙은 나무들이 하늘의 구름을 잡으려 한다"는 첫 구의 표현부터 매우 기발하다. 시를 통해서도 귀재鬼才라 부를만한 인물임을 알 수가 있다.

포도 그림에 써 넣음 (題葡萄圖)

반평생을 뜻 잃고 지내는 사이에 이미 늙은이 되어
서재에 홀로 서서 저녁 바람 쐬며 휘파람 부네.
붓끝에 이루어진 진주는 팔 곳조차 없어서
들판 등나무 사이에 아무렇게나 던져두고 있는대로 버려두네.

半生落魄已成翁하여, 獨立書齋嘯晚風이라.

필 저 명 주　무 처 매　　　　　한　포 한 척 야 등 중
　　　　筆底明珠¹⁾無處賣하여,　閑²⁾抛閑擲野藤中이라.

| 註解 |

　　1) 明珠(명주)- 진주. 포도를 가리킨다.　2) 閑(한)- 한가히, 아무렇게나.

| 解說 |

　　이 시는 작자 서위의 그림 중 명작으로 세상에 전하는 자신의 포도 그림에 써넣은 것이다. 마치 포도를 통하여 자신의 생애를 그려내려고 한 듯도 하다. 값비싼 진주를 팔 곳이 없어서 아무렇게나 버려둔다는 것도 그러하지만, 자신의 호를 청등거사 靑藤居士라 하였고 또 그 자신이 새긴 도장에 "청등문하주구 靑藤門下走狗"라 새겼던 것도 이와 무관하지 않을 것이다.

양귀비가 봄잠을 자는 그림 (楊妃¹⁾春睡圖)

밤 지나자 팔의 연지 빛 수궁守宮의 색깔 엷어지고,
옥섬돌 앞 풀색에 잠자리도 취한 듯하네.
꽃향기는 바람 따라 궁전 담을 넘어가고 있지만
양귀비가 잠자는 줄은 아무도 모르네.
검은 비단 장막 안에 붉은 비단이 버려져 있고
한 무더기 빨간 옥돌이 가을 물속에 잠겨있는 듯하네.
그림 속에서도 세상 사람들을 감동시킬 수 있거늘
옛날에 천자 도망가게 만들었던 일이 어찌 이상한가?
불러서 얘기하고 싶어도 깨워 일으킬 수 없어서
병풍 서쪽으로 달려가 앵무새만 쫓으려 하네.
화청궁에 해 그림자 기울어지고 있는데,

꿈속에서는 어디로 날아가 즐기는 것일까?

守宮²⁾夜落胭脂臂요, 玉階草色蜻蜓³⁾醉라.
_{수 궁 야 락 연 지 비   옥 계 초 색 청 정 취}

花氣隨風出御墻⁴⁾이로되, 無人知曉楊妃睡라.
_{화 기 수 풍 출 어 장   무 인 지 효 양 비 수}

皂紗⁵⁾帳底絳羅⁶⁾委하고, 一團紅玉沈秋水라.
_{조 사 장 저 강 라 위   일 단 홍 옥 침 추 수}

畫裏猶能動世人이어늘, 何怪當年走天子⁷⁾아?
_{화 리 유 능 동 세 인   하 괴 당 년 주 천 자}

欲呼與語不得起하여, 走向屛⁸⁾西打鸚鵡라.
_{욕 호 여 어 부 득 기   주 향 병 서 타 앵 무}

爲向華淸⁹⁾日影斜하니, 夢裏曾飛何處雨¹⁰⁾오?
_{위 향 화 청 일 영 사   몽 리 증 비 하 처 우}

| 註解 |

1) 楊妃(양비)- 양귀비(楊貴妃), 당(唐)나라 현종(玄宗)의 애희이며, 절세의 미인으로 유명하다. 2) 守宮(수궁)- 도마뱀 종류의 동물. 옛날에 이것을 잡아 가두어 놓고 단사(丹砂)를 먹여 기른 뒤, 이것을 곱게 빻아 여자의 몸에 발라두면 평생 그 빨간빛이 지워지지 않는데, 남자에게 몸을 바치면 그 색깔이 엷어진다고 한다. 따라서 이것을 여자의 정조를 지키도록 하는 데 썼다(『漢書』東方朔傳 師古 注). 여기서는 양귀비가 지난 밤 현종(玄宗)과 즐겼음을 뜻한다. 3) 蜻蜓(청정)- 잠자리. 4) 御墻(어장)- 궁전의 담. 5) 皂紗(조사)- 검은색 얇은 비단. 6) 絳羅(강라)- 빨간 비단. 7) 走天子(주천자)- 현종으로 하여금 정신을 잃고 즐기다가 결국은 안록산(安祿山)의 난이 일어나 천자의 자리를 버리고 사천(四川)으로 도망을 가게 하였던 것을 뜻함. 8) 屛(병)- 병풍, 양귀비가 잠자는 그림이 병풍에 그려져 있었다. 9) 華淸(화청)- 당(唐)나라 궁전 이름. 지금의 섬서성(陝西省) 임동현(臨潼縣) 남쪽 여산(驪山) 위에 있었다. 거기에는 온천이 있었고, 양귀비는 자주 현종과 가서 놀았다. 10) 雨(우)- 운우(雲雨), 곧 남녀 사이의 즐김을 뜻한다.

| 解說 |

잠자는 양귀비의 그림을 읊은 시인데, 산 사람보다도 더 아름답고 요염妖艶하게

표현되어 있다. 그리고 잠자는 모습을 여러 각도에서 묘사하여 더욱 그림이 아름답게 느껴진다.

... 작가 약전(略傳)

왕세정

王世貞 1526~1590

자는 원미元美, 호는 봉주鳳洲 또는 엄주산인弇州山人, 태창太倉(지금의 江蘇省) 사람. 진사가 된 뒤 형부주사刑部主事 안찰사按察使 포정사布政使 등의 벼슬을 지내다가 간사한 권신 엄숭嚴嵩에게 계료총독薊遼總督으로 있던 아버지 왕여王忬가 모함을 받아 사형을 당하면서 벼슬자리에서 쫓겨났다. 엄숭이 물러난 뒤 다시 기용되어 벼슬이 형부상서刑部尙書에 이르렀다. 문학에 있어서는 이반룡李攀龍과 함께 후칠자後七子의 영수였으며, 이반룡이 죽은 뒤에도 20여 년이나 문단을 지배하였다. 특히 악부고시에 뛰어나며, 문집으로 『엄주산인사부고弇州山人四部稿』가 있다.

흠비의 노래 (欽䲹[1]行)

날아온 오색의 새가
스스로 봉황이라 하네.
천 년에 한 번 나타나기 어려울뿐더러,
나타나기만 하면 나라의 운이 창성한다 하여
종과 북 울리며 명당(明堂)에 앉혀놓고 잔치 벌였네.
명당에는 오동나무와 대나무가 많은데
사흘이 지나도 울지 않으니 무슨 뜻에서일까?
아침에 봉황새가 보이지 않더니
봉황새는 바로 동문의 음달진 곳에 가서 썩은 쥐를 쪼는데,
찍찍 짹짹 배불리 먹지도 못하네.
저녁에 봉황새가 보이지 않더니
봉황새는 바로 서문 음달 진 곳에 가서 매에게 아첨하며
당신이 잡아온 짐승 고기 찌꺼기를 달라 애원하네.
오동나무는 언제나 쓸쓸하기만 하고
대나무 열매 있으나 언제나 굶주림 면치 못하네.
여러 새들 놀라서 서로 돌아보기만 하면서
봉황이 실은 흠비임을 알지 못하네.

飛來五色鳥[2]하여, 自名爲鳳凰이라.
千秋不一見하고, 見者國祚[3]昌이라 하여, 殄[4]以鐘鼓坐明堂이라.
明堂[5]饒[6]梧竹[7]이로되, 三日不鳴意何長[8]고?

晨不見鳳凰이러니, 鳳凰乃在東門之陰啄⁹⁾腐鼠하며,
啾啾喞喞¹⁰⁾不得哺라.
夕不見鳳凰이러니, 鳳凰乃在西門之陰媚¹¹⁾蒼鷹¹²⁾하고,
願以肉攫¹³⁾分遺腥¹⁴⁾이라.
梧桐長苦寒하고, 竹食長苦饑라.
衆鳥驚相顧하되, 不知鳳凰是欽䲹라.

| 註解 |

1) 欽䲹(흠비)- 본시는 신화 중의 신 이름이나, 뒤에 못된 괴조(怪鳥)가 되었다(『山海經』 西山經). 2) 五色鳥(오색조)- 오색의 새, 봉황새가 오색이라고도 한다(『爾雅』 釋鳥). 3) 國祚(국조)- 국운(國運). 4) 殣(손)- 먹이다, 잔치하다. 5) 明堂(명당)- 임금이 중대한 전례(典禮)를 행하던 곳. 6) 饒(요)- 많은 것, 풍부한 것. 7) 梧竹(오죽)- 전설에 봉황새는 오동나무에 깃들고, 대나무 열매를 먹고 산다 하였다. 8) 意何長(의하장)- 무슨 뜻에서인가? 무슨 뜻으로 뒤로 미루기만 하는가? 9) 啄(탁)- 쪼다. 10) 啾啾喞喞(추추즉즉)- 새가 우는 소리. 11) 媚(미)- 아첨하다, 아양을 부리다. 12) 蒼鷹(창응)- 매. 13) 攫(확)- 잡다. 14) 遺腥(유성)- 찌꺼기 고기.

| 解說 |

이 시는 계료총독 薊遼總督으로 나라를 위하여 일하던 자기 아버지를 모함하여 사형에 처하게 하고 자기 형제들을 벼슬자리에서 쫓아냈던 엄숭 嚴嵩을 못된 새인 흠비에 비유하여 노래한 것이다. 엄숭은 권력을 휘두르다가 결국 세종 世宗의 눈에 벗어나 벼슬자리에서 쫓겨난 뒤 병으로 죽었다. 시 자체가 중국적인 발상이라고 할 수 있을 것이다.

태백루에 올라 (登太白樓[1])

듣건대 옛날에 이태백이
길게 휘파람 불며 홀로 이 누각에 올랐다네.
이곳을 한번 돌보아 주자
고상한 이름이 오래도록 남게 되었네.
흰 구름 뜬 새벽 바다 빛 밝고
밝은 달 아래 가을 태산의 천문 솟아있네.
다시 찾아오려 한 이들 있지만
제수濟水는 끊임없이 줄줄 흐르고 있다네.

_{석 문 이 공 봉}
昔聞李供奉[2]이, 長嘯獨登樓라.
此地一垂顧[3]하니, 高名百代留라.
白雲海色曙요, 明月天門[4]秋라.
欲覓重來者여, 潺湲[5]濟水[6]流라.

| 註解 |

1) 太白樓(태백루)- 산동성(山東省) 제녕(濟寧)의 남성(南城) 위에 있음. 이백이 산동을 유람하다가 임성현령(任城縣令)이 이백을 초청하여 이 누각에서 잔치를 벌여 붙여진 이름임. 2) 李供奉(이공봉)- 이백, 한동안 장안으로 가 한림공봉(翰林供奉)이란 벼슬을 하여 이렇게도 부름. 3) 垂顧(수고)- 돌아다보아 주다. 4) 天門(천문)- 태산(泰山)에 천궁문(天宮門), 남천문(南天門), 중천문(中天門), 서천문(西天門)의 세 문이 있다. 5) 潺湲(잔원)- 계곡물이 흐르는 모양. 6) 濟水(제수)- 강물 이름, 하남성(河南省) 제원현(濟源縣)에서 시작하여 산동 쪽으로 흘러와 제녕(濟寧)에서 황하(黃河)에 합쳐졌다.

| 解說 |

태백루라는 누각보다도 이백에 대한 흠모의 정이 더 두드러진다. 끝 구의 "제수는 끊임없이 흐르고 있다"고 읊은 것은 세월은 쉬지 않고 흐르고 있으니, 이런 명소를 다시 찾겠다고 생각한 이들은 당장 다시 찾아와야 할 것이라는 뜻이다.

척장군이 준 보검 노래(戚將軍[1]贈寶劍[2]歌)

이 칼의 몸값이 천금 정도라 얕보지 마라,
명검 한 치 길이에는 한 치의 마음 담겨있네.
목숨 가볍고 은혜는 중함을 되새기나니,
한나라 장군 이광李廣도 욕을 본 패릉灞陵에는 밤 되자 비바람 세어지고 있네.

　　　무 혐 신 가 저 천 금　　　일 촌 순 구　일 촌 심
　　　毋嫌身價抵千金하라, 一寸純鉤[3]一寸心이라.
　　　　욕 식 명 경 은 중 처　　　패 릉 풍 우 야 래 심
　　　　欲識命輕恩重處에, 灞陵[4]風雨夜來深이라.

| 註解 |

1) 戚將軍(척장군)- 척계광(戚繼光), 왜구를 물리치는데 공이 큰 명대의 명장이다. 작자의 아버지 왕여(王忬)가 절강(浙江)의 제독(提督)으로 군무를 맡아 왜구를 방어할 적에 척계광은 그 밑에 참장(參將)으로 있었고, 온 집안이 서로 가까운 관계의 사람이다. 2) 寶劍(보검)- 작자의 서문에 의하면, 척계광이 복건성(福建省) 바다에서 왜구를 추격하다가 바닷속에서 빛을 발하는 200근에 달하는 쇠닻을 발견하여 건져내어 그 쇠로 세 자루의 칼을 만들었는데 푸른빛이 났다 한다. 그 중 하나를 왕세정에게 선물한 것이다. 3) 純鉤(순구)- 옛날 명검 이름(『淮南子』脩務). 4) 灞陵(패릉)- 지금의 섬서성(陝西省) 서안시(西安市) 동쪽에 있던 한(漢)나라 시대의 정자 이름. 한나라 장군 이광(李廣)은 흉노를 물리치는데 큰 공을 세웠으나 상을 별로 받지 못

하였으며, 한 번은 사냥을 나갔다가 돌아오는 길에 패릉을 지나다가 패릉위(灞陵尉)에게 모욕을 당하고 정자 아래 하룻밤을 갇혀있은 적이 있었다. 이광의 고사로 은근히 제대로 공로에 대한 포상을 받지 못한 척장군을 걱정한 것이다.

| 解說 |

본시 칠언절구 10수로 이루어진 시이나 그 중 한 수를 골랐다. 척장군이 보내준 칼을 받고 그 답례로 지은 것이다. 척계광의 명철함과 왜구를 물리친 공이 잘 드러나 있다. 그러나 끝머리에 패릉灞陵의 고사를 인용하여 척장군이 뒤에도 계주薊州를 지키며 나라를 위하여 충성을 다했지만 제대로 대우를 받지 못하고 있음을 꼬집은 점은 음미할 만하다.

장평을 지나면서 지은 장평의 노래
(過長平[1]作長平行)

세상의 괴이한 일로 이 같은 일이 어디 또 있을까?
사십만 명의 사람이 같은 날에 죽었다네.
흰 뼈는 높이 쌓여 태행산의 눈보다도 높고
피는 튀어 분수汾水로 흘러들어가 흐르는 물이 자줏빛이 되었
    다네.
백기白起 같은 녀석이야 말할 상대나 되는가?
그대들은 평원군 때문에 스스로 죽음 찾은 셈일세.
까마귀들은 배불리 먹고 깃들고 귀거새가 울고 있는데,
지금도 이 고장엔 시름 실린 구름이 자욱하다네.
밭 가는 농부가 가끔 유적지를 파다 보면
싸울 적 화살촉이 천 년 되어 흙 속에 파란 꽃으로 피어있다네.

곧 동방삭東方朔에게 술을 붓게 한들 어찌 위로를 받을 것이며,
비록 무함巫咸 같은 유명한 무당이 있다 해도 혼령을 불러 안
 정시키지는 못하리라.
그대는 보지 못하는가? 신안에서 하룻밤에 진秦나라 사람들
 수심 쌓이게 된 것을,
이십만 명의 귀신들 우는 소리 요란하네.
곽개郭開는 조나라를 팔아먹었으나 조고趙高가 나오자
진나라 옥새玉璽는 갑자기 동쪽 제후 차지가 되고 말았네.

世間怪事那有此오? 四十萬人同日死라.
白骨高于太行²⁾雪이오, 血飛進作汾³⁾流紫라.
銳頭竪子⁴⁾何足云고? 汝曹自死平原君⁵⁾이라.
烏鴉飽宿鬼車⁶⁾哭하고, 至今此地多愁雲이라.
耕農往往窊⁷⁾遺迹이면, 戰鏃⁸⁾千年土花碧이라.
卽令方朔⁹⁾澆¹⁰⁾豈敢고? 總有巫咸¹¹⁾招¹²⁾不得이라.
君不見新安¹³⁾一夜秦人愁아? 二十萬鬼聲啾啾¹⁴⁾라.
郭開¹⁵⁾賣趙趙高¹⁶⁾出하니, 秦璽忽送東諸侯¹⁷⁾라.

| 註解 |

1) 長平(장평)– 지금의 산서성(山西省) 고평현(高平縣) 서북쪽에 있던 지명. 전국(戰國)시대에 진(秦)나라가 조(趙)나라와 싸우다가 승리하여 조나라 군사들이 항복하여 왔는데, 진나라 장수 백기(白起)가 이들 항복한 군사 사십

만 명을 모두 한꺼번에 땅에 묻어버린 곳이라 한다. 2) 太行(태행)- 산 이름. 산서성(山西省)을 중심으로 하여 하남(河南) 하북성(河北省)에 걸쳐 있다. 주봉(主峰)은 산서성 진성현(晉城縣) 남쪽에 있다. 3) 汾(분)- 황하(黃河)의 지류로 산서성 중간쯤을 흘러내리고 있다. 4) 銳頭竪子(예두수자)- 머리가 뾰족한 아이 녀석. 진나라 장군 백기가 '예두'여서 그렇게 표현하고 있다. 5) 平原君(평원군)- 조(趙)나라 혜문왕(惠文王)의 아우. 진(秦)나라 군대가 한(韓)나라 상당(上黨)을 공격하자 한나라 장수는 진나라에 항복하느니 보다는 조나라에 붙자고 하였다. 이때 평원군이 상당 땅을 받아들이도록 권하여 조나라 땅이 되었는데, 이 원한으로 진나라는 10년 뒤에 전쟁을 하여 장평의 참사가 일어나게 되었던 것이다. 왕세정은 평원군의 욕심 때문에 결국 이런 참사가 일어났다고 생각한 것이다. 6) 鬼車(귀거)- 상서롭지 못한 괴이한 새의 이름(『齊東野語』). 7) 窊(와)- 웅덩이, 땅을 파다. 8) 鏃(촉)- 화살촉. 9) 方朔(방삭)- 동방삭(東方朔). 한무제(漢武帝)와 동쪽지방을 여행하는데 길 위에 소의 형상을 한 괴물이 나타나 발은 땅에 박은 채 움직이지 않았다. 이때 동방삭이 나서서 수십 말의 술을 사다가 땅에 붓자 괴물이 사라졌다. 그곳은 진(秦)나라 때의 감옥 자리라서 죄인들의 원기(冤氣)가 모여 이루어진 괴물인데, 술을 마시게 하자 원한을 잊고 사라진 것이라 한다(『搜神記』). 10) 澆(요)- 술을 땅에 붓는 것. 11) 巫咸(무함)- 은(殷)나라 시대의 유명한 무당 이름(『離騷』). 12) 招(초)- 초혼(招魂), 죽은 이의 혼을 불러 위로하는 것. 13) 新安(신안)- 지금의 하남성(河南省)에 속하는 지명. 옛날 항우(項羽)가 진나라 군사들을 크게 무찌르고 20만의 군사들이 항복하자, 이들을 모두 신안성 남쪽에 한꺼번에 땅속에 묻어 죽여버렸다 한다(『史記』項羽本紀). 14) 啾啾(추추)- 귀신들이 우는 소리. 15) 郭開(곽개)- 전국시대 조(趙)나라 임금의 총애를 받던 신하. 진(秦)나라가 그를 많은 돈을 주고 매수하여 조나라 임금이 진나라 계교에 말려들게 하였다. 곧 조나라의 명장들을 모두 죽이거나 쫓아내게 하여 조나라의 명장이 없게 만들었다(『史記』廉頗藺相如列傳). 16) 趙高(조고)- 진나라 환관. 진시황(秦始皇)이 죽은 뒤 이사(李斯)와 음모를 꾸미어 공자(公子) 부소(扶蘇)를 죽이고 호해(胡亥)를 진이세(秦二世)로 삼았다. 뒤에 다시 이사를 죽이고 호해를 죽게한 다음 자영(子嬰)을 임금자리에 앉혔는데, 곧 자영에게 죽음을 당하였다(『史記』秦始皇本紀). 17) 東諸侯(동제후)- 한(漢) 고조(高祖) 유방(劉邦)을 가리킨다.

| 解說 |

다른 나라에서는 상상하기조차도 어려운 참사가 있었던 지방을 지나면서, 40만의

항복한 군사들을 생매장한 참사를 노래한 시이다. 사람이 그토록 잔인해질 수가 있을까 의심이 간다. 뒤에 항우가 반대로 항복한 진나라 군사 20만 명을 산 채로 땅에 묻은 일도 읊고 있다.

광릉으로 주공하를 찾아갔다 못 만났는데, 의진에서 이미 실종되었다 한다 (廣陵[1]訪周公瑕[2]不遇, 云自儀眞[3]失之)

호화로움으로는 옛날부터 양주를 따를 곳이 없고,
가로 놓인 한 줄기 강물 저편이 타향일세.
스물 네 개의 다리가 있는 양주를 두루 노래하며 돌았지만
어디를 가야 주공하를 찾을수 있을지 알지 못하겠네.

호 화 자 고 양 유 양　　　　일 수 횡 강 즉 이 향
豪華自古讓維揚[4]이나,　一水[5]橫江卽異鄕이라.
이 십 사 교　가 취 편　　　　부 지 하 처 멱 주 랑
二十四橋[6]歌吹遍이나,　不知何處覓周郎[7]이라.

| 註解 |

1) 廣陵(광릉)- 강소성(江蘇省) 양주(揚州)의 옛 이름. 2) 周公瑕(주공하)- 주천구(周天球), 그의 자가 공하임. 3) 儀眞(의진)- 지금의 강소성 의정현(儀征縣). 4) 維揚(유양)- 양주의 별명. 5) 一水(일수)- 한 줄기 강물. 왕세정의 고향인 태창(太倉)은 강남에 있어, 장강 저쪽이 양주이다. 6) 二十四橋(이십사교)- 양주에는 시내에 24개의 다리가 있었다 한다. 따라서 양주 시내 전역을 가리킨다. 7) 周郎(주랑)- 주공하를 가리킨다.

| 解說 |

두 수 중 한 수만을 뽑았다. 친구를 찾아갔다가 허탕친 기분을 가벼운 필치로 노

래하고 있다. 상대가 실종되었다고는 하지만 현대와 같은 실종의 뜻은 아닐 것이다. 잠깐 동안 소식을 알 수 없게 된 것일 따름이어서 친구를 못 만났다 하더라도 시가 이처럼 가볍고 아름다울 수 있을 것이다.

『관후참초선』 전기 연출을 보고 느낀 바를 적음 (見有演關侯斬貂蟬[1]傳奇者感而有述)

동탁董卓의 여인이었으나 여포呂布를 섬기게 되자
그 초선이 여인들 중 가장 우두머리 자리였네.
스스로 군중의 일에도 참여함을 자랑하고
잠자리를 모시는 일도 하였다네.
하루 아침에 형세가 달라지자
마음 바꾸어 그의 원수에게 아첨하기로 하였다네.
온 마음을 관우關羽에게 의탁하고
말끝마다 여포를 내치네.
의로운 매 같고 의로운 주먹 지닌 이를 분격시키어
붉은 봉새의 눈동자 지닌 눈초리 찢어지게 하여,
춤추던 옷 속에 외로운 혼백 부서지고
비린내 나는 피가 칼 따라 뿌려졌네.
이 일이 어찌 반드시 진실이겠는가?
어떻든 세상 사람들 상쾌하게 해 주었네.
아침에는 나 위해 비파 뜯다가
저녁에는 다른 사람 배 위에서 노는 것들도 있거늘,
팔아먹은 사람이야 무슨 할 말 있을까만
받아들인 사람이야 부끄럽지 않을 수 있겠는가?

차라리 초나라 항우項羽의 우희虞姬처럼
깨끗이 죽어 유씨劉氏를 섬기지 않으리라!

董姬²⁾昔爲呂³⁾러니, 貂蟬居上頭라.
自誇與帷幄⁴⁾하고, 肯作抱衾裯⁵⁾라.
一朝事勢異하니, 改服媚其仇라.
心心托漢壽⁶⁾요, 語語壓溫侯⁷⁾라.
奮激義鶻⁸⁾拳하니, 眦⁹⁾裂丹鳳眸¹⁰⁾라.
孤魄殘舞衣하고, 腥血¹¹⁾濺吳鉤¹²⁾라.
玆事豈必眞고? 可以快千里라.
旦聞抱琵琶러니, 夕弄他人舟라.
售者¹³⁾何足言고? 受者能不羞아?
寧爲楚虞姬¹⁴⁾니, 一死不狗劉¹⁵⁾라.

| 註解 |

1) 關侯斬貂蟬(관후참초선)- 명대 사람이 지은 전기(傳奇) 작품인데 지금은 전하지 않는다. '초선'은 본시 동한(東漢) 왕윤(王允)의 가희(歌姬). 처음에 여포(呂布)에게 시집보내기로 했다가 동탁(董卓)에게 주자, 뒤에 여포는 동탁을 죽이고 초선을 빼앗았다. 이 얘기는 『삼국지(三國志)』 등에 보이는 얘기이나, 뒤에 관우(關羽)가 초선을 죽였다는 얘기는 속설임이 분명하다. 2) 董姬(동희)- 처음엔 동탁의 여인이었음으로 '동희'라 하였다. 3) 爲呂(위려)- 여포를 섬기게 되다. 4) 與帷幄(여유악)- '유악'은 군중 장군의 장막, 따라서 장막 안에서 계획되는 여러 가지 일에도 참여하였다는 뜻. 5) 抱衾

裯(포금주)- '금'은 이불, '주'는 홑이불, 따라서 잠자리를 모신다는 뜻. 6) 漢壽(한수)- 관우는 한수정후(漢壽亭侯)에 봉해진 일이 있어, 관우를 말한다. 7) 溫侯(온후)- 여포는 온후(溫侯)에 봉해진 일이 있다. 8) 義鶻(의골)- 의로운 매. 두보(杜甫)에 「의골행(義鶻行)」 시가 있다. 9) 眦(자)- 눈초리. 10) 眸(모)- 눈동자. 관우는 단봉(丹鳳)의 눈동자를 지녔다고 전해진다. 11) 腥血(성혈)- 비린내 나는 피. 12) 吳鉤(오구)- 본시는 구부러진 칼, 여기서는 날카로운 칼을 뜻한다. 13) 售者(수자)- 팔아먹은 사람, 여자를 내준(또는 빼앗긴) 사람. 14) 楚虞姬(초우희)- 초 패왕(覇王) 항우(項羽)의 비. 우희는 항우를 끝까지 따라다니다가 해하(垓下)에서 항우가 자결할 적에 함께 죽었다. 15) 狥劉(순유)- 유씨를 따르다, 유씨를 섬기다. 유씨는 유방(劉邦)을 말함.

| 解說 |

작자가 전기의 연출을 보고 그 감상을 읊은 시이다. 관우가 초선을 죽였다는 것은 속설에 지나지 않지만 세상 사람들에게 경종을 울려준다는 뜻은 있다고 생각한 것이다. 작자의 윤리관은 매우 봉건 구습에 젖어있는 듯하다.

고니의 노래 (黃鵠曲)

고니가 높은 하늘 날아왔지만
파란 원앙새만 못하네.
원앙은 비록 작은 새라 하지만
다니는데 반드시 쌍을 이루네.

黃鵠摩天¹⁾來나, 不及靑鴛央이라.
鴛央雖小鳥나, 出入定成雙이라.

| 註解 |

1) 摩天(마천)- 하늘을 스치다, 하늘 높이 나는 것을 뜻함.

| 解說 |

외로운 큰 새보다 작지만 늘 짝을 이루는 원앙새가 더 행복하다는 것이다. 짧지만 미소를 자아내게 하는 시이다.

… 작가 약전(略傳)

심일관

沈一貫 ?-1616

자는 견오肩吾, 정현鄭縣(지금의 浙江省 寧波) 사람. 진사가 된 뒤 벼슬은 중극전학사中極殿學士를 지냈다. 죽은 뒤 태부太傅 벼슬이 내려지고 문공文恭이라는 시호諡號가 주어졌다. 문집으로 『경사초敬事草』가 있다.

예쁜 여자 뽑는 것을 보고서 (觀選淑女[1])

장안의 처녀들은 남자 훔쳐보기를 잘하여
손에 둥근 부채 들고 길거리를 잘 살펴보았다네.
자매들이 제각기 자기의 좋은 짝 고르려 하는데
오직 높은 벼슬아치 신랑 얻기를 바랄 따름이라네.
어쩐 셈인지 궁정에서 좋은 색싯감 찾자
도리어 그들을 뿔뿔이 시골로 도망가게 하였네.
칙명 勅命 을 받든 관리들이 집 문 안으로 들어와 원수 찾듯 뒤
   지는데
도끼로 기둥 찍고 벽 부스면서 노여움 멈추지 않네.
처녀의 부모는 무릎 꿇고 오라버니 부부는 통곡을 하면서
천금 千金 을 바치고 관리들 손에서 처녀 구하겠다고 하네.
많은 처녀들 말이 끄는 향기로운 수레에 실려 가는데
길가에 그들이 뿌리는 눈물이 도랑을 이룰 지경이네.
사람 세상과 하늘 위는 은하수로 갈라져 있지만
하늘 위라고 어찌 신선 사는 고장일까?
아아! 하늘 위라고 어찌 신선 사는 고장일까?

長安[2]女兒巧伺[3]人하여, 手持紈扇[4]窺芳塵[5]이러라.
姉妹相私[6]擇佳麗[7]할새, 無過[8]願得金吾婿[9]라.
如何天闕[10]覓好逑[11]하여, 翻[12]成凌亂奔榛丘[13]아?
吏符[14]登門如索仇하고, 斧柱[15]破壁怒不休라.

父母長跪兄嫂¹⁶⁾哭하고, 願奉千金從吏贖¹⁷⁾이라.
紛紛寶馬¹⁸⁾與香車하니, 道旁灑淚成長渠¹⁹⁾라.
人間天上隔星漢²⁰⁾이로되, 天上豈是神仙居오?
吁嗟²¹⁾天上豈是神仙居오?

| 註解 |

1) 淑女(숙녀)- 예쁜 여자. 여기서는 황제가 거느릴 궁녀와 비빈(妃嬪)들을 가리킴. 2) 長安(장안)- 본시는 섬서(陝西)성에 있던 당나라 수도나, 여기에서는 명나라 수도인 북경(北京)을 가리킴. 3) 巧伺(교사)- 잘 훔쳐보다, 잘 엿보다. 4) 紈扇(환선)- 흰 비단을 붙여서 만든 둥근 부채. 5) 芳塵(방진)- 향기가 서린 먼지. 귀족들이 많이 다니는 북경의 길거리를 가리킴. 6) 相私(상사)- 각자 자기의, 서로 제각기. 7) 佳麗(가려)- 좋은 짝. '려'는 려(儷)와 같은 뜻. 8) 無過(무과)- 오직---일 따름. 9) 金吾婿(금오서)- '금오'는 집금오(執金吾)로 한나라 때 장안의 치안을 맡았던 장관임. 여기서는 높은 벼슬을 하는 사람을 가리킴. '서'는 사위, 신랑. 10) 天闕(천궐)- 황제의 궁전, 황궁. 11) 好逑(호구)- 좋은 짝, 숙녀(淑女). 『시경』주남(周南) 관저(關雎) 시에서 "아릿다운 숙녀는 군자의 좋은 짝일세.(窈窕淑女, 君子好逑.)"하고 읊은 데서 따온 말임. 12) 翻(번)- 반대로, 도리어. 13) 榛丘(진구)- 개암나무 언덕, 시골을 가리킴. 14) 吏符(이부)- 황제의 명령서를 지닌 관리. '부'는 황제의 명령을 증명하는 쪽지. 15) 斧柱(부주)- 도끼로 기둥을 찍는 것. 16) 兄嫂(형수)- 처녀의 오라버니와 그의 부인. 17) 贖(속)- 돈을 주고 그 대가로 처녀를 끌고 가지 않게 하는 것. 18) 寶馬(보마)- 좋은 말. 뒤의 향거(香車)와 함께 처녀들을 잡아 싣고 가는 관리들의 말과 수레를 가리킴. 19) 渠(거)- 도랑. 20) 星漢(성한)- 은하수. 21) 吁嗟(우차)- 아아! 감탄사.

| 解說 |

아마도 봉건전제 시대의 제도적 모순 중에 가장 두드러졌던 것의 하나가 후궁後宮 제도였을 것이다. 황제는 멋대로 수많은 예쁜 여자들을 궁중으로 잡아들여 궁

녀로도 부리고 마음에 드는 여자는 첩으로 삼기도 하였다. 당나라 태종太宗 이세민李世民은 중국 역사상 정치를 잘한 황제로 알려져 있는데, 그의 정관貞觀 원년(627)에 이백약李百藥이 임금에게 올린 「궁녀들을 놓아 주기를 요청하는 상소문(請放宮人封事)」에 "대안궁과 액정궁 안의 쓸데없는 궁녀들이 수만 명 정도이다.(大安宮及掖庭宮內, 無用宮人, 動有數萬.)"이라 말하고 있다. 명나라 때에는 당나라 때보다는 궁녀들 수가 적었다 하더라도 수천 명은 되었을 것이다. 중국의 황제들은 궁전도 크거니와 규모가 큰 별궁도 많이 갖고 있어서 더욱 많은 궁녀들이 필요했을 것이다. 청나라 때만 보더라도 거대한 자금성紫金城 이외에 거창한 원명원圓明園과 이화원頤和園이 있었고 열하熱河에는 세계에서 가장 큰 규모의 별궁이 있었다.

작자 심일관은 융경隆慶 2년(1568)에 북경으로 가서 과거시험에 합격하여 진사進士가 되었는데, 바로 이 해에 황제는 궁녀들을 뽑아드렸다 한다. 사계좌查繼佐의 『죄유록罪惟錄』 오행지五行志와 서복조徐復祚의 『삼가촌로위담三家村老委談』 등에는 이때 여러 고장 백성들 사이에 일어났던 여러 가지 혼란상황이 기록되어 있다. 작자는 그때 직접 눈으로 본 현실을 시로 고발하고 있는 것이다.

… 작가 약전(略傳)

탕현조

湯顯祖 1550~1616

자는 의잉義仍, 호는 해약海若 또는 약사若士, 임천臨川(지금의 江西省 撫州市) 사람. 사는 곳을 옥명당玉茗堂이라 불렀다. 진사가 된 뒤 태상박사太常博士에 이어 예부주사禮部主事가 되었으나, 대학사大學士 신시행申時行을 탄핵하는 상소문을 올렸다가 광동서문전사廣東徐聞典史로 좌천되었다가 절강수창지현浙江遂昌知縣으로 옮겨졌다. 그 뒤로도 권세가들에게 붙지를 않아 벼슬을 그만두어야 했다. 그는 『모란정환혼기牡丹亭還魂記』 등의 명대를 대표하는 전기傳奇 작품을 남긴 희곡작가이다. 시도 개성적인 작품을 쓰려 했으며, 문집으로 『옥명당집玉茗堂集』이 있다.

소고산 아래 배를 대고 머무름 (小姑夜泊)

소고묘 앞에서 밤 배 돌리는데
바람 일며 슬픈 노래 들려오니 신녀가 노니는 듯.
넓은 물 위의 노을 연지 빛으로 포구를 덮고
곱다란 초승달 여인의 눈썹 모양을 하고 섬 위에 걸려있네.

<small>소 고 묘 전 회 야 주   풍 기 애 가 신 녀 유</small>
小姑[1]廟前廻夜舟러니, 風起哀歌神女遊라.
<small>염 염 락 하 연 지 항   연 연 신 월 아 미 주</small>
灔灔[2]落霞臙脂港이오, 娟娟[3]新月蛾眉[4]洲라.

| 註解 |

1) 小姑(소고) - 산 이름, 본시는 소고산(小孤山)이라 불렀다. 강서성(江西省) 팽택현(彭澤縣) 북쪽 안휘성(安徽省) 숙송현(宿松縣) 동쪽 장강(長江) 가운데 있다. 2) 灔灔(염염) - 강물이 넓은 모양. 3) 娟娟(연연) - 곱다란 모양, 아름다운 모양. 4) 蛾眉(아미) - 나방의 수염처럼 가는 여인의 아름다운 눈썹.

| 解說 |

배를 타고 여행을 하다가 강가에 묵으면서 눈에 보이는 정경을 노래한 것이다. 소고산에 묘당이 있어서 작자는 노랫소리를 듣고 신녀를 생각했을 것이다. 신비한 느낌마저 드는 아름다운 정경이다.

루강의 여자를 곡함 (哭婁江[1]女子) 2수(二首) 유서(有序)

[서문] 오吳 땅의 선비 장원장張元長과 허자흡許子洽이 전후로 와서 내게 말하였다. 루강의 여자 유이낭俞二娘은 빼어나고 총명

한 위에 글도 잘 하였는데 아직 출가를 않고 있었다. 전기傳奇『모란정기牡丹亭記』를 심히 좋아하여 깨알만한 글자로 그 책 옆에 평어評語와 주注를 써 넣었다. 깊이 생각하며 운치를 추구하다가 이 작품의 글에 가슴이 아파, 열일곱 살에 슬프고 억울하게도 죽었다. 장원장이 그 부본副本을 구하여 사이백에게로 보내와 그것을 내어 보이며 가슴 아파하였다.

그로 인하여 주명행 중승中丞의 말도 생각난다. 전에 루강의 왕상국 집에서 벼슬할 사람을 격려하기 위하여 집의 악공들을 시켜 이 작품을 연출케 한 일이 있었다 한다. 이때 왕상국께서 말씀하시기를 "나는 늙은이가 되었는데도 근래에 이 작품 때문에 매우 감상적으로 되어 있다"고 하였다는 것이다. 왕우태도 이런 말을 하였다. "유씨 집안의 여자가 이 작품을 좋아하여 죽는 지경에 이르기까지 하였으니 사람에게 있어서 정이란 대단한 것이다."

〔自注〕吳士張元長[2]許子洽前後來言하되 ; 婁江女子 俞二娘이, 秀慧[3]能文詞러니, 未有所適[4]이라. 酷嗜牡丹亭傳奇하여, 蠅頭[5]細字로, 批注其側이라. 幽思苦韻으로, 有痛于本詞者하여, 十七惋憤[6]而終이라. 元長得其別本하여, 寄謝耳伯[7]하고, 來示傷之러라.

因憶周明行[8]中丞言하나니, 向婁江王相國[9]家勸駕[10]할새, 出家樂演此러니, 相國曰 ; 吾老年人이, 近頗爲此曲悁悵[11]이라 하나라. 王宇泰[12]亦云하되 ; 乃至俞家女子好之至

시선詩選・205

_사　　_{정 지 우 인}　　_{심 재}
死하니, 情之于人이, 甚哉인저!

| 註解 |

1) 婁江(루강)-강소성(江蘇省) 태창(太倉)에 있는 지명. 2) 張元長(장원장)- 장대복(張大復), 자가 원장. 3) 秀慧(수혜)- 빼어나고 총명한 것. 4) 適(적)- 시집가는 것. 5) 蠅頭(승두)- 파리의 머리, 깨알처럼 작은 것을 뜻함. 6) 惋憤(완분)- 슬프고 억울한 것, 애석하고 분한 것. 7) 謝耳伯(사이백)- 사조신(謝兆申), 자가 백원(伯元). 8) 周明行(주명행)- 주공교(周孔敎), 명행은 그의 자. 9) 王相國(왕상국)- 왕석작(王錫爵), 대학사(大學士) 벼슬을 지냄. 10) 勸駕(권가)- 벼슬하는 사람을 격려하는 것. 11) 惆悵(추창)- 가슴 아파하는 것, 슬픈 것. 12) 王宇泰(왕우태)- 왕긍당(王肯堂), 우태는 그의 자.

기일(其一)

밝은 촛불이 아름다운 누각에 흔들리고
수놓인 창 앞에 진주 같은 눈물 흘리네.
어찌 이 곡으로 가슴 앓는 이가
오직 루강에만 있겠는가?

_{화 촉 요 금 각}　　　　_{진 주 읍 수 창}
畵燭搖金閣¹⁾하고, 眞珠泣綉窓²⁾이라.
_{여 하 상 차 곡}　　_{편 지 재 루 강}
如何傷此曲이, 偏只在婁江가?

| 註解 |

1) 金閣(금각)- 아름다운 누각, 여인이 있는 고장. 2) 綉窓(수창)- 수놓은 것, 수(繡)와 같은 자. 여자가 거처하는 방의 창.

기이(其二)

어찌 스스로 정 때문에 죽었겠는가?
슬퍼하고 가슴 아파함에는 반드시 신이 있었으리라!
한 때의 문자로 쓴 글인데
천하에는 마음이 끌린 사람 있었네.

何自爲情死오? 悲傷必有神이라.
一時文字業[1]이어늘, 天下有心人이라.

| 註解 |

1) 文字業(문자업)- 문자로 쓴 글, 문학창작.

| 解說 |

작자가 자신의 대표적인 극작품 『모란정기牡丹亭記』를 읽고 생사를 초월한 남녀의 사랑에 감동된 나머지 지나친 비상悲傷으로 스스로의 목숨까지 잃은 젊은 여자를 노래한 시이다. 앞머리 서문에는 이 작품의 연출에 큰 감동을 받은 왕상국王相國의 얘기도 곁들여 있다. 탕현조의 극작품이 당시에 얼마나 큰 반향을 일으켰는가 짐작케 한다.

칠석날 저녁 취하여 군동에게 답함
(七夕醉答君東[1])

옥명당엔 봄의 푸른 병풍 둘러있고,
새로운 곡 모란정을 창하고 있네.

마음 아픔을 계속 절박節拍하며 창해도 아무도 이해하지 못하여
스스로 박판拍板 자욱 내며 어린 배우에게 가르쳐 주는 것이네.

玉茗堂²⁾開春翠³⁾屏하니, 新詞傳唱牡丹亭이라.
傷心拍遍⁴⁾無人會⁵⁾하여, 自掐⁶⁾檀⁷⁾痕敎小伶이라.

| 註解 |

1) 君東(군동)- 유절(劉浙), 군동은 그의 자. 2) 玉茗堂(옥명당)- 작자 탕현조가 만년에 생활한 고향의 땅 이름. 3) 春翠(춘취)- 봄의 푸른 초목을 가리킴. 4) 拍遍(박편)- 계속 절박(節拍)을 하다. 5) 會(회)- 이해하다, 알다. 6) 掐(겹)- 손톱으로 자국을 내다, 긁다. 7) 檀(단)- 단판(檀板), 박달나무로 만든 박판(拍板).

| 解說 |

본시 두 수로 이루어진 작품이나 한 수만을 뽑았다. 작자 스스로도 얼마나 『모란정기』를 아끼고 좋아하였는가 알 수 있다. 그리고 탕현조는 붓으로 작품을 썼을 뿐만이 아니라 스스로 박판拍板으로 절박하며 자기의 작품을 연출하기도 하고 젊은이들에게 가르치기도 하였음을 알 수 있다.

생 역할의 장라이에게 부치며 단 역할의 오영을 한하며 읊음 (寄生脚¹⁾張羅二²⁾恨吳迎³⁾旦⁴⁾口號⁵⁾)

2수(二首)

[서문] 배우 오영은 병자로 분장하여 『자차기(紫釵記)』를 창하였는데, 관객 중에 눈물을 흘리는 사람들이 있었다. 근래에는 발을 끊고 찾아오지 않아 그것을 한한다는 것이다.

迎病裝⁶⁾唱紫釵러니, 客有淚者러라.
近絕不來하니, 恨之하니라.

기일(其一)

오 지방 사람들 오영이 출연하는 것 보지 못하게 되자
오영의 눈물 닦게 하는 연기 보지 못함을 아쉬워 하네.
남몰래 청원사에 가서 비나니
오영으로 하여금 두견새 소리 같은 울음소리 내게 해주십사
고 하는 거네.

吳儂⁷⁾不見見吳迎하니, 不見吳迎掩淚情이라.
暗向淸源祠⁸⁾下呪⁹⁾하나니, 敎迎啼徹¹⁰⁾杜鵑¹¹⁾聲하라.

| 註解 |

1) 生脚(생각) - 생의 각색(脚色), 연극에서 남자 주인공 역할을 하는 배우.
2) 張羅二(장라이) - 남자 배우의 이름. 3) 吳迎(오영) - 여자 배우의 이름.
4) 旦(단) - 단 각색, 여자 주인공 역할을 하는 배우. 5) 口號(구호) - 입으로 읊다, 가볍게 읊다. 6) 病裝(병장) - 병자로 분장하다. 탕현조의 작품인 『자차기(紫釵記)』 제47척(齣) 원살금전(怨撒金錢)에서 여주인공 곽소옥(霍小玉)이 애인 이익(李益)을 그리다가 병든 대목을 연출한 것이다. 7) 吳儂(오농) - 오 지방 사람들. 8) 淸源祠(청원사) - 강서성(江西省) 의황현(宜黃縣)에 있는 연극의 신인 관구신(灌口神)을 모신 사당. 9) 呪(주) - 빌다. 10) 啼徹(제철) - 제대로 충분히 우는 것. 11) 杜鵑(두견) - 촉제(蜀帝) 두우(杜宇)가 죽어서 된 새로, 울면서 피를 토하여 그것이 두견화(杜鵑花)가 되었다 한다. 두견새처럼 처절히 우는 것을 가리킨다.

기이(其二)

노래와 춤도 견딜 수 없는 정도인데 애정은 어이할 것인가?
오영이 안 오니 집집마다 문 앞에 그물 쳐놓고 새를 잡을 지경이네.
애정을 연출하는 희장戱場은 대단한 곳인데 애정 볼 수 없게 되었거늘,
사람들로 하여금 어디 가서 다시 애정을 많이 경험하라는 것인가?

_{불감가무내정하}
不堪歌舞奈情何오? _{호견라장 가작라}戶見羅張¹⁾可雀羅²⁾라.
_{대시정장정부소}
大是情場情復少어늘, _{교인하처부정다}教人何處復情多오?

| 註解 |

1) 羅張(라장)- 그물을 쳐놓다. 2) 雀羅(작라)- 그물로 참새를 잡다.

| 解說 |

『모란정』뿐만이 아니라 다른 그의 작품도 그 당시에는 상당히 세상에 유행하였다. 배우에게 시를 지어 보낼 정도이니 작자가 배우들과 얼마나 가까운 생활을 하였는가 짐작이 간다. 그리고 자기의 『자차기』의 명배우 오영이 나타나지 않음을 한하는 그의 마음이 절실하다. 이 시를 본 뒤에는 반드시 다시 나타나 『자차기』를 창하였을 것이다.

우채가 『모란정』 창하는 것을 듣고
(聽于采¹⁾唱牡丹)

남방의 노래를 하며 악단 따라다니려 들지 않고
홀로 이별의 정을 한하는 『모란정』을 창하게 되었는데,
와서는 아름답고 애틋한 곡을 창하여 감동케 하니
젊은이들이야 어찌 죽고 사는 것을 따지고 있겠는가?

不肯蠻歌²⁾逐隊行³⁾하고, 獨身轉向恨離情⁴⁾이라.
來時動唱盈盈⁵⁾曲하니, 年少那堪數死生고?

| 註解 |

1) 于采(우채)- 작자의 고향에서 활약하는 배우 이름. 2) 蠻歌(만가)- 남만(南蠻)의 노래, 남방의 노래. 3) 逐隊行(축대행)- 악단을 따라다니며 창을 하는 것. 4) 恨離情(한리정)-『모란정』을 말한다. 처음에 여주인공 두려낭(杜麗娘)은 꿈에 유몽매(柳夢梅)를 만나보고는 잊지 못하여 결국 죽게 된다. 5) 盈盈(영영)- 아름답고 이쁜 모양.

| 解說 |

작자가 자신의 대표작 『모란정기』를 우채라는 배우가 창하는 것을 보고 지은 시이다. 작자 스스로도 이 작품에 대한 애착이 대단했음을 알 수 있다.

유대보가 교서로 조현충을 뵈러 가는 것을 전송하며 (送別劉大甫[1]謁趙玄冲[2]膠西[3])

이별하려고 슬픈 노래 부르는데 닭이 또 울고
머리 희었는데도 유생과 함께 지낼 방도가 없네.
은혜와 원수 다 없어지지 않아 마음이 평온하기 어려워
홀로 전횡도를 향해서 간다네.

欲別悲歌鷄又鳴하고, 白頭無計與劉生이라.
恩仇未盡心難死[4]라, 獨向田橫[5]島上行이라.

| 註解 |

1) 劉大甫(유대보) - 어떤 사람인지 알 수 없으나 매우 의협심이 강한 사람인 듯. 뒤의 '유생(劉生)'은 사람 이름이지만 옛 악부(樂府) 편명이기도 한데, 악부시에서는 늘 호협적(豪俠的)인 인물로 노래되고 있다. 2) 趙玄冲(조현충) - 유대보가 은혜를 진 일이 있는 사람인데, 어떤 어려운 처지에 놓여 그를 도우려고 찾아가는 듯하다. 3) 膠西(교서) - 지금의 산동성(山東省) 교현(膠縣)과 고밀현(高密縣)에 걸쳐 있던 지명. 뒤에 보일 전횡도(田橫島)와는 매우 가까운 곳이다. 4) 心難死(심난사) - 은혜와 원수를 생각하는 마음이 죽어버리기 어렵다, 곧 마음이 평온해질 수가 없다는 뜻이다. 5) 田橫(전횡) - 진(秦)나라 말엽 제(齊)나라의 귀족, 망한 제나라를 다시 일으켜 세우려고 싸우다가 실패하여 뒤에 500여 명의 부하들을 이끌고 섬 속으로 들어갔다. 한나라 고조(高祖)가 달래어도 듣지 않고 결국은 자살을 하였는데, 그를 따르던 부하들도 전횡이 죽자 모두 따라서 죽었다 한다. 뒤에 그 섬을 전횡도라 부르게 되었다. 교서는 전횡도와 가까운 곳에 있고, 또 조현충이란 사람은 전횡에 견줄만한 인물이었던 듯하다.

| 解說 |

시에도 호협지기 豪俠之氣가 넘치고 있다. 간단하면서도 개성적인 시를 지은 작가

임을 알게 한다.

천축산의 한가을 (天竺¹⁾中秋)

강가 누각엔 촛불도 켜지 않았는데 내리는 이슬은 차고 맑고
바람은 대나무를 흔들고 있는데 사람들 웃음소리 밝게 들리네.
밤새도록 계수나무 꽃잎은 어디에 떨어지고 있는가?
달 속에서 공연히 발 걷어 올리는 소리 들리는 듯하네.

　　　강 루 무 촉 노 처 청　　　　　풍 동 랑 간　소 어 명
　　　江樓無燭露淒淸²⁾하고,　風動琅玕³⁾笑語明이라.
　　　　일 야 계 화 하 처 락　　　　월 중 공 유 축 렴　성
　　　一夜桂花何處落고?　月中空有軸簾⁴⁾聲이라.

| 註解 |

1) 天竺(천축)- 산 이름, 그곳의 절 이름도 된다. 지금의 절강성(浙江省) 항주(杭州) 영은산(靈隱山) 남쪽에 있다. 2) 淒淸(처청)- 차갑고 맑은 것. 3) 琅玕(랑간)- 본시는 전설적인 옥나무, 여기서는 대나무를 아름답게 표현한 말이다. 4) 軸簾(축렴)- 굴림대로 발을 걷어 올리는 것.

| 解說 |

천축산의 아름다운 한가을 풍경이 잘 묘사된 시이다. 특히 달빛을 두고 전설적인 계수나무 꽃잎이 떨어진다고 한 상상적인 광경이나, 달 속의 선녀 항아(姮娥)를 상상케 하는 끝 구절 같은 것은 빼어난 표현이다.

··· 작가 약전(略傳)

고반룡

高攀龍 1562~1626

자는 운종雲從 또는 존지存之, 무석無錫(지금의 江蘇省) 사람. 진사가 된 뒤 고관을 비판하다가 계양전사揭陽典史로 귀양 갔다. 7개월 만에 돌아와 집에서 30년 동안 지낸 뒤 희종熹宗이 왕이 되자(1621) 다시 벼슬자리에 올라 도찰원좌도어사都察院左都御史까지 되었으나 다시 권세가 위충현魏忠賢을 반대하다가 벼슬자리에서 쫓겨났다. 그는 고헌성顧憲成과 무석無錫 동림서원東林書院에서 강학講學하면서 동림당東林黨의 괴수로 활약하였다. 문집으로 『고자유서高子遺書』가 있다.

여름 날 한가히 지내며 (夏日閑居)

긴 여름 여기에 고요히 앉아있으면서
종일 한 마디 말도 않네.
그대에게 묻노니 무얼 하고 있는 건가?
하는 일 없으니 마음은 자연히 한가하네.
부슬비 속에 고깃배 돌아오고
아이들은 나무 사이에서 시끄럽네.
북풍이 갑자기 남쪽으로 불어오는데
지는 해 먼 산에 걸쳐있네.
이런 것들 돌아보니 가슴 속 흐뭇해져
술 따라 마시다가 마침내 얼큰해지네.

　　　장 하 차 정 좌　　　종 일 무 일 언
　　　長夏此靜坐하여, 終日無一言이라.
　　　문 군 하 소 위　　　무 사 심 자 한
　　　問君何所爲오? 無事心自閑이라.
　　　세 우 어 주 귀　　　아 동 훤 수 간
　　　細雨漁舟歸하고, 兒童喧¹⁾樹間이라.
　　　북 풍 홀 남 래　　　낙 일 재 원 산
　　　北風忽南來어늘, 落日在遠山이라.
　　　고 차 유 호 회　　　작 주 수 도 연
　　　顧此有好懷하여, 酌酒遂陶然²⁾이라.

| 註解 |

1) 喧(훤)- 시끄럽게 떠드는 것. 2) 陶然(도연)- 얼큰해지는 것.

| 解說 |

쉽고 가벼운 필치로 여름날의 한적閒適한 삶을 노래하고 있다. 늘 권세가들에게

맞섰던 그래서 실지로 이처럼 한적을 누릴 수가 있었을까 하는 생각이 든다.

호숫가에 한가히 지내고 있는 참에 계사와 자왕이 마침 찾아오다 (湖上閑居季思[1]子往[2]適至)

마침 산수 속에도
나를 생각해주는 숨어사는 벗이 있네.
봄바람 불어 잔물결 일으키고,
지는 해 버드나무에 기대어 있네.
내 친구 고맙게도 찾아주니
일하는 아이들도 기뻐하며 뛰어다니네.
우리가 이별한지 얼마나 되었는가 하고 탄식하지만
생각해보면 만난지 오래되지 않았네.
기쁜 것은 만나서 얘기할 수 있게 된 것인데
말을 하려니 아무것도 말할 게 없네.
묵묵히 각자 기뻐하면서
한 방에 한가히 마주앉아 있네.
밤이 깊어도 잠을 잘 수 없으니
밝은 달이 동쪽 창에 떠 있네.

正爾[3]山水間에, 念我烟霞友[4]라.
春風吹微波요, 日暮倚楊柳라.
我友惠然[5]至하니, 童僕喜奔走라.

相別歎幾時러니, 相逢慮非久라.
所歡得晤言⁶⁾이나, 欲言仍⁷⁾無有라.
默默各自怡하고, 一室閑相偶⁸⁾라.
夜深不能寐러니, 明月在東牖⁹⁾라.

| 註解 |

1) 季思(계사)- 歸子慕(귀자모), 자가 계사. 2) 子往(자왕)- 오자왕(吳子往), 모두 작자의 친구. 3) 正爾(정이)- 마침. 4) 烟霞友(연하우)- 산속에 숨어 사는 친구. 5) 惠然(혜연)- 고마운 모양. 6) 晤言(오언)- 만나서 얘기하는 것. 7) 仍(잉)- 그대로, 여전히. 8) 相偶(상우)- 마주앉아있는 것, 함께하고 있는 것. 9) 東牖(동유)- 동창(東窓), 동쪽 창.

| 解說 |

한적한 호숫가의 집에 친구들이 찾아와 함께 지내는 모양을 노래한 시이다. 한적 閒適 의 극치를 노래하고 있는 듯하다.

밤에 거닐며 (夜步)

숨어 사는 사람이 밤에 잠 못 이루고
달이 뜨면 늘 홀로 집을 나서네.
무성한 숲에는 어지러이 반딧불 번뜩이고
시골집에선 사람들 말소리 들리네.
깃든 새들이 가끔 한번씩 울고
풀길에는 가벼운 이슬이 내려앉네.

흔연히 마음에 드는 것이 있다 하더라도
누구와 더불어 마음으로 감상할까?

幽人夜未眠하여, 月出每孤往이라.
繁林亂螢¹⁾照하고, 村屋人語響이라.
宿鳥時一鳴하고, 草徑微露上이라.
欣然²⁾意有會하면, 誰與共心賞³⁾고?

| 註解 |

1) 螢(형)- 반딧불. 2) 欣然(흔연)- 마음이 기뻐지는 모양. 3) 心賞(심상)- 마음으로 완상(玩賞)하다.

| 解說 |

이 시도 앞의 시들처럼 작자의 한적한 생활을 노래한 것이다. 밤에 홀로 산책하는 정경을 여기서는 한적閒寂이란 말로 표현해야 할 것 같다.

… 작가 약전(略傳)

사조제

謝肇淛　생졸년 불명

자는 재항在杭, 장락長樂(지금의 福建省) 사람. 만력萬曆 20년(1592) 진사가 된 뒤 호주추관湖州推官 등을 거쳐 공부랑중工部郎中 광서포정사廣西布政使에 이르렀다. 민파시인閩派詩人을 대표하는 작자의 한 사람으로, 문집에 『소초재집小草齋集』이 있다.

봄의 한 (春怨)

장신궁에 봄풀 많이 나서
시름 속에서도 조금씩 자라나,
임금이 가서는 다시 오지 않자
점차 옥섬돌과 함께 평평해졌네.

長信¹⁾多春草러니, 愁中次第²⁾生하여,
군왕행부도　　　점여옥계평
君王行不到하니, 漸與玉階平이라.

| 註解 |

1) 長信(장신)- 한(漢)대의 궁전 이름. 한무제(漢武帝)의 진황후(陳皇后)가 무제의 총애를 잃고 장문궁에 별거하였다. 여기에서 「장문원(長門怨)」이란 진황후의 한을 노래한 악부시(樂府詩)도 있었다. 2) 次第(차제)- 차례를 따라, 조금씩.

| 解說 |

여인의 봄의 한이 절절히 느껴지는 시이다. 작자는 이러한 서정에 뛰어났다.

가을의 한 (秋怨)

밝은 달은 둥근 부채를 가엾이 여기는 듯하고,
가을바람은 얇은 비단옷을 겁내게 하네.
운모 장막을 낮게 드리워 놓고
차마 은하수는 바라보지도 못하네.

明月憐團扇¹⁾하고, 西風怯²⁾綺羅³⁾로다.
低垂雲母⁴⁾帳하고, 不忍見銀河로다.

| 註解 |

1) 團扇(단선)- 둥근 부채, 흔히 합환선(合歡扇)이라고도 부른다. 2) 怯(겁)- 겁내다, 두려워하다. 3) 綺羅(기라)- 얇은 비단. 4) 雲母(운모)- 투명한 광물의 일종. 운모로 침대 둘레에 치는 장막을 장식한 것이다.

| 解說 |

여름에 애용되던 둥근 부채는 가을이 되면 사람들이 거들떠보지도 않게 된다. 마치 사랑을 잃은 여인과 같다. 얇은 비단옷도 마찬가지이다. 찬바람이 일면 다시는 입지 않게 된다. 사랑을 잃고 한을 품은 채 홀로 지내는 여인은 은하수도 차마 쳐다보지 못한다. 거기에는 견우牽牛 와 직녀織女 가 있기 때문이다. 짧으면서도 긴 한이 서린 듯한 시이다.

오산에 묵으면서 장안의 친구에게 부침
(宿吳山¹⁾寄長安舊人)

봄철에 전송을 받으며 북경을 출발하여
가을되어 강남에 와있으면서 한 자 소식도 못 전하였네.
한 밤 차가운 등불 아래 몇 줄기 눈물 흘리며
온통 비바람 몰아치는 중에 서호를 내려가네.

春時相送出燕都²⁾하여, 秋到江南一字無라.
半夜寒燈數行淚요, 滿天風雨下西湖³⁾라.

| 註解 |

1) 吳山(오산)- 항주(杭州)의 서호(西湖) 동남쪽에 있는 산. 2) 燕都(연도)- 북경(北京). 연경(燕京)이라고도 하며, 전국(戰國)시대 연나라 도성이었다는 데서 유래된 호칭임. 3) 西湖(서호)- 항주(杭州)에 있는 호수 이름.

| 解說 |

친구에게 부친다고 제목에서 말하였지만, 자신의 안부보다도 아름다운 항주 지방을 여행하는 나그네의 시름이 잘 표현된 시이다.

빗속에 북협관을 지나며 (雨中度北峽關¹⁾)

계곡물은 꾸불꾸불하고 길은 험난하니
부슬비에 빗겨 부는 바람 더욱 감당 못하겠네.
오직 말 타고 구름과 안갯속을 가며 보니
푸른 산 한 조각만이 강남과 비슷하네.

계 류 굴 곡 노 참 참　　　세 우 사 풍 전 불 감
溪流屈曲路巉巉²⁾하니,　細雨斜風轉³⁾不堪이라.
유 유 마 두 운 무 리　　　청 산 일 편 사 강 남
惟有馬頭雲霧裏에,　靑山一片似江南이라.

| 註解 |

1) 北峽關(북협관)-지금의 안휘성(安徽省) 서성현(舒城縣) 남쪽에 있는 관문. 2) 巉巉(참참)- 높고 험한 모양. 3) 轉(전)- 더욱 ---하게 되다.

| 解說 |

비 오는 날의 여정旅情이 무척 외롭고 쓸쓸하게 그려져 있다.

... 작가 약전(略傳)

원굉도

袁宏道 1568~1610

자는 중랑中郎, 호는 석공石公, 공안公安(지금의 湖北省) 사람. 진사가 된 뒤 오현지현吳縣知縣이 되었으나 곧 사임함. 뒤에 다시 예부주사禮部主事를 거쳐 이부계훈랑중吏部稽勳郎中이 됨. 형 종도宗道와 아우 중도中道와 함께 전후칠자前後七子의 복고주의復古主義를 반대하고 성령性靈을 바탕으로 한 개성 있는 문학을 주장하여 공안파公安派의 영수로 알려져 있다. 문집으로 『원중랑전집袁中郎全集』이 있다.

뱃노래 (櫂歌[1]行)

저의 집은 물풀이 자라는 섬이고,
바람 따라 다니면서 고향 삼으며,
삿대 다루기를 바늘 다루듯 하여
한 가닥 실도 잡아본 일이 없다네.
사월 어묘풍 불어올 때,
낭군 따라 파동으로 갔다가
시월 세하수 흘러내릴 때
낭군이 보내어 양자강으로 나왔다네.
양자강 물결 형세 고약하여
바람이 없어도 파도는 일고,
강물이 깊어 물고기 잡기 어려운데
가마우지가 있어 음식 대어주기도 한다네.
낳은 아들은 물오리 새끼 같이
강물 가르고 다니다가 호수까지도 들어가는데,
장성하면 연잎을 잘라가지고
아들에게 옷 만들어 준다고 하네.

妾[2]家白蘋洲[3]요, 隨風作鄉土라.
弄篙[4]如弄鍼[5]하니, 不曾拈[6]一縷라.
四月魚苗風[7]에, 隨君到巴東[8]하고,
十月洗河水[9]에, 送君[10]發揚子라.

揚子[11]波勢惡하니, 無風浪亦作이라.
江深得魚難하니, 鸕鶿[12]充餻臛[13]이라.
生子若鳧雛[14]니, 穿江復入湖라.
長時剪荷葉하여, 與兒作衣襦[15]라.

| 註解 |

1) 櫂歌(도가)- '도'는 배의 노, 따라서 뱃노래. 2) 妾(첩)- 여자가 자신을 낮추어 부르는 말. 3) 白蘋洲(백빈주)- 백빈이란 물풀이 우거진 섬. 백빈은 개구리밥 종류의 물풀임. 4) 篙(고)- 상앗대, 삿대. 5) 鍼(침)- 바늘. 6) 拈(점)- 잡다, 손에 들다. 7) 魚苗風(어묘풍)- '어묘'는 물고기 알. 물고기가 알을 낳을 무렵에 부는 바람. 중국 어민들이 상투어로 쓰는 말임. 8) 巴東(파동)- 지금의 호북성(湖北省) 자귀현(秭歸縣) 일대를 이르는 말. 9) 洗河水(세하수)- 늦가을의 비교적 맑아진 강물을 이르는 말, 중국 어민들의 상투어임. 10) 送君(송군)- 임을 보내다, 여기서는 '낭군이 보내다'로 보아야만 될 것이다. 11) 揚子(양자)- 양자강, 장강(長江). 12) 鸕鶿(노자)- 가마우지. 잠수를 하여 물고기를 잘 잡는 새, 일본 중국 등지에서는 이 새를 길들여 물고기 잡는데 쓰기도 한다. 13) 餻臛(고학)- 떡과 고깃국, 여기서는 일반적인 음식을 뜻한다. 14) 鳧雛(부추)- 오리 병아리, 오리 새끼. 15) 衣襦(의유)- 옷, 저고리.

| 解說 |

제목은 뱃노래지만 실은 배에서 생활하며 고기잡이 하는 아낙네의 어려운 삶을 노래한 시이다. 그러나 그들의 생활에는 지극한 어려움 속에도 자연과 어울리는 천진함도 배어있는 듯하다.

성성의 급보를 듣고 (聞省城¹⁾急報²⁾)

황혹기 가는 눈물까지도 붉게 물들었으니,
손으로 순무巡撫 죽이기를 아이들 장난처럼 하였기 때문이네.
나는 듯이 달리는 역마驛馬가 먼지 속에 먼지 또 일으키며 연달아 달려와
급보急報를 하루 저녁에도 세 번씩이나 전해주네.
천자께서 훌륭하고 총명하시니 신하들은 모두 손놓아
한 분이 마음속으로 천하의 일 모두 결정해 버리네.
이백 년 이래의 훌륭한 나라의 기강이
별 흩어지듯 박살이 나서 땅 위에 버려졌네.
하늘은 높은데 어둡고 멀어서 소리쳐도 들리지 않고.
튼튼한 말이라면 어찌 썩은 말고삐로 감당하겠는가?
서생은 쑥대가 자란 울타리에 기대어 통곡할 따름이니,
돈이 있다 해도 피난할 고장 마련할 곳이 없구나!

黃鵠磯³⁾頭紅染淚요, 手殺都堂⁴⁾如兒戲라.
飛鞚⁵⁾疊騎塵碾塵⁶⁾하고, 報書一夕三回至라.
天子聖明臣斂手⁷⁾하여, 胸臆決盡天下事라.
二百年來好紀綱이, 辰裂星紛⁸⁾委平地라.
天長闇永⁹⁾叫不聞하고, 健馬那堪持朽轡¹⁰⁾오?
書生痛哭倚蒿籬¹¹⁾니, 有錢難買青山翠¹²⁾라.

| 註解 |

1) 省城(성성)- 호북성(湖北省) 무창(武昌)을 이르는 말. 명대의 호광성(湖廣省) 치소(治所)가 있던 곳인데, 원굉도의 고향도 호북성 공안(公安)이어서 그렇게 부르고 있는 것이다. 2) 急報(급보)- 명 만력(萬曆) 32년(1604)에 초(楚) 번왕(藩王)의 계승문제로 왕족들 사이에 내분이 일어나 마침내 무창을 중심으로 내란으로 발전하여, 사변을 일으킨 왕족들이 호광순무(湖廣巡撫)까지 잡아 죽였다. 급보는 이러한 반란의 급보이다. 3) 黃鵠磯(황혹기)- 지금의 호북성 무창(武昌)의 황혹산(黃鵠山) 아래 장강(長江) 가에 있다. 그때 난동에 가담한 사람들이 3000명을 넘었고, 살인과 약탈을 자행하여 그런 참상이 일어났다. 4) 都堂(도당)- 명대에는 총독(總督)과 순무(巡撫)를 모두 도당이라고도 불렀다. 5) 飛鞚(비공)- 말이 나는 듯이 달리는 것. '공'은 말의 굴레. 6) 塵碾塵(진연진)- 먼지 속에 다시 먼지를 일게 하는 것. 7) 斂手(렴수)- 수수방관(袖手傍觀) 하는 것. 8) 辰裂星紛(신렬성분)- 별들이 흩어지듯 하여 다시 수습할 수가 없게 된 모양. 9) 闇永(암영)- 어둡고도 멀리 있는 것. 10) 朽轡(후비)- 썩은 말고삐. 썩은 말고삐의 비유는 『서경(書經)』오자지가(五子之歌)에 보임. 11) 蒿籬(호리)- 쑥대가 자라있는 울타리, 시골집의 초라한 울타리를 가리킴. 12) 靑山翠(청산취)- 푸른 산의 숲. 숨어서 피난할 곳을 가리킴.

| 解說 |

명대 내란의 참혹상을 노래한 시이다. "눈물까지도 붉게 물들 지경 紅染淚"이라 했으니 그 참혹상은 상상을 초월한다. 그리고 "천자가 훌륭하고 총명하다(天子聖明)"했으나 신하들은 손도 못 대도록 하고 자기 멋대로 나랏일을 결단하고 있다면, 실은 어리석기 짝이 없는 천자이다. 이런 내란은 백성들을 피난 갈 곳조차도 없게 만든다.

동아로 가는 도중 저녁에 바라본 정취
(東阿[1]道中晚望)

봄바람 불어와 정자 옆 나무의 꽃을 붉게 꽃피우는데,
내 홀로 높은 언덕에 올라 해지는 경치 바라보며 시름 안고 있네.
가련하게도 수레 끌고 달려가는 말발굽 아래 이는 먼지가
수레 위 나그네에게 날리며 안개처럼 퍼지고 있네.
푸른 산은 더욱 높아지고 있는데 해는 더욱 낮아지고 있고
황량한 집 뜰 안에선 추위에 참새가 한 마디 소리 내어 울고
　　있네.
관중管仲의 삼귀대三歸臺 가엔 옛 비석이 어둠 속에 묻혀가고
　　있고,
항우項羽의 무덤 앞에선 돌로 조각한 말이 울부짖고 있네.

東風吹綻²⁾紅亭樹러니,　獨上高原愁日暮라.
可憐驪馬³⁾蹄下塵이,　吹作遊人眼中霧라.
靑山漸高日漸低하고,　荒園凍雀⁴⁾一聲啼라.
三歸臺⁵⁾畔古碑沒이오,　項羽墳⁶⁾頭石馬嘶라.

| 註解 |

1) 東阿(동아)- 지금의 산동성(山東省) 동아현(東阿縣) 남쪽에 있던 명대의 고을 이름. 2) 綻(탄)- 꽃피우다, 터뜨리다. 3) 驪馬(려마)- 한 수레를 끌고 가는 두 마리 말. 4) 凍雀(동작)- 언 참새, 추운 참새. 5) 三歸臺(삼귀대)- 춘추(春秋)시대 제(齊)나라의 재상 관중(管仲)이 세운 누대, 호화롭기로 유명하였다. 6) 項羽墳(항우분)- 항우의 무덤. 항우가 오강(烏江) 가에서 자결하자 다른 고장은 모두 항복하였는데, 노(魯) 지방만이 항복하지 않았다. 한나라에서는 항우의 목을 잘라 노로 보내자 노 지방도 항복하였다 한다. 노나라 임금은 항우의 머리를 예를 갖추어 장사지내 주어 그곳에 항우의 묘가 있게 된 것이다.

| 解說 |

여행길에 바라보는 자연 풍경이 꽃피고 아름다운 봄인데도 서글프기만 하다. 뒤에 보이는 관중의 삼귀대와 항우의 묘가 그렇게 분위기를 만든 것 같다.

하비를 지나면서 (經下邳[1])

모든 유생들 다 땅에 묻히고 한 몸만이 남았으나,
진나라의 법망法網이 허술했음을 이제야 깨닫게 되네.
부질없이 육경을 불태워 버리려 하였으니
다리 근처엔 여전히 태워버리지 못한 책이 있었기 때문일세.

제 유 갱 진 일 신 여　　시 각 진 가 망 목 소
諸儒坑盡一身餘나, 始覺秦家[2]網目[3]疏라.
왕 파 육 경 회 화 저　　교 변 유 유 미 소 서
枉[4]把六經灰火底니, 橋邊猶有未燒書라.

| 註解 |

1) 下邳(하비)-지금의 강소성(江蘇省) 수녕현(脽寧縣) 북쪽에 있던 고을 이름.　2) 秦家(진가)- 진나라, 진나라 조정.　3) 網目(망목)- 법망(法網)을 가리킴.　4) 枉(왕)- 부질없이, 공연히.

| 解說 |

진秦 나라 말엽에 장량張良이 이곳에 숨어 살았는데, 하루는 하비의 다리를 지나다가 한 영감을 만났다. 영감은 여러 가지로 귀찮은 심부름을 시켰으나 장량이 잘 따라주자 뒷날 다시 다리 위에서 만나『태공병법太公兵法』한 권을 내주었다. 장량은 그것으로 병법을 익히어 훗날 유방劉邦을 보좌하여 한漢 나라를 일으키게 된다. 작자는 하비를 지나면서 그러한 옛날 역사를 생각하며 이 시를 지은 것이다.

큰 제방 옆에 사는 여인 (大堤¹⁾女)

아름다운 창이 비스듬히 목향木香 울타리 쪽으로 나 있는데,
호분을 엷게 바르고 가늘게 눈썹 그린 여인이,
담 너머로 수레와 말 타고 가는 사람들 보고자 하여
치마가 꽃나무 가시에 걸려 찢어지는 줄도 모르네.

文窓²⁾斜對木香³⁾籬러니, 胡粉⁴⁾薄施細作眉하고,
貪向墻頭看車馬하여, 不知裙着刺花兒⁵⁾라.

| 註解 |

1) 大堤(대제)- 큰 제방. 옛 악부(樂府) 청상곡사(淸商曲辭)에 보이는 가곡 제명이기도 하다. 이 대제곡은 대체로 아름다운 여인을 노래하고 있다. 2) 文窓(문창)- 무늬가 있는 창, 아름다운 여인의 방 창문. 3) 木香(목향)- 약제로도 쓰는 나무 이름, 넝쿨 장미 종류인 듯하다. 4) 胡粉(호분)- 외국제 분. 5) 刺花兒(자화아)- 꽃나무 가시.

| 解說 |

옛 악부시의 제목을 빌어 가벼운 낭만을 노래한 시이다.

장백기 (張伯起¹⁾)

이 년 동안 얼굴 대하기 힘들었고
보내오는 편지도 드물었네.
백석白石을 구름 속에서 삶아먹고

청령靑苓을 비 맞으며 김매주고 있겠지.
술잔 앞에는 『홍불전』이 놓여있고
꽃나무 밑에는 옛 글씨 책이 펼쳐져 있으리라.
형제들도 다 명분과 도리를 아니
하산何山 같은 자야 본시 견줄 수도 없는 상대이지.

兩年稀面見이오, 一字到官疏²⁾라.
白石³⁾連雲煮하고, 靑苓⁴⁾帶雨鋤⁵⁾리라.
尊⁶⁾前紅拂傳이오, 花下古釵書⁷⁾리라.
兄弟⁸⁾多名理니, 何山⁹⁾故不如라.

| 註解 |

1) 張伯起(장백기)- 장봉익(張鳳翼), 백기는 그의 자. 명대의 희곡 작가. 뒤에 보이는 『홍불전』은 그의 전기(傳奇) 작품이다. 2) 到官疏(도관소)- 관청으로 도착하는 일이 드물다. 장봉익이 원굉도에게 편지를 잘 보내오지 않음을 뜻한다. 3) 白石(백석)- 옛날 도사들은 산속에서 백석을 삶아 먹었다 한다. 4) 靑苓(청령)- 복령(茯笭), 약초의 일종. 5) 鋤(서)- 김을 매다. 6) 尊(준)- 술통, 술잔. 7) 古釵書(고채서)- '고채'는 옛날 서체의 일종, 필획 모양이 비녀처럼 생겼다 한다. 옛 서체로 쓰인 책. 8) 兄弟(형제)- 장봉익에게는 헌익(獻翼) 연익(燕翼)의 두 아우가 있었는데, 모두 절조가 있는 문인으로 알려져 있다. 9) 何山(하산)- 심연(沈演), 호가 하산. 형제들이 모두 과거에 합격했으나 권세가인 내시에게 붙어 당시 문인들이 경시하였다 한다.

| 解說 |

친구 장봉익의 초속적인 성격과 예술적인 성취를 간략히 읊은 시이다. 친구의 깨끗한 성품이 느껴진다.

사나운 호랑이 노래 (猛虎行¹⁾)

갑옷 걸친 벌레 같은 자들이 태평스런 세상을 좀먹으며
이익을 뒤쫓다 보니 모든 고장 텅 비기에 이르렀고,
군졸들은 환관 밑에 붙으려고
벌떼 날듯 몰려들고 있네.
군 지휘관이나 치안 관리들도 감히 참견도 못하고
고을 원님들도 꾸지람 듣고 쫓겨나기 일쑤이네.
서민들까지도 얻어맞고 물건 다 빼앗기니
온 나라 땅이 가뭄의 모래 땅처럼 붉어졌네.
주둔군이나 역소驛所의 직원들은
그들 바라는 일 해주느라 정신 못 차릴 지경이니,
모래에서 금을 일어내는 일만 하더라도
관비 지출이 몇 배나 더 된다네.
광산을 개발하려는 자들 중에는 지독한 도적놈이 많아서
이익을 추구하는 욕심은 깊이가 바닥을 모를 정도이고,
한 번 그들 욕심대로 되지 않으면
사납기 이리와 멧돼지 같다네.
황하 동·남·북 지방과 장강 남쪽 지역은
어디를 가나 고혈膏血과 골수骨髓도 남아나지 않을 지경이네.
어찌 알겠는가? 가려운 옴 오른 걱정 정도라지만
더 퍼져서 온몸의 종기가 되지 않는다는 것을?

甲蟲²⁾蠹³⁾太平하니, 搜利及丘空⁴⁾하고,

校卒[5]附中官[6]하여, 鑽簇[7]如蜂踴[8]이라.
撫按[9]不敢問하고, 州縣[10]被訶斥[11]이라.
搥掠[12]及平人하니, 千里旱沙[13]赤이라.
兵衛[14]與郵傳[15]이, 供億[16]不知幾라.
卽使沙沙金[17]하니, 官支[18]已倍蓰[19]라.
鑛徒[20]多劇盜[21]하여, 嗜利[22]深無底라.
一不酬所欲이면, 忿決[23]如狼豕[24]라.
三河[25]及兩浙[26]이, 在在[27]竭膏髓[28]라.
焉知疥癬[29]憂이, 不延爲瘡痏[30]아?

註解

1) 맹호행(猛虎行)— 옛 악부 제목. 원래의 주제와는 관계없이 제목의 뜻만을 빌린 시 제목이다. 만력(萬曆) 24년(1596)부터 조정에서는 환관(宦官)이나 환관 출신의 무관(武官)들을 광감(鑛監) 또는 세감(稅監)으로 임명하여 전국 각지에 파견하여 광산을 개발하게 하고 상업 세금을 거둬들이게 하여 백성들을 극도로 착취하였다. 이 시는 이런 실정을 읊은 것이다. 2) 甲蟲(갑충)— 갑옷 입은 벌레, 환관이나 환관 출신 무관(武官)을 가리킨다. 3) 蠹(두)— 좀, 좀먹다. 해치는 것을 뜻함. 4) 丘空(구공)— 모든 고장이 텅 비는 것. '구'는 언덕, 여러 고장. 5) 校卒(교졸)— 군졸(軍卒), 장교와 졸병. 6) 中官(중관)— 환관. 7) 鑽簇(찬족)— 찬족(攢簇), 몰려드는 것. 8) 踴(용)— 뛰어오르다, 날아오르다. 9) 撫按(무안)— '무'는 지방의 군대를 통솔하는 순무(巡撫), '안'은 행정과 치안을 감독하는 어사(御使). 10) 州縣(주현)— 주와 현의 지사(知事), 고을 관청의 우두머리. 11) 訶斥(가척)— 꾸지람을 듣고 쫓겨나는 것. 12) 搥掠(추략)— 얻어맞고 물건을 빼앗기는 것. 13) 旱沙(한사)— 가뭄이 든 모래 땅. 14) 兵衛(병위)— 지방의 주둔군. 각지의 적의 침입을 막기 위하여

배치한 군대. 15) 郵傳(우전)- 역소(驛所), 공무로 여행하는 사람들에게 숙소를 제공하고 식사나 말 같은 것을 공급해 주는 곳. 16) 供億(공억)- 남이 필요로 하는 일을 해 주는 것. 17) 沙沙金(사사금)- 사금을 물로 일어 가려내는 것. 맨 앞의 '사'는 '모래를 물로 일다.'는 동사로 쓰임. 18) 官支(관지)- 관비의 지출. 19) 倍蓰(배사)- 여러 배. '사'는 다섯 배. 20) 鑛徒(광도)- 광산을 개발하는 자들. 21) 劇盜(극도)- 극악한 도적놈. 22) 嗜利(기리)- 이익을 좋아하는 것. 23) 忿決(분결)- 화가 나서 아무 짓이나 하는 것. 24) 狼豕(랑시)- 이리와 멧돼지, 사나운 짐승. 25) 三河(삼하)- 하내(河內)·하동(河東)·하남(河南) 지방. 26) 兩浙(량절)- 절동(浙東)과 절서(浙西) 지방. 지금의 절강(浙江)성과 강소(江蘇)성의 장강 남쪽 기슭 지역임. 27) 在在(재재)- 곳곳이, 어느 곳이나. 28) 膏髓(고수)- 사람의 고혈(膏血)과 골수(骨髓), 사람 피와 뼈. 29) 疥癬(개선)- 옴 같은 가벼운 피부병. 30) 瘡痏(창유)- 온몸에 퍼지는 악성의 종기.

| 解說 |

만력萬曆 연간(1573-1619)에 조정에서 환관과 환관 출신의 무관武官들을 광감鑛監에 임명하여 각 지방으로 보내어 금광이나 은광 같은 것을 개발하도록 하고, 다시 그들을 세감稅監으로도 임명하여 지방으로 내려 보내어 세금을 거둬들이도록 하였는데, 그들이 가혹하게 백성들을 부리고 착취하면서 자기들의 배를 먼저 채우던 어지러운 실정을 고발한 것이 이 시이다. 이 못된 환관이나 환관 출신들을 사람들을 잡아먹는 '사나운 호랑이'에 견준 것이다.
만력 24년(1596) 호과급사중 戶科給事中 으로 있던 정소 程紹가 올린 은광개발이 잘못 되고 있음을 아뢰는 상소문 上疏文 에서도, 전에 가정 嘉靖 25년(1546) 10월부터 가정 36년(1557)까지 진행되었던 채광사업에 있어서도 결과적으로는 "얻은 것은 쓴 비용을 충당하지 못하였다."고 말하고 있다(『國榷』권77 萬曆24년 六月條). 이미 그때부터 일을 주관하는 환관들이 자기 배를 채우는 일에 열심이었기 때문이다. 결국 명나라는 이러한 환관들의 부정으로 말미암아 멸망하게 된다.

인일에 스스로를 비웃다 (人日¹⁾自笑)

이 자 벼슬아치라지만 큰 띠에 수식垂飾도 늘어뜨리지 않고,
이 자 농군이면서도 쟁기를 잡을 줄도 모르네.
이 친구 선비라면서도 책도 제대로 읊조리지 못하고,
이 친구 숨어 산다면서도 깊은 숲 속에 살지는 않네.
이 자 양반인줄 알았더니 중우 잠뱅이 걸치고 있고,
이 자 천한 놈인 줄 알았더니 의젓이 관도 쓰고 패식佩飾을 걸치기도 하네.
이 친구 조용히 지낸다지만 대문 닫고 사람들 만나지 않는 것 아니고,
이 친구 선생이라면서도 사람들을 가르치지는 않네.
이 자는 불교 수행을 하면서도 머리와 수염을 기르고 있고,
이 자는 신선을 추구한다면서도 미녀들과 어울리기 좋아하네.
갑자기 고요한 숲 속에 홀로 앉아 말라 죽을 것 같다가도,
갑자기 시끄러운 시가로 나와 남들과 법석을 떨며 노네.
꽃을 보면 바로 기생 불러 노래하게 하고,
술을 대하면 언제나 친구들 불러 술을 권하네.
한 몸을 가벼운 구름 같이 보고
가벼이 이 대지에 맡기고 있네.
물어보자, 하늘을 나는 새야!
맑은 호수 있다만 어디에 네 그림자 보이는가?
한이 없도다! 용의 움직임이어!
의젓이 이 세상 안팎을 가리지 않는다네.
유하혜柳下惠처럼 본시부터 절조를 지키며 조화롭게 살고,

이일夷逸처럼 언제나 맑고 깨끗하여 속된 세상 멀리하려 하고
있네.

시 관 불 수 신　　　시 농 불 병 뢰
是官不垂紳²⁾이오,　是農不秉耒³⁾라.

시 유 불 오 이　　　시 은 불 호 래
是儒不吾伊⁴⁾요,　是隱不蒿萊⁵⁾라.

시 귀 착 하 기　　　시 천 완 관 패
是貴着荷芰⁶⁾요,　是賤宛⁷⁾冠佩⁸⁾라.

시 정 비 두 문　　　시 강 비 교 회
是靜非杜門⁹⁾이오,　是講¹⁰⁾非敎誨¹¹⁾라.

시 석 장 빈 수　　　시 선 옹 미 대
是釋¹²⁾長鬢鬚요,　是仙¹³⁾擁¹⁴⁾眉黛¹⁵⁾라.

숙 이 고 적 림　　　숙 이 훤 효 궤
倏而¹⁶⁾枯寂林¹⁷⁾이라가,　倏而喧¹⁸⁾囂闠¹⁹⁾라.

봉 화 즉 명 가　　　우 주 첩 호 새
逢花卽命歌²⁰⁾하고,　遇酒輒呼籌²¹⁾라.

일 신 등 경 운　　　표 연 부 대 괴
一身等輕雲하니,　飄然²²⁾付大塊²³⁾라.

시 문 공 비 금　　　징 담 영 하 재
試問空飛禽하노니,　澄潭²⁴⁾影何在아?

광 재 용 굴 신　　　퇴 언 방 외 내
曠²⁵⁾哉龍屈伸²⁶⁾이어!　頹焉²⁷⁾方外內²⁸⁾로다.

하 혜 본 개 화　　　이 일 내 청 폐
下惠²⁹⁾本介和³⁰⁾하고,　夷逸³¹⁾乃淸廢로다.

| 註解 |

1) 人日(인일)- 음력 정월 7일. 옛날에는 정월 1일은 닭, 2일은 개, 3일은 돼지, 4일은 양, 5일은 소, 6일은 말, 7일은 사람의 날이라 하고 의식을 행하였다(『北史』魏收傳). 2) 紳(신)- 옛날 높은 관원이 허리에 큰 띠를 매고 거기에 달던 수식(垂飾) 비단 실을 짜서 만든 늘어뜨리는 장식이며 높은 신분을 나타낸다. 3) 耒(뢰)- 쟁기, 밭을 가는데 쓰던 농기구. 4) 吾伊(오이)- 책을 읽는 소리. 5) 蒿萊(호래)- 쑥, 여기서는 쑥대가 우거진 숲 속 같은 곳을 말

한다. 혹은 쑥대로 지붕을 이은 초가집을 말한다고 푸는 이도 있다. 6) 荷芰(하기)- 연잎과 마름풀 잎. 굴원(屈原)이 「이소(離騷)」에서 "마름풀 잎과 연잎을 말라서 저고리를 지어 입고(製芰荷以爲衣兮)"라고 읊은 표현을 빌리어 '소박하고 허름한 옷'을 가리키는 말로 쓰고 있다. 여기서는 "잠뱅이를 걸치고 있다."고 옮겼다. 7) 宛(완)- 의젓이. 8) 冠佩(관패)- 벼슬한 사람이 쓰는 관과 허리에 늘어뜨리는 장식. 9) 杜門(두문)- 대문을 닫고 들어앉아 사람들도 만나지 않는 것. 10) 講(강)- 학문을 연구하고 토론하여 남들로부터 선생 대접을 받는 것. 11) 敎誨(교회)- 남들에게 글을 가르치는 것. 12) 釋(석)- 불교, 스님, 불교 수행을 하는 것. 13) 仙(선)- 신선, 도교의 교리를 추구하는 것. 14) 擁(옹)- 껴안다, 함께 어울리다. 15) 眉黛(미대)- 눈썹을 화장한 미녀, 이쁜 여자들. 16) 倏而(숙이)- 갑자기, 잠깐 사이에. 17) 枯寂林(고적림)- 적적한 숲 속에서 마르다, 조용히 숲 속에서 숨어 사는 것을 가리킨다. 18) 喧(훤)- 사람들과 법석을 떨며 지내다, 시끄럽게 지내다. 19) 囂闤(효궤)- 시끄럽고 번화한 시가지. 20) 命歌(명가)- 기생이나 가수들에게 노래를 시키는 것. 21) 呼簺(호새)- '새'는 노름할 때 쓰던 쌍륙(雙六), 여기서는 술자리에서 쌍륙을 굴려 지는 사람에게 술을 마시게 하는 것. 따라서 친구들에게 술을 권하며 마시는 것. 22) 飄然(표연)- 가벼이 훨훨 날아가는 모양. 23) 大塊(대괴)- 대지, 지구덩이. 24) 澄潭(징담)- 맑은 호수. 25) 曠(광)- 텅 빈 것, 광대한 것, 한없이 넓은 것. 26) 屈伸(굴신)- 용이 꿈틀꿈틀 나는 것. 27) 頹焉(퇴언)- 아무 거리낌도 없는 모양. 28) 方外內(방외내)- '방'은 방역(方域), 이 세상. '외내'는 이 세상의 '밖과 안을 가리지 않고' 자유롭게 움직이는 것. 29) 下惠(하혜)- 유하혜(柳下惠), 춘추시대 노(魯)나라 사람. 곧게 산 현명한 사람. 30) 介和(개화)- 곧은 절조가 있고 조화롭게 사는 것.『맹자』진심(盡心) 상편에서 "유하혜는 삼공의 벼슬 때문에도 절조를 바꾸지 않았다.(柳下惠, 不以三公易其介.)"하고, 다시 만장(萬章) 하편에서 "유하혜는 성인으로서 조화를 이루는 분이다.(柳下惠, 聖之和者也.)"라고 한 맹자의 표현을 인용한 것이다. 31) 夷逸(이일)-『논어』미자(微子)편에 "우중과 이일에 대하여 말하면, 숨어살면서 멋대로 말하였으나, 몸가짐은 맑고 깨끗하였고, 세상을 버린 것은 때에 적절하였다.(謂虞仲・夷逸, 隱居放言, 身中淸, 廢中權.)"이라고 한 말을 인용한 것이다. 다만 '이일'이 언제 어떻게 산 사람인지 자세한 기록은 없다.

| 解說 |

제목에 "스스로를 비웃는다"고 했지만 실제로 자조 自嘲 는 아니다. 옛날부터 중국

민간에서 음력 정월 7일인 '사람의 날(人日)'은 인승절人勝節 · 인절人節 · 인생일人生日 등으로도 불렀는데 그날의 날씨를 바탕으로 한 해의 사람들에 대한 길흉吉凶을 점쳤다. 대체로 사람에 대하여 생각게 하는 풍습이었던 것 같다. 따라서 작자도 이날을 맞이하여 자기 자신에 대하여 반성해보려는 뜻에서 이 시를 읊었을 것이다. 여하튼 원굉도는 세상의 일로부터 퍽 초연한 몸가짐을 지니고 있던 사람임을 알게 한다.

길을 가는 중에 읊음 (途中口占)

기일(其一)

팔월 달에 장안을 떠나
이월 달에 고향으로 돌아오니,
진흙 문 한 쌍의 제비가
옛날처럼 발 처진 창 아래 있네.

八月離長安하여, 二月返鄕社¹⁾하니,
啣泥²⁾雙燕兒³⁾이, 依舊⁴⁾簾櫳⁵⁾下로다.

| 註解 |

1) 鄕社(향사)- 고향. 2) 啣泥(함니)- 진흙을 물다. 3) 燕兒(연아)- 제비.
4) 依舊(의구)- 옛날처럼, 전과 같이. 5) 簾櫳(염롱)- 발이 쳐진 창.

기이(其二)

이월 달에 고향으로 돌아왔다가

사월 달에 먼 길 나서니,
아이들은 골목 막고 서서 구경하고
선비들은 시냇물 저편에서 비웃네.

　　　　이 월 반 향 사　　　　사 월 즉 장 도
　　二月返鄕社라가,　四月卽長道¹⁾하니,

　　　　아 동 애 항 관　　　　고 사 격 계 소
　　兒童隘²⁾巷³⁾觀하고,　高士⁴⁾隔溪⁵⁾笑로다.

| 註解 |

1) 卽長道(즉장도)- 먼 길을 나서다. 2) 隘(애)- 막다, 좁히다. 3) 巷(항)- 거리, 골목. 4) 高士(고사)- 고상한 선비, 선비들. 5) 隔溪(격계)- 시냇물을 사이에 두고, 시냇물 저편에서.

기삼(其三)

고생하며 늙도록 벼슬살이 하면서
이십 년 같은 길을 왔는데,
오늘 백양촌에서
그대는 머물고 나 홀로 가네.

　　　　신 고　로 어 헌　　　　입 년 동 도 로
　　辛苦¹⁾老於軒²⁾하여,　卄³⁾年同道路러니,

　　　　금 일 백 양 촌　　　　경　유 아 독 거
　　今日白楊村⁴⁾에,　卿⁵⁾留我獨去로다.

| 註解 |

1) 辛苦(신고)- 고생하다, 어려움을 겪다. 2) 軒(헌)- 대부(大夫)들이 타는 수레. 여기서는 벼슬한 것을 뜻한다. 3) 卄(입)- 이십(二十), 십(十)을 두 개 나란히 한 모습임. 참고로 삼십(三十)은 삽(卅), 사십(四十)은 십(卌)으로도

쓴다. 4) 白楊村(백양촌)- 고향의 마을 이름. 5) 경(卿)- 벼슬하는 사람, 임금이 신하들을 부르는 말, 상대방을 높여 부르는 말.

| 解說 |

작자의 『원중랑전집』 시집詩集 오언절구五言絶句 속에는 같은 제목의 시가 앞쪽에 세 수, 뒤쪽에 여섯 수가 실려 있는데, 여기 든 것은 앞의 것들이다. 세 편의 시가 모두 읊은 시기와 내용이 다르다. '기일'의 시는 명나라의 도읍인 북경北京에서 벼슬살이를 하다가 고향으로 돌아온 감회를 읊은 것이다. 팔월에 도읍을 떠나 이월에야 고향에 도착했으니 육개월 동안의 여행을 한 것이다. 집의 창문 아래 집을 지으려고 진흙을 물고 있는 제비 한 쌍이 있다는 것은 함께 하게 된 사랑하는 집안 식구들을 가리키고 있는 것 같다. '기이'의 시는 고향으로 돌아왔다가 두 달만에 다시 고향을 등지는 감정을 읊은 것이다. 골목길에 모여 떠나는 자기를 보고 있는 애들이나, 멀리 개울 저편에 서서 웃고 있다는 선비들, 모두 고향에 안착 못하는 자기를 한심한 눈으로 바라보고 있다고 느끼고 있는 듯도 하다. '기삼'의 시는 절친한 친구와의 이별의 정을 읊고 있다. 간결한 표현 속에 각별한 우정과 이별의 아쉬운 정이 느껴진다.

그는 일상적인 감각으로 가볍고 쉬운 표현으로 자기의 감정을 있는 그대로 진실하게 처리하고 있다. 고향의 그리움, 고향을 등지는 사람의 서글픔, 이별의 서러움 같은 게 곧장 읽는 이의 심금을 울리는데, 그것이 바로 작자가 주장하는 시의 바로 '취趣'일 것이다. 그리고 이처럼 거리낌 없고 참된 마음을 있는 그대로 표현하는 것이 바로 작자가 내세우는 '성령性靈'의 발휘일 것이다. 이 시의 문장을 보면 형식적인 수식의 냄새는 조금도 나지 않는다. 여기에서 귀중한 것은 형식의 뒤에 담겨 있는 시의 정취이다.

··· 작가 약전(略傳)

종성

鍾惺 1574~1625

자는 백경伯敬, 호는 퇴곡退谷, 경릉竟陵(지금의 湖北省 天門市) 사람. 진사가 된 뒤 공부주사工部主事 예부랑중禮部郎中 등의 벼슬을 지냈고, 복건제학첨사福建提學僉事로 벼슬을 마쳤다. 그는 담원춘譚元春과 함께 공안파公安派의 표현이 가볍고 얕은 것을 반대하고 높고도 깊은 풍격의 글을 써야 한다고 주장하며 경릉파를 열었다. 문집으로 『은수헌집隱秀軒集』이 있다.

포구의 주무재 연못 별장에 묵으며
(宿浦口¹⁾周茂才²⁾池館³⁾)

강변에 지은 집이지만 모든 것이 산속의 집 풍경이고,
또 물가의 산 위에 별채가 있네.
온 골짜기의 맑고 흐림을 따라 풀과 나무가 살아나고,
밤낮의 시끄러움과 고요함은 오직 꽃나무 속의 꾀꼬리에 달렸네.
물결은 옛 자국 따라 올라와 자주 모래밭을 덮고,
구름과 안개는 모습이 새로워져 산봉우리가 새로 생기는 듯이 느껴지기도 하네.
이틀 밤 묵어서야 이곳 경치 조금 밖에 알 수 없으나
잠시 마음속에 남은 흔적으로 깊고 오묘한 풍경 그려보네.

江邊事事作山家요, 復有山齋⁴⁾著水涯라.
一壑⁵⁾陰晴生草樹하고, 六時⁶⁾喧寂⁷⁾在鶯花라.
潮尋故步⁸⁾沙頻失하고, 煙疊新痕⁹⁾嶺若加라.
信宿¹⁰⁾也知酬對淺¹¹⁾이나, 暫將心跡¹²⁾借幽遐¹³⁾라.

| 註解 |

1) 浦口(포구)- 강소성(江蘇省) 강포(江浦)의 동쪽 장강(長江) 북쪽 기슭에 있으며, 남경(南京)의 하관(下關)을 장강을 사이에 두고 마주보고 있는 곳이다. 2) 周茂才(주무재)- 무재는 수재(秀才)의 별칭이며, 그가 누군지는 알 수 없음. 3) 池館(지관)- 연못이 있는 별장. 4) 山齋(산재)- 산 위에 있는 별채. 5) 壑(학)- 골짜기. 6) 六時(육시)- 밤낮, 불교에서 밤낮을 아침, 대

낮, 저녁, 초저녁, 한밤, 새벽의 여섯 시간으로 구분한 데서 생긴 말. 7) 喧寂(훤적)- 시끄러움과 고요함. 8) 故步(고보)- 모래밭 위의 물결 자국. 9) 新痕(신흔)- 새로운 흔적, 새로운 모습. 10) 信宿(신숙)- '신'은 이틀 묵는 것, '숙'은 묵는 것. 11) 酬對淺(수대천)- 응대하기가 얕다, 아는 것이 적어 제대로 표현하기 어려움을 뜻함. 12) 心跡(심적)- 마음에 남은 자국, 마음 속의 자취. 13) 幽遐(유하)- 심원(深遠)함, 깊고 오묘한 것.

| 解說 |

친구의 강변 산속 별장의 정취가 잘 표현된 시이다. 역시 공안파 원굉도에 비하여 시의 표현에 무게와 개성이 있다.

서릉협 (西陵峽)

여기를 지나기만 하면 곧 큰 강물이 되고,
좁은 골짜기도 여기서 끝난다네.
앞길이야 어찌 평탄하지 않으랴만
아직 짧은 거리를 극복하지 못하고 있다네.
큰 도성으로 헤치고 들어가려는데
성문에 수레 폭이 걸린 셈일세.
호아虎牙 여울에선 호랑이가 어금니를 갈고 있는 듯하고,
황우산黃牛山 밑은 황소가 숨을 헐떡이고 있는 듯하고,
배가 나아가다 뒤로 밀리어 소용돌이 속으로 들어가는 것이
마치 이리가 물러서다 자기 꼬리에 걸려 넘어지는 것 같네.
물살의 험난함과 평온함이 마주치는 곳은
뛰어올랐다 엎드렸다 서로 밀치듯 하네.
머리를 돌려 황릉묘黃陵廟가 사라지는 것을 보았을 때야

이 몸은 겨우 갇혀있던 곳으로부터 빠져나왔네.
어떤 마음과 정신을 지닌 사람이어야
이 칠백 리 물길을 견디어 낼 수 있을지 모르겠네.
꿈속에 철위산鐵圍山에 들어갔다가
깨어나서도 안석에 기대어 있는 줄을 모르네.
이런 특이한 험난함을 경험하고 나서야
위험한 곳 가서는 안 된다고 한 이치 깨닫게 되었네.

과차즉대강　　협역종우차
過此卽大江이오,　峽亦終于此라.

전도기불이　　미달일간　이
前途豈不夷²⁾오?　未達一間³⁾耳라.

벽　입대도성　　이문불용궤
辟⁴⁾入大都城이러니,　而門不容軌⁵⁾라.

호방　착기아　　황우천　미이
虎方⁶⁾錯其牙하고,　黃牛⁷⁾喘⁸⁾未已라.

주진각단　중　　여랑치　기미
舟進却湍⁹⁾中하니,　如狼踟¹⁰⁾其尾라.

당기험이교　　도복정상의
當其險夷交엔,　跳伏正相踦¹¹⁾라.

회수황릉　몰　　차신재출궤
回首黃陵¹²⁾沒하니,　此身才出匭¹³⁾라.

부지하심혼　　금　차칠백리
不知何心魂이,　禁¹⁴⁾此七百里라.

몽자입철위　　성유망재궤
夢者入鐵圍¹⁵⁾라가,　醒猶忘在几¹⁶⁾라.

뇌차역기오　　득오수당리
賴此歷奇奧¹⁷⁾하고,　得悟垂堂理¹⁸⁾라.

| 註解

1) 西陵峽(서릉협) - 장강(長江)의 삼협(三峽) 중 가장 하류에 있는 협곡. 상

류인 서쪽은 호북성(湖北省) 파동현(巴東縣) 관도구(官渡口)에서 시작하여 동쪽은 의창(宜昌) 남진관(南津關)에 이르는 전장 120키로의 험난한 협곡임. 2) 夷(이)- 평탄한 것. 3) 一間(일간)- 가까운 거리. 4) 辟(벽)- 벌리다, 열다, 개척하다. 5) 軌(궤)- 양편 수레바퀴. 6) 虎方(호방)- 작자의 주에 "호아(虎牙)와 낭미(狼尾)는 여울 이름(灘名)이다"고 하였다. 7) 黃牛(황우)- 황우산, 그 밑의 협곡 부분을 황우협(黃牛峽)이라 부르는데, 서릉협 안에 있다. 8) 喘(천)- 숨을 헐떡이다. 9) 湍(단)- 여울물, 소용돌이. 10) 疐(치)- 넘어지다, 미끄러지다. 『시경』 빈풍(豳風) 낭발(狼跋) 시에서 "늙은 이리 앞으로 나아가려다 제 턱 밑의 늘어진 살을 밟고, 뒤로 물러서려다가 제 꼬리에 걸려 넘어진다(狼跋其胡, 載疐其尾.)"고 한 표현을 빌린 것임. 11) 踦(의)- 떠받치다, 밀어주다. 12) 黃陵(황릉)- 묘(廟) 이름, 서릉협의 하류부분 강가에 있다. 13) 匭(궤)- 상자, 위험한 속을 뜻함. 14) 禁(금)- 견디어내다. 15) 鐵圍(철위)- 불교의 전설적인 산 이름. 특히 험악하기로 이름이 나 있다 (『法苑珠林』). 16) 几(궤)- 안석. 17) 奇奧(기오)- 기특한 험난함. 18) 垂堂理(수당리)- 옛날 중국 속담에 "부잣집 자식은 대청 마루 가에 앉게 하지 않는다"는 말이 있다(『漢書』司馬相如傳). 곧 귀중한 자식은 위험한 곳에 두지 않는다는 이치임.

| 解說 |

작자는 산수시를 많이 지었다. 삼협 三峽 에 관한 시만도 「구당 瞿塘」, 「무협 巫峽」, 「귀주협 歸州峽」, 「신탄 新灘」 등의 시가 있다. 자연 풍광의 묘사에서 그의 시의 특징을 가장 잘 드러내 보이고 있다고도 하겠다.

주장유가 요양으로 떠나가기에 앞서 시를 지어놓고 친구들과 이별을 하였는데, 목숨을 바치겠다는 결의가 보였다. 비장한 나머지 그의 시에 화작하여 전송함(丘長孺¹⁾將赴遼陽²⁾留詩別友意欲勿生³⁾, 壯惋⁴⁾之餘和而送之) 2수(二首)

기일(其一)

나라가 위태롭다고 누가 미리 방비를 권했던가?
봉화 연기 올라가고 북소리 울리면 변경 지키는 군사 소중한 줄 아네.
전체 요동 땅에는 일 년이면 너덧 번 전쟁 벌어지는게 일쑤인데,
나가서 죽고 부상당하는 것은 태반이 호북湖北 사람들일세.

곡 돌 하 증 권 사 신　　봉 연 부 고 중 변 신
曲突⁵⁾何曾勸徙薪고? 烽煙枹鼓⁶⁾重邊臣⁷⁾이라.
전 료 삼 오 연 중 사　　난 액 초 두 반 초 인
全遼三五年中事요, 爛額焦頭⁸⁾半楚人⁹⁾이라.

| 註解 |

1) 丘長孺(구장유) – 구탄(丘坦), 장유는 그의 자. 무과(武科)에 제일로 급제한 뒤 벼슬이 해천참장(海川參將)이 되었으며, 문인인 원굉도, 종성 등과도 친교가 있었다. 2) 遼陽(요양) – 지금의 요녕성(遼寧省) 심양(瀋陽). 명말에는 청(淸)의 군사들을 막는 변방의 요지였다. 3) 勿生(물생) – 살지 않겠다, 곧 목숨을 버리겠다는 뜻. 4) 壯惋(장완) – 비장(悲壯)한 것. 5) 曲突(곡돌) – 굽은 연통. 옛날 어떤 사람이 굽은 연통이 있는 집에 땔나무가 쌓여있는 것을 보고 화재 위험이 있으니 땔나무를 옮길 것을 권하였다(勸徙薪). 주인이 말을 듣지 않고 있는 중에 화재가 발생하였는데, 뒤에 주인은 잔치자리를 벌이고 불이 났을 때 부상을 당해가며 불을 꺼준 사람을 불러 대접하면서 미리

경고해준 사람에게는 고맙다는 인사도 하지 않았다. 그러자 그 사람은 "굽은 연통 밑의 땔나무를 옮기라고 한 은혜는 잊고, 머리와 이마를 데인 사람만을 모셔서 대접하네(曲突徙薪忘恩澤, 焦頭爛額爲上客)."하고 말하였다 한다(『漢書』霍光傳). 6) 桴鼓(부고)- 전고(戰鼓)를 울리는 것. 7) 邊臣(변신)- 변경의 신하, 변경을 지키는 장병들. 8) 爛額焦頭(난액초두)- 이마와 머리를 불에 데는 것. 9) 楚人(초인)- 초나라 사람, 여기서는 그들의 고향인 호북(湖北) 사람을 가리킴.

기이(其二)

미리 계책이 서 있어야 싸움과 수비의 조화가 이루어지는 법인데
그대가 헤아릴 적에 지금의 전세에 대한 생각이 어떠한가?
어찌 다만 방관자처럼 지내서야 되겠는가?
미리 군가軍歌와 조가弔歌를 마련할까 하네.

借箸前籌¹⁾戰守和어늘, 較²⁾君當局³⁾意如何오?
豈應但作旁觀者리오? 豫擬鐃歌⁴⁾與挽歌⁵⁾라.

| 註解 |

1) 借箸前籌(차저전주)- '저'는 젓가락, '주'는 셈 가치, 계획 또는 전략을 세우는 것. 셈 가치 대신 젓가락을 빌어 미리 작전계획을 세우는 것(『史記』留侯世家). 2) 較(교)- 헤아려 보다. 3) 當局(당국)- 지금의 전국(戰局). 4) 鐃歌(뇨가)- 한(漢)나라 시대의 군가(軍歌), 악부시(樂府詩) 고취곡사(鼓吹曲辭)에 한뇨가(漢鐃歌)가 들어있다. 5) 挽歌(만가)- 만가(輓歌), 조가(弔歌).

| 解說 |

전 오수五首 중에서 두 수만을 골랐다. 명 말에 청(淸)의 군대들이 쳐들어오자 구탄됴坦처럼 자기 목숨을 바쳐 나라를 지키려고 한 군인도 있었다. 이런 장수들이

몇 명만 더 있어도 명나라는 망하지 않았을 것이다. 오히려 조국을 팔아먹은 자들이 있어 명나라는 쉽게 멸망하였다.

배 안에서 『한단몽』 전기를 읽다가 되는대로 왼편에 적어놓음 (舟中看邯鄲夢¹⁾傳奇偶題左方)

배 속의 짧은 시간도
세상에서는 몇 대가 흐를 수 있네.
아궁이에 불 때는 짧은 시간이
꿈속에서는 몇 십년간이었으니.
신선의 나이도 짧다고 할 수 있고,
꿈 세상도 길다고 할 수가 있네.
누가 시간의 길고 짧은 근거를 알겠는가?
누가 그것을 늘였다 줄였다 하는 권한을 갖고 있는가?

舟中片時間²⁾이, 世上幾代傳이라.
爨³⁾下片時間이, 夢中幾十年이라.
仙齡亦已促⁴⁾이오, 夢境亦已延⁵⁾이라.
誰明修短⁶⁾故오? 疇⁷⁾司⁸⁾伸縮權고?

| 註解 |

1) 邯鄲夢(한단몽) - 명대의 탕현조(湯顯祖)가 지은 전기(傳奇), 당(唐)대 심기제(沈旣濟)의 『침중기(枕中記)』를 희곡으로 개편한 것으로, 부엌에서 밥을 짓는 동안 한 젊은이가 꿈에 파란 많은 수십 년의 한평생을 살고 깨어난다는

얘기이다. 2) 片時間(편시간)- 매우 짧은 시간. 3) 爨(찬)- 아궁이, 아궁이에 불을 떼어 밥을 짓는 것. 4) 促(촉)- 짧은 것. 5) 延(연)- 시간이 긴 것. 6) 修短(수단)- 장단(長短), 길고 짧은 것. 7) 疇(주)- 누구. 8) 司(사)- 관장하다.

| 解說 |

작자가 배로 여행을 하면서 탕현조의 '사몽기四夢記' 중의 하나인 『한단기』를 읽고서 그 감상을 가벼운 마음으로 배에 적은 시이다. 사실 시간이 길고 짧다는 우리의 판단은 언제나 상대적인 것이다. 절대로 길고 짧은 것이란 있을 수가 없다.

··· 작가 약전(略傳)

진자룡

陳子龍 1608~1647

자는 와자臥子, 호는 대준大樽, 송강松江 화정華亭(지금의 上海 松江) 사람. 진사가 된 뒤 병과급사중兵科給事中 벼슬을 하기도 하였으나 조정의 부패를 절감하고 벼슬을 그만두고 고향으로 돌아왔다. 숭정(崇禎) 초(1630 무렵)에 복사復社에 참가하였고, 뒤에 하윤이夏允彝와 기사幾社를 조직하여 활동하였다. 청나라 군대가 남경南京을 점령하자 고향에서 항청군抗清軍을 조직하여 싸우다가, 결국 잡히어 남경으로 이송되는 도중 물에 뛰어들어 자결하였다. 의기도 있는 명 말을 장식할만한 시인이며, 문집으로 『진충유공전집陳忠裕公全集』이 있다.

역수를 건너며 (渡易水¹⁾)

명검이 어젯밤 칼집 속에서 울었는데,
연燕 조趙의 슬픈 노래처럼 매우 불평이 담긴 듯하네.
역수는 출렁출렁 흐르고 구름 아래 초원은 푸르지만,
가련하게도 형가荊軻 같은 사람을 보낼 곳이 없구나!

并刀²⁾昨夜匣³⁾中鳴이러니, 燕趙悲歌⁴⁾最不平이라.
易水潺湲⁵⁾雲草碧이나, 可憐無處送荊卿⁶⁾이라.

| 註解 |

1) 易水(역수)- 하북성(河北省) 역현(易縣) 근처를 흐르고 있는 강물 이름. 지금은 무수(武水)라 부른다. 옛날 연(燕)나라 태자 단(丹)이 진시황(秦始皇)을 칼로 찔러죽이겠다고 길을 떠나는 자객 형가(荊軻)를 이곳에서 전별하여 유명하다. 2) 并刀(병도)- 병주(并州, 지금의 山西省 북쪽에 있던 고장)에서 나는 칼, 좋은 명도로 유명하다. 3) 匣(갑)- 칼집. 4) 燕趙悲歌(연조비가)- 연나라 조나라 지방(지금의 山西 河北 일대)의 슬픈 노래. 그 지방에는 옛날부터 강개호협(慷慨豪俠)한 사람들이 많았다 한다. 5) 潺湲(잔원)- 강물이 흐르는 모양. 6) 荊卿(형경)- 형가(荊軻)를 이르는 말.

| 解說 |

나라가 외족의 군대에게 밀리어 망해가고 있는 즈음이라 적의 장수를 찔러죽이려고 나설 형가 같은 인물이 절실히 필요한 때이다. 그러나 형가 같은 용사는 쉽사리 나타나 주지 않는다.

작은 수레의 노래 (小車行)

작은 수레 터덜터덜 저녁 햇빛 속에 누런 먼지 일으키며
남편은 밀고
마누라는 끌고 가네.
문을 나서서 어디로 가려는가?
푸른 느릅나무 잎으로 내 허기를 달래면서
낙원을 찾아서 죽이라도 함께 먹으며 편히 살아보자는 것이네.
바람이 누런 쑥대에 불어오는데
저쪽에 인가가 보이니
그곳 주인이 네게 밥 먹여 줄 거라 하네.
문을 두드려 보니 아무도 없고 집안엔 솥도 없으니
텅 빈 골목 왔다갔다하며 눈물만 비 오듯 흘리네.

小車班班[1]黃塵挽[2]이러니, 夫爲推요, 婦爲挽이라.
出門何所之오?
靑靑者楡[3]療吾飢요, 願得樂土共哺糜[4]라.
風吹黃蒿하고, 望見墻宇[5]하니, 中有主人當飼汝라 하니라.
叩門無人室無釜하니, 躑躅[6]空巷淚如雨라.

| 註解 |

1) 班班(반반) - 작은 수레가 굴러가는 소리. 2) 挽(만) - 수레를 끄는 것. 3) 楡(유) - 느릅나무. 4) 哺糜(포미) - 죽을 먹는 것. 5) 墻宇(장우) - 담장이 둘러있는 집, 인가. 6) 躑躅(척촉) - 왔다갔다하는 것.

| 解說 |

나라가 망해갈 적에 전란에 휩싸인 백성들의 고난을 그대로 표현한 시이다. 백성들은 먹을 것도 없고 몸둘 곳도 없다.

변경의 노래 (邊風行[1])

시월 달 변경 지역엔 풀도 모두 말랐고,
누런 바람이 만여 리 땅에 모래를 날리고 있네.
지는 해는 소와 양의 등을 비추고 있고
저녁이 되자 말 탄 군사들이 호가胡笳를 부네.
마른 뽕나무는 바람 소리에 섞여 바삭바삭 소리 내는데,
성 위에서 나는 호각胡角 소리는 언제나 그치려나?
수많은 봉화가 옥문관을 지나서 전하여 오자
소리치며 오랑캐들이 밤에 황하를 건너 쳐들어오네.
올빼미는 밤에 울며 전장에서 죽은 시체를 쪼아 먹고
흰 여우가 드나드는 파란 무덤에선 도깨비불이 번쩍이네.
이때 장군께선 장막 안으로 돌아와 계신데,
줄지어 세워놓은 날이 시퍼런 창을 달이 하늘에서 비치고 있네.
장막 안에서 연주되는 십부十部의 군악은 모두가 오랑캐 음악이고
몸을 흐느적이며 춤추는 여자들이 새로운 공로를 축하드리네.
미녀가 이주곡을 노래하기 시작하자
으스스 잔치자리엔 슬픈 바람이 이네.
머리를 돌려 조정의 고관들을 생각해보니

내리는 상을 받고 명광궁明光宮을 나서고 있을 것이네.

십 월 거 연 변 초 사
十月居延[2]邊草死하고,

황 풍 취 사 만 여 리
黃風吹沙萬餘里라.

낙 일 반 조 우 여 양
落日半照[3]牛與羊하고,

입 모 호 가 마 상 기
入暮胡笳[4]馬上起라.

고 상 석 석 잡 성 래
枯桑淅淅[5]雜聲來하니,

성 두 명 각 하 시 이
城頭鳴角[6]何時已오?

천 봉 제 과 옥 문 관
千烽[7]齊過玉門關[8]하니,

일 성 야 도 황 하 수
一聲夜渡黃河水라.

치 효 소 제 탁 전 장
鴟梟[9]宵啼啄戰場하고,

백 호 청 총 인 광   자
白狐靑冢磷光[10]紫라.

차 시 장 군 귀 장 중
此時將軍歸帳中이러니,

상 과 벽 립 월 재 공
霜戈[11]壁立[12]月在空이라.

금 노 십 부 진 호 악
金鐃[13]十部[14]盡胡樂이오,

굴 치 무 녀 수 신 공
屈卮[15]舞女酬[16]新功이라.

미 인 기 창 이 주 곡
美人起唱伊州曲[17]하니,

삽 연 사 좌 생 비 풍
颯然[18]四坐生悲風이라.

회 수 중 조 관 개 자
回首中朝冠蓋子[19]하니,

사 초   방 출 명 광 궁
賜貂[20]方出明光宮[21]이라.

| 註解 |

1) 邊風行(변풍행)- 옛 악부(樂府)의 잡곡가(雜曲歌)에 속하는 곡명. 대체로 변경지방의 군사들과 백성들의 고난을 노래한 것이다. 2) 居延(거연)- 지금의 내몽고(內蒙古) 액제납기(額濟納旗) 동남쪽에 있던 서한(西漢)의 현 이름. 변경지역을 대표한다. 3) 半照(반조)- 반쯤 비추다. 결국 소와 양의 등을 비추는 것이다. 4) 胡笳(호가)- 옛날 군에서 신호용으로 많이 쓰던 피리의 일종. 5) 淅淅(석석)- 바삭바삭 나는 소리. 6) 角(각)- 호각(胡角), 또는 호각(號角), 역시 옛날 군에서 신호용으로 많이 쓰던 악기의 일종. 7) 千烽(천봉)- 멀리서부터 이어지는 수많은 봉화. 8) 玉門關(옥문관)- 지금의 감숙성(甘肅省) 안서현(安西縣)에 있던 국경에 있던 관문 이름. 9) 鴟梟(치효)- 올빼미, 옛날부터 악조(惡鳥)라 알려졌다. 10) 磷光(인광)- 도깨비불, 죽은 사람 마른 뼈에서 밤이면 많이 난다. 11) 霜戈(상과)- 날이 시퍼런 창. 12) 壁

立(벽립)- 줄지어 세워놓는 것. 13) 金鐃(금뇨)- 징과 꽹가리, 징과 꽹가리가 주요 악기인 군가(軍歌), 옛날엔 요가(鐃歌)라 하였다. 14) 十部(십부)- 당(唐)대의 십부악(十部樂)을 가리키며, 외국에서 들어온 음악이 주를 이루었다. 15) 屈卮(굴치)- 춤추는 여자가 몸을 이리저리 굽히는 것을 가리킴. 16) 酬(수)- 술잔을 들어 송축하다, 축하하다. 17) 伊州曲(이주곡)- 당나라 때의 오랑캐 음악의 일종. 이주는 지금의 신강성(新疆省) 합밀(哈密) 지역으로 오랑캐 땅이었다. 18) 颯然(삽연)- 바람이 이는 모양. 19) 冠蓋子(관개자)- 관을 쓰고 수레를 몰고 다니는 고관들, 귀족들. 20) 貂(초)- 담비. 한(漢)나라 때 고관들은 천자가 공로에 따라 내려준 담비 꼬리를 머리장식으로 꽂았다. 21) 明光宮(명광궁)- 한나라 궁전 이름.

| 解說 |

변경의 황량함을 노래하면서 국방에 소홀한 명나라 고관들과 조정을 신랄하게 꼬집고 있다. 장군은 군막 안에서 오랑캐들이 적인 줄도 모르는 듯이 오랑캐 음악과 오랑캐 춤을 즐기고 있고, 조정에서는 제대로 할 일도 하지 못하는 고관들에게 공로가 많다고 하면서 상을 내리고 있다. 이처럼 국방에 소홀한 나라라면 망하지 않을 수가 없었을 것이다.

종군의 노래 (從軍行)

활시위를 당기며 홀로 이릉대에 올라가
연지산燕支山을 멀리 바라보니 가을빛 완연하네.
사막 길은 서쪽으로 삼만리나 굽이지며 뻗었고,
푸른 하늘 저 멀리로 백룡퇴白龍堆가 펼쳐 있네.

彎弓[1]獨上李陵臺[2]하여, 極目[3]燕支[4]秋色來라.
磧[5]路西回三萬里요, 靑天遙挂白龍堆[6]라.

| 註解 |

1) 彎弓(만궁)- 활줄에 화살을 걸고 시위를 당기는 것. 2) 李陵臺(이릉대)- 지금의 내몽고(內蒙古) 정람기(正藍旗) 남흑성(南黑城)에 있으며, 적은 군대를 이끌고 흉노족과 싸우다가 결국은 항복한 한(漢)나라 장수 이릉(李陵)으로 말미암아 붙여진 이름임. 3) 極目(극목)- 멀리 바라보는 것. 4) 燕支(연지)- 지금의 감숙성(甘肅省) 영창현(永昌縣) 서쪽에 있는 산 이름, 언지(焉支)라고도 부름. 5) 磧(적)- 모래밭, 사막. 6) 白龍堆(백룡퇴)- 사막 이름, 지금의 신강성(新疆省) 동쪽 천산남로(天山南路)에 펼쳐 있음.

| 解說 |

시에 보이는 지명들의 거리가 서로 너무나 멀다. 작자는 서북쪽 국경에 대한 경계심을 일깨우기 위하여 이 시를 썼을 것이다.

교하 (交河¹⁾)

새들이 우는 속에 말 탄 군사들 움직이고 있고,
새벽 햇빛은 호타하滹沱河에 펼쳐지고 있네.
바다 기운은 삼신산三神山까지 통하는 듯하고,
하늘 아래 구하九河는 잔잔한 바람 타고 흐르고 있네.
넓은 사막 변경의 풀은 끝없이 펼쳐있고,
변경 하늘엔 많은 구름으로 햇빛도 엷네.
백 리를 지나도 밥 짓는 연기 오르지 않으니,
텅 빈 숲 속을 부질없이 홀로 지나고 있는 듯하네.

조 제 정 마 동   서 색 산 호 타
鳥啼征馬動하고, 曙色散滹沱²⁾라.
해 기 통 삼 도   천 풍 정 구 하
海氣通三島³⁾하고, 天風靜九河⁴⁾라.

사 평 변 초 단　　　　일 담 새 운 다
　　沙平邊草斷⁵⁾이오,　日淡塞雲多라.

　　　백 리 무 연 화　　　　공 림 왕 자 과
　　百里無烟火하니,　空林枉⁶⁾自過라.

| 註解 |

1) 交河(교하)- 지금의 하북성(河北省)에 있던 고을 이름.　2) 滹沱(호타)- 호타하(滹沱河), 지금의 하북성 서쪽에 흐르고 있다.　3) 三島(삼도)- 삼신산(三神山), 동해 속에 있다는 신선들이 사는 봉래(蓬萊) 방장(方丈) 영주(瀛洲)의 세 섬.　4) 九河(구하)- 하남성(河南省)의 맹진(孟津) 이북의 황하(黃河)는 아홉 갈래의 지류가 있어서 구하라 부른다.　5) 斷(단)- 끝이 없는 것, 한없이 펼쳐 있는 것.　6) 枉(왕)- 공연히, 부질없이.

| 解說 |

명말 청나라 군대가 쉴 새 없이 쳐들어오던 때의 변경 지역을 여행하면서 느낀 감회이다. 백 리를 가도 밥 짓는 연기가 보이지 않는다니 나라가 망하기에 앞서 백성들은 이미 형편없는 처지에 놓인 것이다. 작자는 조국을 위하여 힘을 다해보려고 지금 길을 나서고 있지만 이미 형국은 명나라를 구하기 어려운 처지임을 느끼고 있는 듯하다.

요동(遼東) 사태에 대한 잡생각 (遼事¹⁾雜詩)

노룡의 웅장한 요새는 하늘 높이 뻗혀져 있는데,
십 년 동안 세 번이나 적병이 침입해 왔네.
사막에 호각소리는 해와 달을 요동시킬 정도였고,
회중에선 봉화 빛이 누대를 동요시킬 지경이었네.
명왕능明王陵엔 흰 이슬만이 해마다 가득 내렸고,
성 밖에는 파란 도깨비불이 밤마다 슬프게 반짝였네.

모두가 나라의 운명은 외교 여하에 달렸다고 하는데,
지금 일을 수행할 뛰어난 인재로 누가 있는가.

盧龍²⁾雄塞倚天開로되,　十載三逢³⁾敵騎來라.
磧⁴⁾裏角聲搖日月이오,　回中⁵⁾烽色動樓臺라.
陵園⁶⁾白露年年滿이오,　城郭靑燐⁷⁾夜夜哀라.
共道安危任樽俎⁸⁾나,　卽今誰是出羣才⁹⁾오?

| 註解 |

1) 遼事(요사)- 요동(遼東) 사태(事態). 명 말엽 후금(後金)은 나라를 세운 뒤 천계(天啓, 1621-1627) 숭정(崇禎, 1628-1644) 연간에 와서는 요동 지역을 중심으로 하여 명나라를 빈번히 침략하여 왔다. 이 시는 숭정 10년(1637) 전후에 지은 시이다. 2) 盧龍(노룡)- 산 이름. 열하(熱河)의 칠로도령(七老圖嶺)에서 시작하여 만리장성을 따라 산해관(山海關) 북쪽의 송령(松嶺)까지 뻗어있는 큰 산임. 3) 십재삼봉(十載三逢)- 십 년에 세 번 적을 만나다. 숭정 2년(1629) 11월, 7년(1634) 7월, 9년(1636) 세 번 청(淸, 곧 後金)나라 군사들이 쳐들어 왔음. 4) 磧(적)- 모래밭, 사막. 5) 回中(회중)- 지금의 감숙성(甘肅省) 고원(固原), 진(秦)나라의 회중궁(回中宮)이 있던 곳임. 6) 陵園(능원)- 북경(北京) 창평(昌平) 천수산(天壽山)에 있는 명나라 황제들의 무덤. 7) 靑燐(청린)- 파란색의 도깨비불. 8) 樽俎(준조)- 술그릇과 음식 그릇. 잔치자리에서 외교상담(外交商談)을 뜻하는 말로 쓰이고 있다(『晏子春秋』 雜上 16). 9) 出羣才(출군재)- 나랏일을 감당할 출중한 인재.

| 解說 |

작자는 청나라의 위협을 걱정하는 시를 8수 이어서 짓고 있는데, 그 중 한 수를 고른 것이다. 조국의 안위를 걱정하는 우국충정이 잘 드러나는 시이다.

가을날의 잡된 감회 (秋日雜感)

왔다 갔다 하며 시 읊다가 앉아서는 휘파람 불며 홀로 가을 슬퍼하고 있으니,
바다를 덮은 안개와 강 위의 구름이 저녁의 시름을 불러 일으키네.
하늘이 계시다 해도 믿을 수 없으니 늘 술 취하신 것 같고,
가장 가엾은 것은 걱정을 묻어버릴 곳도 없다는 것일세.
거칠고 거칠어진 옛 우물터엔 새로운 귀신들이 많고,
적막한 외밭엔 숨어 사려는 귀족들이 눈에 뜨이네.
듣건대 태호太湖에서도 청나라 군사들의 말이 물을 마시고 있다 하니,
푸른 물결 이는 어느 곳에 고깃배를 대어야 하는가?

행음좌소독비추　　　　해무강운인모수
行吟坐嘯獨悲秋하나니,　海霧江雲引暮愁라.
불신유천상사취　　　　　최련무지가매우
不信有天常似醉¹⁾요,　最憐無地可埋憂라.
황황규정　다신귀　　　　적적과전　식고후
荒荒葵井²⁾多新鬼요,　寂寂瓜田³⁾識故侯⁴⁾라.
견설오호　공음마　　　　창랑　하처착어주
見說五湖⁵⁾供飮馬니,　滄浪⁶⁾何處著漁舟오?

| 註解 |

1) 天常似醉(천상사취)- 하늘이 늘 취하여 있는 듯하다, 곧 오랑캐 나라의 침입을 그대로 보고만 있는 하늘이 무심하다는 뜻이다.　2) 葵井(규정)- '규'는 아욱, 나물의 일종. 곧 아욱이 자란 우물로, 이전에 사람들이 살던 집터를 가리킨다.　3) 瓜田(과전)- 외밭.　4) 故侯(고후)- 옛 제후. 진(秦)나라 동릉후(東陵侯) 소평(邵平)은 진나라가 망한 후 장안(長安) 동쪽 시골에서 외

를 길으며 숨어 살았다. 여기서는 명나라가 망한 뒤 시골에 숨어 산 귀족들을 가리킨다. 5) 五湖(오호)- 태호(太湖). 6) 滄浪(창랑)- 푸른 물결이 이는 강호(江湖).

| 解說 |

이 시는 '오중에 객거 客居 하면서 지음(客吳中作)'이란 제주 題注 가 붙은 연작 連作 10수 중의 제2수이다. 청나라 순치 順治 3년(1646), 작자가 일년 전 소주 蘇州 를 점령하면서 남하한 청(淸)나라 군사를 막는 싸움에 실패를 하고 가흥 嘉興 무당 武塘 일대에 피신을 하고 지내면서 지은 시이다. 조국의 멸망을 가슴 아파하는 애국 인사의 시름이 그대로 전달되는 시이다.

아흐렛날 일람루에 올라 (九日¹⁾登一覽樓²⁾)

높은 누각에 올라 술잔을 기울이며 「겸가 蒹葭」 시를 읊으며
남쪽으로 소상수 瀟湘水 의 한 자락을 바라보네.
구름 덮인 산기슭은 푸른 바다 안개에 반쯤 잠겨있고,
물가의 단풍은 멀리 적성의 노을을 물들인 듯 물에 비치네.
쌍으로 나는 해와 달은 명마가 달려가듯 빠르고,
반쯤 무너진 강산은 영웅이 나타나 수습해 주기를 바라고 있네.
용을 잡을만한 검술을 익히고도 공연히 두 손 묶어놓고,
칼끝만을 번쩍번쩍 서리꽃 뿌려지듯 휘두르네.

危樓³⁾樽酒賦蒹葭⁴⁾하며, 南望瀟湘水⁵⁾一涯라.
雲麓半函⁶⁾青海霧하고, 岸楓遙映赤城⁷⁾霞라.
雙飛日月驅神駿⁸⁾이오, 半缺河山待女媧⁹⁾라.

學就屠龍¹⁰⁾空束手하고, 劍鋒騰踏¹¹⁾繞霜花라.
<small>학 취 도 룡　공 속 수　　검 봉 등 답　요 상 화</small>

| 註解 |

1) 九日(구일)- 음력 구월 구일, 중양절(重陽節), 친구들과 등고부시(登高賦詩)하며 술 마시고 즐기던 절일이다. 2) 一覽樓(일람루)- 송강성(松江城) 서남쪽 초과사(超果寺) 안에 있던 누각. 3) 危樓(위루)- 높은 누각. 4) 蒹葭(겸가)-『시경』진풍(秦風) 중의 시. 모전(毛傳)에서는 "주례(周禮)를 이용하여 그의 나라를 굳건히 하지 못하는 양공(襄公)을 풍자한 시"라 풀이하고 있다. 위기에 처한 조국을 구하지 못함을 자책하고 있는 것이다. 5) 瀟湘水(소상수)- 광서성(廣西省)에서 시작하여 호남성(湖南省)에 흐르고 있는 강물 이름, 상수(湘水)를 가리킴. 6) 半函(반함)- 반이 담기어 있다, 반쯤 잠기어 있다. 7) 赤城(적성)- 절강성(浙江省) 천태현(天台縣) 서북쪽에 있는 산 이름. 8) 神駿(신준)- 명마, 천리마(千里馬). 9) 女媧(여와)- 중국 고대신화 중의 여신. 공공(共工)과 축융(祝融)이 싸우다가 하늘과 땅을 무너뜨렸는데, 여와는 오색석(五色石)을 다져가지고 무너진 하늘을 보수하였다 한다. 망해가는 조국을 구출할 영웅을 가리킨다. 10) 屠龍(도룡)- 한 사람이 용을 잡는 기법을 배웠으나 쓸 곳이 없었다 한다(『莊子』列禦寇). 11) 騰踏(등답)- 이리저리 번쩍거리는 것.

| 解說 |

작자는 청나라 군대와의 싸움에 지고 고향으로 돌아와 망해가는 조국을 슬퍼하고 있다. 다만 명나라에는 이 시인 같은 애국자도 별로 많지 않았던 것 같다.

... 작가 약전(略傳)

장황언

張煌言 1620~1664

자는 현저玄著, 호는 창수蒼水, 은현鄞縣(지금의 浙江省 寧波) 사람. 향시鄕試에 급제하여 거인擧人이 된 뒤 청나라 군사들이 남하하자 청나라와 싸울 군사들을 모집하여 청나라에 대항하여 싸웠다. 그러는 중에 진사가 되어 벼슬이 병부상서兵部尙書까지 올랐다. 뒤에 정성공鄭成功과 힘을 합쳐 북쪽 지방을 정벌 하였으나, 뜻대로 되지 않아 정성공이 대만臺灣으로 들어간 뒤, 그도 부하들을 해산시키고 바다 섬 속으로 들어가 숨었으나 곧 잡히어 죽음을 당하였다. 그의 시는 비장하고도 슬프며 명나라가 망해가고 있는 실정을 드러내 보여주고 있다. 문집으로 『장창수집張蒼水集』이 있다.

신축년 가을 청군이 복건(福建) 절강(浙江) 연해의 주민들을 모두 옮겨가게 하여 임인년 봄에 나는 배를 타고 바닷가로 돌아오고 있었는데, 봄 제비가 와서 배에 집을 짓기에 그 느낌을 읊음 (辛丑¹⁾秋虜²⁾遷閩浙³⁾沿海居民, 壬寅⁴⁾ 春余艤棹⁵⁾海濱, 春燕來巢于舟有感而作)

작년에는 새로이 제비가 날아와서
우리 큰 집에 새 집을 지었었는데,
올해에 그 옛 제비가 날아와 보니
옛날 자리엔 깨어진 기와장만 쌓여있었네.
제비가 주인에게 문안을 드리고 말을 하는데
재잘거리면서 눈물 잔뜩 흘리네.
아름다운 집 들보는 바랄 수가 없어서
아름다운 배에 잠시 의지해 보려는 거라네.
나래를 거두며 배에 의지하게 된 것을 한탄하고
진흙을 물고서 배가 출렁이는 것을 탄식하네.
스스로 말하기를 "바로 전의 가을 사화社火 때 돌아갔다가
바로 봄 사화 때 돌아와 보니 상황은 더욱 악화되어 있어서,
온 뜰의 향기로운 풀들 병란에 불타버렸는데
좋은 집들이 어찌 편안히 탈 없을 수가 있겠습니까?
가장 가엾은 것은 일반 백성들 집이니
연기 속에 황폐하여져 모두가 폐허처럼 되었습니다."
그대는 진晉나라 중엽에 오호五胡가 난리를 일으켰던 것을 보
   지 못했는가?

그때처럼 불에 타 쓸쓸해져 천리를 가도 외로운 형편 되었네.
봄 제비는 숲 속 나무에 집을 짓고
텅 빈 산에선 자고새가 울고 있네.
지금 오랑캐 말들이 계속 남쪽 땅에서 풀 뜯어먹고 있고,
강가 마을의 고목에는 족제비들만 뛰어놀고 있네.
온 세상 집들은 사방의 벽만이 남고
제비는 와서 또 돛대 위의 새들 따라다니게 되었네.
바다의 영감 제비 돌아보며 크게 탄식하는데,
바람 막는 발과 비 막는 장막 아래서 무얼 어찌한단 말인가?

거 년 신 연 지　　　신 소 재 대 하
去年新燕至하여, 新巢在大廈[6]러니,

금 년 구 연 래　　　구 루 다 패 와
今年舊燕來하니, 舊壘[7]多敗瓦[8]라.

연 어 문 주 인　　　이 남 루 영 파
燕語問主人하니, 呢喃[9]淚盈把[10]라.

화 량 불 가 망　　　화 익 요 상 방
畵梁不可望하여, 畵鷁[11]聊相傍[12]이라.

숙 우 한 의 서　　　함 니 탄 표 탕
鷫羽[13]恨依栖하고, 銜泥嘆飄蕩[14]이라.

자 언 작 사 추 사 귀　　　비 래 춘 사 첨 악 황
自言昨辭秋社[15]歸라가, 比來春社添惡況[16]이라.

일 편 미 무 병 선 홍　　　주 문 나 득 안 무 양
一片蘼蕪[17]兵燹[18]紅하니, 朱門[19]那得安無恙[20]하리오?

최 련 심 상 백 성 가　　　황 연 총 사 오 의 항
最憐尋常百姓家니, 荒烟總似烏衣巷[21]이라.

군 불 견 진 실 중 엽　　　난 오 호　　연 화 소 조 천 리 고
君不見晉室中葉[22]亂五胡아? 烟火蕭條[23]千里孤라.

춘 연 소 림 목　　　공 산 제 자 고
春燕巢林木이오, 空山啼鷓鴣[24]라.

只今胡馬仍南牧^{지금호마잉남목}이오, 江村古樹竄^{강촌고수찬}²⁵⁾鼪鼯^{생오}²⁶⁾라.
萬門千戶徒四壁^{만문천호도사벽}이오, 燕來亦隨檣^{연래역수장}²⁷⁾上鳥^{상조}라.
海翁顧燕且太息^{해옹고연차태식}하니, 風簾^{풍렴}²⁸⁾雨幕胡爲乎^{우막호위호}아?

| 註解 |

1) 辛丑(신축)- 청나라 순치(順治) 18년(1661). 정성공(鄭成功)이 대만으로 들어가자 그를 고립시키기 위하여 청나라에서는 복건성(福建省) 절강성(浙江省) 연해의 주민들을 내륙으로 쫓아버리고 민가를 모두 태워버려 해안 일대는 폐허가 되어버렸다. 2) 虜(노)- 적, 청나라를 가리킴. 3) 閩浙(민절)- 복건성과 절강성. 4) 壬寅(임인)- 1662년. 작자 장황언은 군사를 이끌고 복건성으로 들어가 정성공에게 편지를 보내어 나와서 계속 싸울 것을 권했으나 뜻대로 되지 않자, 이 해 봄에 다시 군사를 이끌고 바다를 통하여 절강성으로 돌아왔다. 이 시는 이때 본 것과 경험한 것을 노래한 것이다. 5) 艤棹(의도)- 배를 몰아 바닷가로 나가는 것. 6) 大廈(대하)- 큰 건물, 큰 집. 7) 舊壘(구루)- 옛날 자리. 8) 敗瓦(패와)- 깨진 기와. 9) 呢喃(이남)- 제비가 조잘대는 것. 10) 盈把(영파)- 두 손 가득, 매우 많이. 11) 鷁(익)- 뱃머리를 익(鷁)새 모양으로 장식한 배. 12) 傍(방)- 의지하다, 기대다. 13) 肅羽(숙우)- 깃을 거두다, 나래를 움츠리다. 14) 飄蕩(표탕)- 배가 철렁철렁 흔들리는 것. 15) 秋社(추사)- 가을에 사당(社堂)에 제사지내는 것. 중국의 거의 모든 마을에 사(社)가 있었다. 16) 惡況(악황)- 악한 상황, 악한 상태. 17) 蘼蕪(미무)- 궁궁(芎藭)이, 약초로도 쓰이는 좋은 풀. 사람들에게 도움이 되는 모든 식물을 대표한다. 18) 兵燹(병선)- 병란으로 말미암은 재해. 19) 朱門(주문)- 화려한 집, 부잣집. 20) 無恙(무양)- 탈이 없는 것. 21) 烏衣巷(오의항)- 남경(南京)의 지명, 옛날 귀족들이 살던 고장. 당(唐)나라 유우석(劉禹錫)이 「금릉회고(金陵懷古)」 시에서 오의항의 몰락을 노래한 것을 인용한 구절이다. 22) 진실중엽(晉室中葉)- 진나라 중엽, 서기 304-439년 사이, 오호십륙국(五胡十六國)이 흥망을 거듭하던 기간. 23) 蕭條(소조)- 쓸쓸하고 처량한 모양. 24) 鷓鴣(자고)- 꿩과에 속하는 새의 일종. 25) 竄(찬)- 들락거리며 뛰어노는 것. 26) 鼪鼯(생오)- 족제비. 27) 檣(장)- 돛대. 28) 風簾(풍렴)- 바람을 막는 발.

| 解說 |

작자가 타고 있는 배에 우연히 제비가 날아와 집을 짓는 것을 보고, 청나라 군사들이 절강성과 호남성 해안에서 저지르고 있는 잔혹한 행위를 고발하고 있다. 중국에는 이러한 전쟁이 거의 끊일 날이 없었다. 청나라는 이민족이었기 때문에 더욱 잔혹하지 않을 수가 없었을 것이다.

갑진년 팔월 고향을 떠나면서 (甲辰[1]八月辭故里)

나라 망하고 집안 무너졌는데 어디로 가려는가?
서호西湖 가에 내 스승님이 모셔져 있으니,
해와 달이 짝지어 비치는 듯한 우겸于謙의 무덤이 있고,
반쪽 천하라도 보전하려던 악비岳飛의 사당이 있네.
부끄럽게도 아무 일도 하지 못한 빈손으로 나도 한 자리 끼어
　들려 하고 있으니,
감히 나라 위한 붉은 마음으로 그 자리 빌리자는 것일세.
훗날 전당강錢塘江 어귀에 물결이 일 때
노여운 파도에는 오자서伍子胥의 넋 뿐만이 아니라 내 충혼도
　섞여있음 알아주기를!

　　국 망 가 파 욕 하 지　　　서 자 호 두 유 아 사
　　國亡家破欲何之오?　西子湖[2]頭有我師니,
　　일 월 쌍 현 우 씨　묘　　　건 곤 반 벽　악 가 사
　　日月雙懸于氏[3]墓요, 乾坤半壁[4]岳家祠[5]라.
　　참 장 적 수　분 삼 석　　　감 위 단 심 차 일 지
　　慚將赤手[6]分三席[7]이나, 敢爲丹心借一枝[8]라.
　　타 일 소 거　동 절 로　　　노 도 기 필 속 치 이
　　他日素車[9]東浙路[10]면, 怒濤豈必屬鴟夷[11]리오?

| 註解 |

1) 甲辰(갑진)- 청나라 강희(康熙) 3년(1664). 작자는 이 해 7월에 숨어있던 섬에서 잡히어 고향으로 압송되었다가 8월에 다시 항주(杭州)로 이송되었다. 작자는 고향을 떠나면서 항주 서호에서 죽을 결심을 하고 있는 것이다. 2) 西子湖(서자호)- 항주의 서호(西湖). 3) 于氏(우씨)- 우겸(于謙), 정통(正統) 14년(1449)에 와라부(瓦刺部)가 침입하여 영종(英宗)을 잡아갔을 적에 수도 북경(北京)을 수비하고 영종을 되돌아오게 하여 명나라 왕조를 지킨 사람(앞의 그의 略傳 참조). 서호의 서남쪽 가 삼대산(三臺山)에 그의 무덤이 있다. 4) 半壁(반벽)- 반쪽, 남송(南宋)을 가리킴. 5) 岳家祠(악가사)- 악비(岳飛)의 사당(祠堂). 서호의 북쪽 가 서하령(棲霞嶺) 위에 악비의 무덤과 사당이 있다. 악비는 남송 때 북쪽에서 침략해 오는 금(金)나라 군대를 맞아 싸우다가 결국은 젊은 나이에 화의(和議)를 주장하는 자들의 모함으로 억울하게 죽었던 애국자임. 6) 赤手(적수)- 빈 손, 아무런 공적도 세우지 못한 것을 뜻함. 7) 分三席(분삼석)- 세 자리를 나누어 갖다. 우겸 악비와 함께 애국자가 묻힌 서호 가에 묻히게 될 것임을 뜻함. 8) 借一枝(차일지)- 한 가지를 빌리다, 무덤 한 자리를 빌리어 자기가 묻히게 될 것임을 뜻함. 9) 素車(소거)- 흰 수레, 유명한 서호 가까운 전당강(錢塘江)의 조수(潮水)를 가리킴. 10) 東浙路(동절로)- 전당강이 있는 절동(浙東) 지방. 11) 鴟夷(치이)- 가죽으로 만든 부대의 일종. 춘추(春秋)시대에 오(吳)나라를 섬긴 오자서(伍子胥)는 큰 공로에도 불구하고 만년에 모함을 받아 사형을 당한 뒤 그의 시체는 가죽부대에 담겨져 강물에 버려졌다 한다. 그의 원혼은 뒤에 노도(怒濤)가 되어 물가에 물결을 크게 일으켰다 한다.

| 解說 |

작자의 애국 충혼이 뜨겁게 느껴진다. 이 시는 작자가 청나라 군대에게 잡힌 다음 고향에서 항주로 압송되면서 지은 시이다. 이미 그는 우겸과 악비라는 위대한 애국자가 묻혀있는 항주에서 죽어 서호 가에 묻힐 것을 결심하고 있다. 오자서의 정혼精魂처럼 죽어서도 그의 충혼은 노도가 되어 자기 백성들을 일깨워줄 것이라는 끝 대목에서는 비장함이 느껴진다.

... 작가 약전(略傳)

하완순

夏完淳 1631~1647

자는 존고存古, 호는 소은小隱, 송강松江 화정華亭(지금의 上海 松江) 사람. 아버지 하윤이夏允彝는 진자룡陳子龍과 함께 기사幾社를 조직했던 사람이다. 하완순은 14세에 아버지와 스승인 진자룡을 따라 청나라 군사들에 맞서 싸우는 군대에 참여했는데, 순치順治 3년 싸움에 지자 그의 아버지는 물에 몸을 던져 죽었다. 하완순은 다음 해 다시 스승 진자룡과 의군義軍을 조직하여 싸움에 참가하였다. 그러나 다시 패하여 잡히어 죽었는데, 나이 겨우 17세였다. 그러나 젊은 나이에도 명나라의 멸망을 반영하는 시들을 남겼고, 문집으로 『하완순집夏完淳集』이 있다.

길 노래 (長歌)

내 하늘에 오르려 하니 구름이 서리어 있고,
바람을 타고 가려 하니 나래가 없고,
산에 오르려 하니 진흙이 미끌미끌하고,
강물을 건너려 하니 날씨가 추워서 걱정이네.
옥으로 장식한 경옥瓊玉관 쓰고 패옥佩玉이 잘랑거리는 허리
　　띠 매고,
향나무와 계수나무로 만든 노 저으며 소용돌이치는 물결 헤
　　치고 가네.
호수 안에는 무엇보다도 붉은 난초 많은데,
바람 일며 해 저무는데도 부질없이 왔다 갔다 하고만 있네.
향초 바구니 가득히 뜯고 나니 사모하는 이 그리워지는데,
그 이 어디 계신고 하니 푸른 하늘 구름 저 멀리네.
검은 비단옷 입고 옥관을 쓰고서,
밝은 달 같은 귀고리 달고 여섯 마리 난鸞새 방울 단 말이 끄
　　는 수레 타시네.
가서 그 분을 따르자니 길이 험난하여
그리움에 두 줄기 눈물 흘러 흰 비단 옷자락 적시네.
좋은 안주 맛있는 술도 먹고 마시지 못하고
아름다운 거문고로 바람 속에 한 곡조 뜯어보네.
바람 거세지자 거문고줄 끊어지고 애간장 무너지는데,
달은 밝고 별은 드문드문 한데 북두칠성 비껴있네.

　　　　아 욕 등 천 운 반 반　　　　아 욕 어 풍 무 우 한
　　　　我欲登天雲盤盤[1]하고,　我欲御風無羽翰[2]하며,

我欲陟山泥洹洹³⁾하고, 我欲涉江憂天寒이라.
瓊弁⁴⁾玉籹⁵⁾珮⁶⁾珊珊⁷⁾하고, 蕙橈桂櫂⁸⁾凌回瀾⁹⁾이라.
澤中何有多紅蘭이오, 天風日暮徒盤桓¹⁰⁾이라.
芳草盈篋¹¹⁾懷所歡¹²⁾이니, 美人何在靑雲¹³⁾端이라.
衣玄綃¹⁴⁾衣冠玉冠하고, 明璫¹⁵⁾垂絓¹⁶⁾乘六鸞¹⁷⁾이라.
欲往從之道路難하니, 相思雙淚流輕紈¹⁸⁾이라.
佳肴旨酒不能餐하여, 瑤琴¹⁹⁾一曲風中彈이라.
風急弦絶摧²⁰⁾心肝하니, 月明星稀斗闌干²¹⁾이라.

| 註解 |

1) 盤盤(반반)- 이리저리 서리어 있는 모양. 2) 羽翰(우한)- 나래. 3) 洹洹(원원)- 미끌미끌한 것, 진흙이 많은 모양. 4) 瓊弁(경변)- 경옥(瓊玉)으로 장식한 관. 5) 籹(유)- 성대한 것, 무성한 것. 6) 珮(패)- 허리에 찬 패옥(佩玉). 7) 珊珊(산산)- 잘랑거리다, 옥이 서로 부딪쳐 나는 소리. 8) 蕙橈桂櫂(혜요계도)- 향목으로 만든 짧은 노와 계수나무로 만든 노. 아름다운 배를 뜻함. 9) 回瀾(회란)- 소용돌이치는 물결. 10) 盤桓(반환)- 서성이다, 왔다 갔다 하다. 11) 篋(협)- 대바구니. 12) 所歡(소환)- 좋아하는 사람, 사모하는 사람. 13) 靑雲(청운)- 푸른 높은 하늘에 떠있는 구름. 14) 玄綃(현초)- 검은 비단. 15) 明璫(명당)- 밝은 달 같은 귀 장식, 명월당(明月璫, 古詩인 「古詩爲焦仲卿妻作」에 보임). 16) 垂絓(수괘)- 매달리어 있는 것, 걸리어 늘어져 있는 것. 17) 鸞(란)- 새의 일종. 옛날 임금들의 수레를 끄는 말들은 굴레 양편에 난새 모양의 방울을 달았음으로, 난새 모양의 방울을 단 좋은 말을 가리킨다. 18) 紈(환)- 흰 비단. 19) 瑤琴(요금)- 요옥(瑤玉)으로 장식한 아름다운 금. 20) 摧(최)- 부서지다. 21) 闌干(란간)- 옆으로 비스듬히 빗겨있는 모양.

| 解說 |

하완순이 14세의 나이로 아버지와 함께 도독都督 오지규吳志葵의 군대로 들어가 청나라 군대와 싸웠는데 패전하여 그의 아버지는 자살을 하고, 오지규는 전사를 한다. 그러나 하완순은 살아남아 다시 오지규吳志葵와 함께 청나라 군대와 싸우는 데, 이 시는 그때 지은 것이다. 시의 솜씨가 십여 세의 소년 같지 않다. 그의 참된 충정이 이런 시를 낳게 하였을 것이다. 이 시에서 말하는 그가 "사모하는 이"란 전사한 도독 오지규이거나, 물에 스스로 몸을 던진 그의 아버지일 것이다.

가을밤의 감회 (秋夜感懷)

누각에 올라 북쪽 바라보니 아찔해지고,
모래밭 풀은 차가운 물가 물속에 잠겨버렸네.
달이 솟아오르니 장강 강물이 희어지고,
구름과 이어진 큰 바다는 푸르네.
기러기가 날아가는 곳 이미 우리나라가 아니고,
잃은 중원 땅 슬퍼하는 피리 소리 신정에서 나네.
슬픈 노래의 뜻은 한이 없고,
임의 혼령은 아득히 계신 곳 알 수 없네.

登樓迷北望하고, 沙草沒寒汀[1]이라.
月涌[2]長江白이오, 雲連大海靑이라.
征鴻非故國이오, 橫笛起新亭[3]이라.
無限悲歌意오, 茫茫[4]帝子靈[5]이라.

| 註解 |

1) 汀(정)- 물가. 2) 涌(용)- 물이 솟아나오다, 오르다. 3) 新亭(신정)- 남경(南京) 남쪽에 있던 정자 이름. 동진(東晉) 때 승상(丞相)이 손님들과 이곳에서 잔치를 벌였는데, 도중에 한 사람이 중원(中原) 땅이 이미 오랑캐들에게 점령당한 것을 생각하며 "풍경은 전과 다름없는데 온통 강산(江山)은 달라진 것 같습니다" 하고 말하자, 모두가 눈물을 흘렸다 한다(『世說新語』言語). 여기서도 중원 땅이 이미 모두 청나라 군대 손으로 들어간 것을 슬퍼한 것이다. 4) 茫茫(망망)- 아득한 모양. 5) 帝子靈(제자령)- 『초사(楚辭)』 구가(九歌)에서 상부인(湘夫人)을 제자라 부르고 있다. 여기서는 '임의 영혼'을 뜻한다.

| 解說 |

망해가는 조국을 생각하는 가슴이 뜨겁다. "누각에 올라 북쪽을 바라보니 아찔해진다"는 첫 구절에서 시작하여 "기러기가 날아가고 있는 곳도 이미 고국이 아니라"는 구절에 이르기까지 조국을 슬퍼하는 마음이 애절하다. "임의 혼령"은 명나라를 구하려고 작자와 함께 싸우다가 전사한 오지규 吳志葵 와 작자의 아버지를 가리킨다고 보아도 좋고, 더 많은 애국지사들의 정령 精靈 을 가리키는 것으로 보아도 좋을 것이다.

즉사 (卽事¹⁾)

초楚 나라를 되찾으려는 뜻 얼마나 지극하였던가?
진秦 나라 망치는 정도로 오기 가라앉힐 수 없을 것이네.
거센 바람에 실려 맑은 호각소리 세차게 들리고,
지는 해에 비친 큰 깃발이 선명하네.
상복 걸친 채 나라 위해 몸바쳐
전선 戰船 을 타고 사생을 결하려 하네.
오랑캐 피리 소리 들으니 천고의 한이 맺히는데,

한 조각달만이 성 위에 떠있네.

復楚²⁾情何極고? 亡秦氣未平이라.
雄風淸角勁³⁾이오, 落日大旗明이라.
縞素⁴⁾酬家國이니, 戈船⁵⁾決死生이라.
胡笳⁶⁾千古恨이오, 一片月臨城이라.

| 註解 |

1) 卽事(즉사)- 시사(時事)에 대한 즉흥(卽興). 2) 復楚(복초)- 초나라를 되찾는 것. 전국(戰國) 말엽 초나라는 진(秦)나라에 멸망하였는데, 그때 사람들은 "초나라에 비록 세 집만 남는다 하더라도 진나라를 멸망시키는 것은 반드시 초나라일 것이다(楚雖三戶, 亡秦必楚.)"라 하였다. 첫째, 둘째 구절은 이 말을 인용하고 있다. 곧 초나라는 명나라에 진나라는 청나라에 비기고 있는 것이다. 3) 勁(경)- 힘이 센 것. 4) 縞素(호소)- 흰 상복. 이 시는 청나라 군대에게 패하여 아버지가 돌아가신 다음 다시 청나라와 싸우는 전쟁에 참여하고 있을 적에 지은 것이다. 5) 戈船(과선)- 전선(戰船). 6) 胡笳(호가)- 오랑캐 피리 소리.

| 解說 |

이 시는 3수의 시 중에서 하나를 고른 것이다. 작자가 청나라 순치順治 3년 (1646) 청나라 군대와의 싸움에 패하여 아버지를 잃은 뒤 다시 진자룡陳子龍과 함께 오역吳易의 부대로 들어가 군사참모軍事參謀로써 청나라 군사들과 싸우는 중에 지은 시이다. 우국의 정이 넘치는 여운이 풍부한 시이다.

절구 (絶句)

조각배로 밝은 달이 뜬 두 산봉우리 사이를 지나는데,
갈대꽃밭은 끝없건만 임은 돌아올 줄 모르네.
표묘봉 縹緲峯 아득히 보이나 가까이 갈 수 없고,
흰 구름 덮인 동정산은 공연히 푸르게 솟아있네.

편 주 명 월 양 봉 간   천 경 노 화 인 미 환
扁舟明月兩峯¹⁾間이오, 千頃蘆花人未還이라.
표 묘 창 망 불 가 접   백 운 공 취 동 정 산
縹緲²⁾蒼茫不可接이오, 白雲空翠洞庭山³⁾이라.

| 註解 |

1) 兩峯(양봉)- 태호(太湖) 가의 서산(胥山)과 향산(香山)의 두 봉우리인 듯하다. 2) 縹緲(표묘)- 태호의 서동정산(西洞庭山)의 가장 높은 산봉우리.
3) 洞庭山(동정산)- 태호에는 동서(東西)의 두 동정산이 있다.

| 解說 |

이 시는 4수의 연작시 중의 한 수이다. 순치 順治 3년(1646) 오역 吳易 의 군대가 청나라 군대에게 패하여 도망을 칠 적에, 작자는 부대와 떨어져 연락이 끊기어 홀로 태호로 배를 타고 들어갔다. 이때의 감회를 쓴 시이다. 이 시에 나오는 '임'이란 전사한 도독 都督 오지규 吳志葵 를 비롯한 여러 애국자들을 가리킨다. 계절은 가을, 시작은 비절할 듯하였는데 실제적인 감정은 잘 억눌러서 주변의 풍경처럼 초연한 맛이 있다.

운간을 작별하며 (別雲間[1])

삼 년 객지에 나그네로 돌아다녔는데,
오늘 또 잡혀가게 되었네.
끝없이 펼쳐진 강산은 눈물만 자아내는데,
그 누가 천지는 넓다고 말하였는가?
이미 황천길 가까이 들어선 것 알고 있지만
고향을 작별하려니 쉽지 않네.
꿋꿋한 내 혼백이 다시 돌아오는 날에는
적을 쳐부술 영기靈旗를 하늘가에 보게 되리라!

三年[2]羈旅客이, 今日又南冠[3]이라.
無限河山淚니, 誰言天地寬고?
已知泉路[4]近이나, 欲別故鄕難이라.
毅魄歸來日엔, 靈旗[5]空際看이리라.

| 註解 |

1) 雲間(운간)- 상해(上海) 송강(松江), 작자의 고향. 2) 三年(삼년)- 순치(順治) 2년(1645)에 항청투쟁(抗淸鬪爭)에 참가한 이래로 순치 4년(1647) 그가 고향으로 돌아와 있다가 잡혀가게 되기까지 꼭 3년 동안 밖에 나가 고난의 항청투쟁을 하였던 것이다. 3) 南冠(남관)- 춘추(春秋)시대 초(楚)나라 사람 종의(鍾儀)가 정(鄭)나라에 잡혀가서도 계속 초나라의 남관을 쓰고 있었던 고사를 이용하여 자기가 잡혀가게 되었음을 드러낸 것이다. 4) 泉路(천로)- 황천 가는 길. 5) 靈旗(영기)- 적을 쳐부수게 할 신령스런 깃발. 한(漢)나라 무제(武帝)가 남월(南越)과 싸울 적에 태일(太一)에게 기도한 뒤 영기(靈旗)를 만들어 세우고 적을 쳐부수었다.

| 解說 |

청나라에 잡혀가면서 지은 시이다. 죽어서라도 청나라와 싸우겠다는 결의가 약연하다.

전수광은 내 처남인데 외모가 준수하고 풍채가 좋으며 행실을 잘 닦아 모든 행동에 규범이 있어 하늘이 긴 수명을 내려주어 뜻있는 일을 할 줄로 알았는데 죽어버렸으니, 뛰어난 사람이 없어지는 것은 나라가 망할 징조라 슬플지고! 절구 십팔 수를 지었으니 짧은 노래의 슬픔은 긴 시보다도 더한 법인데 감정이 풍부한 사람이 아니라면 이런 말은 할 것도 없다 (錢漱廣[1]爲余內兄弟[2], 丰姿[3]玉立神采[4]駿揚[5] 綱紀翼修[6]百行具備, 天假以年且有爲, 而死[7], 哲人云亡 邦國殄瘁[8], 哀哉! 得絕句十八首, 短歌之悲過于長號, 非有情者不足以語此也) 2수(二首)

기일(其一)

아득히 목소리와 모습 생각하니 눈물 수건을 흠뻑 적시는데,
지금 와선 천지가 전란으로 바뀌었네.
닭은 추운 밤에도 울어 시름으로 날은 잘 밝지 않고,
옛날 나와 뜻이 통하던 사람은 보이지 않네.

遙憶音容淚滿巾이오, 到今天地轉風塵[9]이라.

鷄鳴¹⁰⁾寒夜愁難曉요, 不見當時起舞人이라.
_{계 명   한 야 수 난 효   불 견 당 시 기 무 인}

| 註解 |

1) 錢漱廣(전수광)- 정희(錢熙), 수광은 그의 자. 작자 하완순의 처남. 그의 아버지도 청나라 군대와 싸우다 죽었다. 2) 內兄弟(내형제)- 아내의 형제, 곧 처남. 3) 丰姿(봉자)- 풍모(風貌), 풍모가 좋은 것. 4) 神采(신채)- 풍채(風采). 5) 駿揚(준양)- 뛰어난 것, 빼어난 것. 6) 翼修(익수)- 잘 닦다. 7) 而死(이사)- 이 앞에 한두 자가 빠진 듯. 8) 殄瘁(진췌)- 병들어 죽다, 멸망하다. 9) 風塵(풍진)- 전란. 10) 鷄鳴(계명)- 진(晉)나라 때 조적(祖逖)이 유곤(劉琨)과 뜻이 맞고 친하여 한 이불을 덮고 자고 있었는데, 닭이 우는 소리가 들리자 친구를 발로 차 깨우고는 "이는 나쁜 소리가 아닐세!" 하고 소리치며 일어나 춤을 추었다(起舞) 한다(『晉書』祖逖傳). 따라서 '기무인'은 자기와 뜻이 통하여 뜻있는 일을 함께 할 사람을 가리킨다.

기이(其二)

하룻밤에 싸늘한 바람 불어오자 하늘 문이 열리어,
가을 풀밭에서 혼령을 부르게 되었으니 슬픔을 이길 수 없네.
생사를 함께 하려던 뜻 맞는 사람 어디에 가 있는가?
천고의 글재주 다 쓰지도 못했네.

一夜西風¹⁾閶闔²⁾開하니, 招魂秋草不勝哀라.
_{일 야 서 풍   창 합   개   초 혼 추 초 불 승 애}

九原³⁾道誼人何在오? 千古文章未盡才라.
_{구 원   도 의 인 하 재   천 고 문 장 미 진 재}

| 註解 |

1) 西風(서풍)- 서쪽에서 불어오는 바람, 가을바람, 쌀쌀한 바람. 2) 閶闔(창합)- 하늘의 문. 여기서는 전수광이 간 저승의 문. 3) 九原(구원)- 진(晉)나라 경대부(卿大夫)들의 묘가 있던 곳. 조문자(趙文子)가 친구와 구원에 놀

러나가 생사를 초월한 우의를 얘기한 데(『國語』晉語)에서 인용한 말.

| 解說 |

자기 처남을 애도한 시. 18수 중 두 수를 골랐다. 전수광은 그래도 27세에 죽었다 하니 작자보다는 10년이나 더 오래 산 것이며, 10여 년이나 손위의 처남이었음을 알 수 있다. 나이 차이가 큰데도 두터운 우정이 있었던 것은 나라를 위하려는 우국의 열정을 함께하고 있었기 때문일 것이다.

후기도 운구 형제를 그리며 (憶侯幾道雲俱兄弟[1])

봄 성 위의 안개는 새벽인데도 음산한데,
지는 해 올려보고 내려보고 하며 고금의 일을 슬퍼하네.
만 리의 강산은 아직도 우리 조국이니
비바람 부는 저승에서도 마음은 나와 같으리라.
동한東漢 광무제光武帝 같은 나라를 일으킬 참된 임금 알아보려는데,
외로운 태자는 금군禁軍의 보살핌도 못 받네.
사람이 죽은 뒤에도 학은 화정에서 그대로 울고,
하교에 남아있는 한 석궐石闕은 눈물이 옷깃을 적시게 하네.

春城烟霧曉陰陰[2]하고, 俯仰斜陽弔[3]古今이라.
萬里河山猶故國이니, 九京[4]風雨自同心이라.
欲知眞主[5]觀司隸나, 未見孤兒[6]屬羽林[7]이라.
鶴唳[8]華亭[9]人沒後요, 河橋[10]一闕[11]淚霑襟이라.

| 註解 |

1) 侯幾道雲俱兄弟(후기도운구형제)- 후기도는 이름이 현연(玄演), 운구는 이름이 현결(玄潔), 후동증(侯峒曾)의 두 아들이며, 작자 하완순의 누나의 남편의 사촌들임. 순치(順治) 2년 청나라 군사들이 그들 고향인 가정(嘉定, 지금은 上海로 편입)으로 쳐들어오자, 고을 사람들은 후동증을 대장으로 모시고 성을 굳게 지켰다. 그러나 힘이 다한 위에 큰비가 내리어 성벽의 일부까지 무너져 청나라 군사들이 쳐들어오자, 후동증은 사당에 작별을 고하고는 두 아들 현연과 현결을 데리고 연못에 몸을 던져 죽었다(『明史』侯峒曾傳).
2) 陰陰(음음)- 음산한 모양, 음침한 모양. 3) 弔(조)- 슬퍼하다. 4) 九京(구경)- 땅 밑, 저승. 5) 眞主(진주)- 참된 임금, 나라를 다시 일으켜줄 임금. 동한(東漢) 광무제(光武帝)는 동한을 다시 세우기 전 회양왕(淮陽王) 밑에 사례교위(司隸校尉)로 있었다. 6) 孤兒(고아)- 춘추(春秋)시대 진(晉)나라 도안가(屠岸賈)가 조삭(趙朔)의 온 집안 사람들을 억울하게 모두 죽였는데, 유복자 조무(趙武)가 요행히도 살아남아 15년 뒤에 다시 진나라로 들어가 임금자리를 차지한다는 고사(『史記』趙世家)를 인용한 것이다. 여기서는 명나라 숭정제(崇禎帝)의 태자 자랑(慈烺)을 가리킨다. 이때 곤경에 빠져있던 태자를 아무도 구해주지 못함을 노래하고 있는 것이다. 7) 羽林(우림)- 궁전을 지키는 금군(禁軍). 8) 唳(려)- 학이 우는 것. 9) 華亭(화정)- 지금의 상해시 송강현(松江縣)에 있는 지명. 서진(西晉) 육기(陸機)의 옛집이 있던 곳. 육기는 성도왕(成都王) 사마영(司馬穎)을 위하여 군사를 거느리고 장사왕(長沙王) 사마의(司馬義)의 군대와 싸우다가 하교(河橋)에서 패하여 사마영에게 사형을 당하였다. 그는 죽기 직전에 "화정의 학 울음소리를 어찌 다시 들을 수 있겠느냐?"고 탄식했다 한다(『晉書』陸機傳). 10) 河橋(하교)- 지금의 하남성(河南省) 맹현(孟縣), 육기의 군대가 사마의의 군대에게 패했던 곳. 11) 闕(궐)- 옛날 묘도(墓道) 밖 좌우에 세워놓았던 석궐(石闕).

| 解說 |

작자처럼 나라를 지키기 위하여 애쓰다가 젊은 나이에 자기 아버지와 함께 물에 몸을 던져 죽은 친구 형제를 조상한 시이다. 나라가 망하게 되면 얼마나 곧고 바른 무고한 백성들이 죽게 되는가 실감하게 되는 시이다.

... 작가 약전(略傳)

괘지아

掛枝兒

앞의 해제에서 이미 설명한 것처럼 풍몽룡馮夢龍(1674-1646)이 수집한 당시의 민가집民歌集으로『괘지아掛枝兒』와『산가山歌』가 있다. 명대 사람들의 저술 중에도 이러한 민가에 대한 기록이 보이고 그 문학적 가치를 논한 글들을 쉽게 찾을 수 있다. 그리고 명·청대의 통속소설에는 이러한 민가를 인용하여 특별한 정황을 표현한 대목들도 많으니, 그 당시에는 이런 민가들이 상당히 성행하였음을 알 수가 있다.

〈괘지아〉는 대체로 명나라 만력萬曆 년간(1573-1620)에서 시작하여 천계天啓 숭정崇禎 년간(1621-1644)에 이르는 시기에 가장 성행하였고, 청나라 초엽까지도 유행이 끊이지는 않았다. 〈괘지아〉 이외에도 타조간打棗竿 나강원羅江怨 건하엽乾荷葉 동성가桐城歌 방장대傍妝臺 주운비駐雲飛 쇄해아耍孩兒 등 무수한 민가 곡조가 있으나 이 시기의 기록에는 이 〈괘지아〉가 가장 많이 보이기 때문에 그렇게 말할 수 있다.

〈괘지아〉는 모두 작자를 알 수 없는 명대의 민가이다. 그 시대 남녀들의 참된 감정이 실려있는 명대를 대표할 시가이다. 여기에 번역 소개한 것은 모두 풍몽룡이 편집한 『괘지아』 중에서 뽑은 것이다. 다만 그 시대상을 대표할만한 작품은 매우 적고 정가情歌가 대부분이라는 점과 지금은 그 곡조가 전하지 않고 있는 것이 무척 아쉽게 느껴진다.

본시는 사패詞牌나 곡패曲牌처럼 여기에 번역 소개하는 작품의 정식 곡명은 모두 〈괘지아〉이며, 여기에 제목처럼 앞에 내건 것은 본시는 곡명 밑에 부제副題처럼 붙어있는 것이다. 그리고 가사는 민가의 특성상 백화체白話體로 대부분이 이루어졌음을 유의하기 바란다. 뒤의 산가山歌의 경우도 마찬가지이다.

280 • 명대시선 明代詩選

남몰래 들여다 보는 이 (私窺)

어떤 사람이 내 창밖에 와서 침 발라 구멍을 냈는가?
눈썹이 보였다가
눈이 보였다가 하면서
남몰래 추파를 보내오네.
내가 어찌 너의 은정 저버리겠니?
너를 안아주고 싶지만
오직 남의 눈 많은걸 어쩌니?
나는 내 부모님 눈치보고 있고
부모님은 또 나를 지켜보고 있네.

是誰人把¹⁾奴²⁾的窓來䑛³⁾破오?
眉兒來하고, 眼兒去하며, 暗送秋波로다.
俺⁴⁾怎⁵⁾肯把你⁶⁾的恩情負오?
欲要摟抱⁷⁾你나, 只爲人眼多로다.
我看我的乖⁸⁾親也요, 乖親又看我로다.

| 註解 |

1) 把(파)- 백화(白話)에서 쓰는 용어. ---을, ---을 가지고. 2) 奴(노)- 여자가 스스로를 낮추어 부르는 말. 3) 䑛(첨)- 입으로 핥아 드리는 것, 혀로 종이에 구멍을 내는 것. 4) 俺(엄)- 나. 5) 怎(즘)- 백화 용어. 어찌, 어떻게. 6) 你(이)- 너. 7) 摟抱(루포)- 끌어안다, 포옹하다. 8) 乖(괴)- 백화에서 친밀하고 사랑스러움을 나타내는 말.

| 解說 |

젊은 남녀들의 밀애가 재미있다. 아무래도 남자 녀석이 처녀의 집으로 숨어들어 남몰래 처녀가 거처하는 방 창문에 구멍을 내고는 정을 통하고 있는 것이다.

성미가 급해서 (性急)

막 신이 나고 있는데,
마침 내 부모님이 지나가고 계시네.
마음속으로 기쁘기만 한데
정말 좋은 때 오셨으니
이처럼 마음에 딱 들어맞는 오빠가 있는걸!
당신을 내 품에 안고 앉아있지 못하는 것이 한일세!
당신 이름 부르고 싶어도 남이 들을까 두렵고,
당신을 끌어당기고 싶어도 또 남의 눈이 많네.
마음에 쏙 든 내 사랑이어!
성미 급해서 나는 죽겠네!

興來[1]時에, 正遇我乖親過라.
心中喜하고, 來得巧[2]니, 這等着意[3]哥여!
恨不得摟抱你在懷中坐라!
叫[4]你怕人聽見이오, 扯[5]你又人眼多라.
看定[6]了冤家[7]也여! 性急殺了我인저!

| 註解 |

1) 興來(흥래)- 흥이 나다, 신이 나다. 2) 巧(교)- 교묘하다, 딱 좋은 것. 3) 着意(착의)- 마음과 뜻이 딱 들어맞는 것. 4) 叫(규)- 소리치다, 부르다. 5) 扯(차)- 찢다, 꼬집다, 잡아당기다. 6) 看定(간정)- 보고 결정하다, 마음에 쏙 들게 되다. 7) 冤家(원가)- 본시는 원수, 지극히 사랑하는 사람을 일컫는 말.

| 解說 |

사랑을 속히 이룩하려는 젊은이들의 성급한 마음을 노래한 것이다. 자기가 좋아하는 사람과 함께 있는데 마침 부모님이 그 근처를 지나가게 되었다는 상황설정이 재미있다.

헛기침 (咳嗽[1])

멋진 사랑하는 사람아!
사람들 앞에서 나를 똑바로 보면 어떻게 해?
담에도 바람이 새고
벽에도 귀가 있다니
절대로 소홀한 행동은 안 돼!
왔다가 갔다가 할 적에도
내가 몸가짐 잘 갖도록 해주어야 해!
너의 뜻 내 어찌 모르겠니?
내 마음속으로
내가 잘 알고 있단다.
네게 말대꾸하기가 좋지 않으니까
그저 헛기침 한번으로 너를 대할 거다!

俏²⁾寃家여! 人面前瞧³⁾奴怎地⁴⁾아?
墙有風하고, 壁有耳라 하니, 切忌着疏虞⁵⁾라!
來一會⁶⁾하고, 去一會하며, 敎我禁持⁷⁾一會하라.
你的意兒를, 我豈不曉리오?
自心裏에, 自家知라.
不好和你回言也니, 只好咳嗽一聲答應你하리라!

| 註解 |

1) 咳嗽(해수)- 기침, 헛기침. 2) 俏(초)- 멋진 것, 잘난 것. 3) 瞧(초)- 곁눈질하다, 쳐다보다. 4) 怎地(즘지)- 어떻게 해? 어째서? 5) 疏虞(소우)- 소홀히 행동하는 것. 6) 一會(일회)- 한바탕, 여기에선 분명한 뜻은 없는 조사처럼 쓰였음. 7) 禁持(금지)- 참고 몸가짐을 잘 유지하는 것.

| 解說 |

남녀의 몸가짐을 엄격히 규제하던 유교의 윤리가 지배하는 사회에서의 젊은 남녀의 사랑 방식이다. 내놓고 사랑을 할 수는 없고, 여러 사람들이 있는 곳에서 만나면 헛기침으로 사랑의 뜻을 주고받는 것이다. 이런 절제 속의 사랑이 더 뜨거울 수도 있을 것 같다.

참고 견디어 주어 (耐心)

인두로 다린다 해도 두 눈썹 사이의 주름은 다리어 펼 수가 없고,

잘 드는 가위로 자른다 해도 내 마음속의 시름은 잘라낼 수가 없고,
수실 바늘로 수를 놓는다 해도 원앙 고름을 수놓지는 못하네.
양편에 다 뜻이 있다 해도
사람들 앞에서는 어떻게 하기 어렵다네.
내 인연일 것이니,
오빠야!
참고 견디어 주어!

熨斗¹⁾兒熨不開眉間皺²⁾하고, 快剪刀³⁾剪不斷我的心內愁하며,
繡花針繡不出鴛鴦扣⁴⁾라.
兩下⁵⁾都有意라도, 人前難下手⁶⁾라.
該是我的姻緣이리니,
哥여! 耐着心兒守⁷⁾하라!

| 註解 |

1) 熨斗(위두)- 인두, 옷깃 같은 것을 다릴 적에 쓰던 기구. 2) 皺(추)- 주름, 시름으로 찌푸려진 눈썹 사이의 주름. 3) 快剪刀(쾌전도)- 잘 드는 가위. '쾌'는 날카로운, 잘 드는의 뜻. 4) 鴛鴦扣(원앙구)- 원앙새가 수놓인 옷고름. 중국 옷의 고름은 양편에 원앙새 한 마리씩 수를 놓아 합치면 한 쌍의 원앙새로 보이도록 되어있음. 5) 兩下(양하)- 양편, 남자와 여자의 양편. 6) 下手(하수)- 손을 대다, 행동하다. 7) 守(수)- 견디다.

| 解說 |

두 남녀가 서로 사랑하고 있지만 제대로 해결이 잘 나지 않고 있다. 그러니 여자

가 사랑하는 남자에게 우리 인연은 이미 정해진 것이니 조금만 더 참고 기다리자는 뜻의 노래이다.

연분 (緣法[1])

연분만 있다면 용모 잘나고 못난 것 무슨 상관이랴?
연분만 있다면 먼저 만나건 뒤에 만나건 무슨 상관이랴?
연분만 있다면 돈 많고 적은 것 무슨 상관이랴?
연분이 있다면 천 리 떨어져 있어도 만나게 되고,
연분이 없다면 얼굴 마주보고 있다 해도 먼 사이일세.
마음과 꾀를 다 쓴다 해도,
연분이 잘 맺어주어야만 된다네.

有緣法那在容和貌아? 有緣法那在前後相交[2]아?
有緣法那在錢和鈔[3]아?
有緣千里會요, 無緣對面遙라.
用盡心機[4]也라도, 也要緣法來湊巧[5]라.

| 註解 |

1) 緣法(연법) - 연분, 인연. 2) 前後相交(전후상교) - 서로 사귀는 시간이 앞서고 뒤진 것. 3) 鈔(초) - 지폐(紙幣), 돈. 4) 心機(심기) - 마음과 꾀, 마음과 술책. 5) 湊巧(주교) - 잘 되는 것, 알맞게 되는 것, 잘 맺어지는 것.

| 解說 |

남녀 간의 인연을 노래한 것. 연분이 있어야 남녀의 사랑은 맺어지게 된다는 것이다.

입으로는 허락해놓고 (口許)

눈썹 마주치고
눈길 서로 준 것
한 번 뿐이 아니지.
정이 서로 통하여
입으로 허락한 것이
졸지간이 아니지.
천 번 다행 만 번 다행으로,
우연히 너와 같은 곳에 있게 되었지.
견디지 못하고 바로 손을 대려는 순간에
막 손을 대려는데 너는 어째서 또 미루는 거냐?
이처럼 깨끗이 대해주지 않을 사랑이라면
네가 허락한 건 무엇 때문이냐?

미 아 래　　안 아 거　　비 지 일 차
眉兒來하고, 眼兒去함이, 非止一次라.
정 아 해　　구 아 허　　부 시 일 시
情兒諧[1]하고, 口兒許함이, 不是一時라.
천 요 행　　만 요 행　　우 연 화 이 득 동 일 처
千僥幸하고, 萬僥幸[2]하여, 偶然和你得同一處라.
파 부 득 삽 시 간 변 상 료 수　　임 상 수 이 연 하 우 추 사
巴不得[3]霎時間[4]便上了手러니, 臨上手你緣何又推辭아?

既然是個不爽利⁵⁾的冤家也면, 你許我做甚麽子⁶⁾?

(기연시개불상리 적원가야   이허아주심마자)

| 註解 |

1) 諧(해)- 잘 어울리다, 화해하다. 2) 僥幸(요행)- 요행으로, 다행스럽게도. 3) 巴不得(파부득)- 절실히 바라다, ---하고 싶어서, 어쩔 수가 없어서. 4) 霎時間(삽시간)- 짧은 순간. 5) 爽利(상리)- 상쾌한 것, 깨끗한 것. 6) 做甚麽子(주심마자)- 무얼 하려고, 어째서.

| 解說 |

애인의 몸을 차지하고 싶어서 안달이 난 남자의 노래이다. 이 점에 있어서는 옛날부터 남자 쪽은 공격적이고 여자 쪽은 방어적이었다.

꽃이 피면 (花開)

다정한 임과
꽃필 적에 만나기로 약속하였네.
그이의 사랑 참되고
그이는 의리 무겁게 여기니
결코 신의를 잃는 사람 되지는 않으리라.
송에 물주전자 들고
날마다 꽃나무 뿌리 적셔주면서
꽃이 피기 바라고 있는데,
임은 아직도 나타나지 않네.
똑같은 봄빛인데
어쩌면 그이가 있는 곳의 꽃만이 더디게 핀단 말인가?

約情哥¹⁾하되, 約定在花開時分이라.
他情眞하고, 他義重하니, 決不做失信人이라.
手携着水罐兒²⁾하고, 日日把花根來滋潤³⁾하며,
盼⁴⁾得花開了러니, 情哥還不動身이라.
一般樣的春光也어늘, 難道⁵⁾他那裏的花開偏⁶⁾遲得緊⁷⁾고?

| 註解 |

1) 情哥(정가)- 정든 오빠, 임. 2) 水罐兒(수관아)- 물주전자, 물 항아리. 3) 滋潤(자윤)- 물로 적시다, 축이다. 4) 盼(반)- 바라다. 5) 難道(난도)- 어찌. 6) 偏(편)- 치우치는 것, 유독. 7) 緊(긴)- 매우, 대단히.

| 解說 |

꽃이 피면 만나자고 약속한 임을 기다리는 여인의 마음을 노래한 시이다. 기다리는 시간이란 언제나 지루한 것인데, 하물며 임을 만나기로 한 꽃피는 시절을 기다리는 마음이야 어떠하겠는가?

사랑하기 (調情)

귀엽고 애교가 똑똑 떨어지는 이쁜 아가씨
내 맘에 쏙 들어
한 잔의 물처럼 너를 뱃속에 삼켜버리지 못하는 게 한이었는데,
날마다 그리워만 하고
날마다 참고 견디며

끝내 아무것도 이루지 못하고 있었네.
그러다가 간을 크게 먹고
다가가서 입을 맞추어보니
아이고 고마워라!
그도 뿌리치지 않네!
진작 너도 뿌리치지 않을 것을 알았다면
어찌하여 오늘까지 기다리다가 이랬겠느냐!

嬌滴滴¹⁾玉人兒는, 我十分在意²⁾하여,
恨不得一碗水吞你在肚裡라.
日日想하고, 日日捱³⁾로되, 終須不濟⁴⁾라.
大着膽하고, 上前親箇嘴⁵⁾하니
謝天謝地⁶⁾로다! 他也不推辭라!
早知你不推辭也면, 何待今日方如此리오?

| 註解 |

1) 嬌滴滴(교적적)- 애교가 똑똑 떨어지는 것, 귀엽고 아리따운 것. 2) 在意(재의)- 뜻에 맞다, 마음에 들다. 3) 捱(애)- 참고 견디다. 4) 不濟(부제)- 제대로 일이 되지 않는 것, 성공하지 못하는 것. 5) 親箇嘴(친개취)- 입을 맞추다, 키스를 하다. 6) 謝天謝地(사천사지)- 하늘에 감사드리고 땅에 감사드리다, 매우 감사하다는 뜻을 나타낸다.

| 解說 |

'조정 調情'의 '조'는 잘 조정한다는 뜻도 있지만 장난기가 섞인 뜻도 나타낸다.

따라서 성실한 사랑하기보다는 가벼운 뜻의 사랑하기를 뜻한다고 보는 것이 좋다.

술의 신을 욕하네 (罵[1]杜康[2])

예쁜 아가씨가 술의 신을 가리키며 욕을 하네.
너는 어째서 술을 만들어 내 사랑하는 이를 취하여 쓰러지게 했느냐?
그이는 문 안으로 들어오자마자 무너지듯 내 품안에 쓰러져 버리는 거야!
남이 보고 있는 것도 아랑곳 하지 않고
다행히도 우리 남편이 집에 없었기에 망정이지.
여색 좋아하고 술 욕심 많은 나의 사랑아!
목숨을 걸고 장난하기냐?

초 낭 아 지 정 료 두 강 매　　이 인 하 조 하 주 취 도 아 원 가
俏[3]娘兒指定了杜康罵하되, 你因何造下酒醉倒我冤家아?
진 문 래 일 교 아　　 질 재 노 회 하
進門來一交兒[4]跌在奴懷下로다.
나 관 인 초 견　　행 우 아 장 부 불 재 가
那管人瞧見? 幸遇我丈夫[5]不在家라.
호 색 탐 배 적 원 가 야　　파 성 명 아 당 주 쇄
好色貪杯的冤家也여! 把性命[6]兒當做耍[7]아!

| 註解 |

1) 罵(매)- 욕하다, 꾸짖다. 2) 杜康(두강)- 중국에서 처음 술을 만들었다는 전설적인 인물, 양조업자들이 자기네 신으로 받들고 있다. 곧 중국의 박카스(Bucchus)이다. 3) 俏(초)- 예쁜, 아름다운. 4) 一交兒(일교아)- 단번에, 갑

자기. 5) 丈夫(장부)- 남편. 6) 性命(성명)- 생명, 목숨. 7) 耍(솨)- 장난, 놀이.

| 解說 |

남성 위주의 봉건사회에서 아내가 남편 몰래 외간 남자와 바람을 피웠다는 것은 믿기 어려운 일이다. 중국의 남쪽 지방은 상업이 발달하여 오랫동안 집을 비우는 남자들이 많았음으로 이런 일이 가능했던 것 같다.

착각 (錯認)

달은 높이 떠 있는데
내 사랑하는 임은 오지 않네.
갑자기 창밖을 보니
꽃가지 그림자가 어지러이 흔들리고 있고,
낮은 목소리로 내 이름을 부르고 있는 듯하였네.
두 손으로 창을 열고 내다보니
실은 거센 바람이 꽃나무 가지를 뒤흔들고 있었네.
기쁨이 부끄러움으로 변하더니,
부끄러움이 다시 원망으로 변하네.

月兒高로되, 望不見我的乖親¹⁾到라.
猛望見窓兒外에, 花枝影亂搖하고, 低聲似指我名兒叫라.
雙手推窓看하니, 原來是狂風擺²⁾花梢³⁾러라.
喜變做羞來也러니, 羞又變做惱러라.

| 註解 |

1) 괴친(乖親)- 사랑하는 사람. 2) 攞(파)- 뒤흔들다. 3) 梢(초)- 나무 끝, 나뭇가지.

| 解說 |

사랑하는 임이 오기를 기다리는 여인의 조바심을 노래한 가벼운 정시이다. 조바심 나는 기다림은 여러 가지 일이 착각을 일으키게 한다.

발자국 소리 (脚聲)

발자국 소리 들으니
틀림없이 임이 오고 있는 것이어서,
창호지에 손가락으로 구멍을 내고서
살며시 눈을 대고 그를 살펴보네.
조용히 오랜 동안 서있으면서
어째서 소리 내어 날 부르지 않는가?
이슬에 옷이 젖어 싸늘할 것인데,
온몸이 물을 뒤집어 쓴 것 같네.
의심 많은 사람아!
너는 추위로 떤다 해도 정말 쌤통이다!

　　각 성 아　　　필 정 시 원 가 래 도
　　脚聲兒이,　必定是寃家來到로다.
　　전 파 료 지 창 아　　투 착 안 파 타 초
　　攞¹⁾破了紙窓兒하고,　偸着²⁾眼把他瞧러니,
　　초 초 적 참 다 시　　즘 불 개 언 규
　　悄悄的³⁾站多時하고, 怎不開言叫아?

<small>노 습 의 삼 랭</small>　　　　<small>혼 신　사 수 요</small>
露濕衣衫冷하고, 渾身⁴⁾似水澆⁵⁾로다.
<small>다 심 적　인 아 야</small>　　<small>동 득 이 진 개 호</small>
多心的⁶⁾人兒也여! 凍得你眞箇好로다!

| 註解 |

1) 揃(전)- 손가락으로 부비는 것. 2) 偸着(투착)- 남몰래, 살며시. 3) 悄悄的(초초적)- 조용히, 고요히. 4) 渾身(혼신)- 온몸. 5) 澆(요)- 물을 붓다, 물을 뿌리다. 6) 多心的(다심적)- 마음이 여러 갈래인, 의심이 많은.

| 解說 |

애인을 만나러 온 남자가 먼저 숨어서 몰래 여인의 동정을 살핀다. 여인은 이미 발자국 소리를 듣고 임이 온 것을 알고 반대로 숨어서 살펴보고 있다. 재미있는 남녀 관계이다. 이슬에 흠뻑 젖어있는 임의 모습을 보고 고소하게 느끼고 있는 여인의 모습이 희극적이다.

사랑함과 미워함 (疼¹⁾惱²⁾)

내가 너를 무슨 까닭으로 사랑하는지 아는가?
내가 너를 무슨 까닭으로 미워하는지 아는가?
어쩌면 너는 그런 내 뜻을 알지 못하는가?
나는 네가 오래도록 함께 있어주는 것을 사랑하고,
나는 네가 가벼이 떠나버리는 것을 미워한다네.
내가 너를 사랑하기 바라는가,
그렇지 않으면 너를 미워하기 바라는가?

<small>가 지 아 동 이 인 심 사</small>　　　<small>가 지 아 뇌 이 위 심 적</small>
可知我疼你因甚事³⁾오? 可知我惱你爲甚的⁴⁾고?

$$\underset{난도}{難道}^{5)}\underset{이}{你}\underset{취}{就}\underset{불}{不}\underset{해}{解}\underset{기}{其}\underset{중}{中}\underset{의}{意}오?$$

$$\underset{아}{我}\underset{동}{疼}\underset{이}{你}\underset{시}{是}\underset{장}{長}\underset{상}{相}\underset{수}{守}요, \quad \underset{아}{我}\underset{뇌}{惱}\underset{이}{你}\underset{시}{是}\underset{경}{輕}\underset{별}{別}\underset{리}{離}라.$$

$$\underset{환}{還}\underset{시}{是}\underset{요}{要}\underset{아}{我}\underset{동}{疼}\underset{이}{你}\underset{야}{也}오? \quad \underset{환}{還}\underset{시}{是}^{6)}\underset{요}{要}\underset{뇌}{惱}\underset{이}{你}오?$$

| 註解 |

1) 疼(동) – 아파하다, 귀여워하다, 사랑하다. 2) 惱(뇌) – 괴로워하다, 미워하다. 3) 甚事(심사) – 무슨 일로, 무엇 때문에. 4) 爲甚的(위심적) – 무엇 때문인가, 어째서인가. 5) 難道(난도) – 어찌 ---한가. 6) 還是---還是(환시---환시) – ---하겠는가 그렇지 않으면 ---하겠는가?

| 解說 |

이별을 싫어하는 젊은 연인들의 마음을 가볍게 노래한 것이다. 중국에는 옛날부터 전쟁이 끊일 날이 없어 젊은이들 사이에는 불의의 이별이 잦아 이런 노래가 유행한 것이다.

사랑을 느낌 (感恩)

깊은 사랑을 느끼고도
네게 보답을 못하였으니,
오직 하늘과 땅에 비는 수 밖엔 없네.
간절히 원하건대
우리 두 사람은 끝까지 맺어져서,
함께 움직이고 함께 앉아 지내며 서로 떨어지지 않고
낮에는 함께 차 마시고 밥 먹고
밤에는 같은 베개 베고 잠자며,

죽을 적에도 함께 죽어서

너와 땅 밑에서 같은 귀신 노릇하게 되기를!

감심은
感深恩¹⁾이로되, 무보답 無報答하니, 지득기천구지 只得祈天求地로다.

원지원 願只願²⁾컨대, 아이인상교득도저 我二人相交得到底³⁾하여, 동행동좌불시리 同行同坐不廝⁴⁾離하고,

일리동차반 日裡同茶飯하며, 야간동침석 夜間同枕席하고,

사변동사야 死便同死也하여, 여이지하동주귀 與你地下同做鬼로다.

| 註解 |

1) 恩(은)- 은애(恩愛), 사랑. 2) 願只願(원지원)- 바라고 오직 또 바라는 것은, 간절히 바라는 것은. 3) 到底(도저)- 끝까지. 4) 廝(시)- 서로, 피차.

| 解說 |

상대방의 사랑에 감동하여 사랑을 맹세하는 노래이다. 살아서는 물론 죽어서까지도 서로 떨어지지 말고 함께 지내자는 것이다.

서로 떨어지는 일은 (分離)

우리 서로 떨어지는 일은

하늘이 땅으로 변한 다음에야!

우리 서로 떨어지는 일은

동쪽이 서쪽으로 변한 다음에야!

우리 서로 떨어지는 일은

상관上官들이 하리下吏로 변한 다음에야!

네가 떨어지려 해도 내가 떨어질 수 없고,
내가 떨어지려 한대도 네가 떨어지지 못하지.
죽어서 황천에 가있게 된다 하더라도
서로 떨어진 귀신은 되지 않으리라!

要分離(요분리)나, 除非是(제비시)¹⁾天做了地(천주료지)로다!
要分離(요분리)나, 除非是東做了西(제비시동주료서)로다!
要分離(요분리)나, 除非是官做了吏(제비시관주료리)²⁾로다!
你要分時分不得我(이요분시분부득아)요, 我要離時離不得你(아요리시이부득이)로다.
就死在黃泉也(취사재황천야)라도, 做不得分離鬼(주부득분리귀)라!

| 註解 |

1) 除非是(제비시)- ---하지 않는 한 ---하지 않는다, ---이 된 다음에야 ---이 될 수 있다. 2) 官--吏(관--리)- 정식 관리 또는 상관(上官)과 잡부(雜夫) 또는 하리(下吏), 명대에는 관과 리의 신분상의 구별이 엄격하였다.

| 解說 |

죽어도 서로 떨어지지 않겠다는 사랑의 맹세를 하는 노래이다. 처음 사랑에 빠진 남녀는 모두 이런 마음가짐일 것이다.

눈에 이는 불꽃 (眼裡火)

눈으로 멋진 내 임을 보면

나도 모르게 애모愛慕의 정이 이네.
만약에 멋진 것을 시험치고
잘난 것을 시험친다면
틀림없이 장원狀元이 되리라.
그이에게 내 연모하는 마음을 전하고자 해도
처음 만난 사람이라 할 수가 없네.
사람들 앞이라 무척 부끄럽기만 한데
슬며시 내 속마음 전해줄 사람 없을까?
이리 생각하고 저리 생각하여 보아도
모든 생각 내 마음속에서만 빙빙 돌고 있네.

眼^안覷^처[1]着^저俏^초[2]寃^원家^가하니, 不^불由^유人^인[3]欣^흔羨^선[4]이로다.
若^약是^시考^고風^풍流^류하고, 考^고俊^준雅^아[5]면, 定^정是^시箇^개魁^괴元^원[6]이리라.
待^대與^여他^타致^치慇^은懃^근[7]이로되, 只^지恨^한初^초相^상見^견이로다.
人^인前^전多^다腼^면腆^전[8]하니, 背^배後^후[9]有^유沒^몰箇^개去^거傳^전言^언고?
萬^만想^상千^천思^사也^야이, 都^도在^재我^아心^심裡^리轉^전이로다.

| 註解 |

1) 覷(처)- 보다. 2) 俏(초)- 멋진, 어여쁜. 3) 不由人(불유인)- 어쩔 수도 없이, 나도 모르게. 4) 欣羨(흔선)- 애모(愛慕), 연모(戀慕). 5) 俊雅(준아)- 잘난 것. 6) 魁元(괴원)- 장원(狀元). 7) 致慇懃(치은근)- 연모하는 마음을 전하다. 8) 腼腆(면전)- 부끄러운 것. 9) 背後(배후)- 남몰래, 슬며시.

| 解說 |

어떤 남자를 보고 첫눈에 반한 여인의 마음을 노래한 것이다. 자기 마음속의 연모의 정을 주체하지 못한다.

재채기 (噴嚔¹⁾)

화장대 앞에 있는데
갑자기 재채기가 나오니
아마도 그이가 내게 소식을 전해주려 하고 있나보다.
그런데 어쩌면 그이는 나를 겨우 한 번 생각했단 말인가?
당신과 헤어진 뒤로
날마다 나는 구슬 같은 눈물 흘리고 있는데.
내가 이처럼 당신을 그리워하고 있으니
아마도 당신은 재채기를 늘 비 오듯 하고 있으리라!

　　　　대 장 대　　　　홀 연 간 타 개 분 체　　　　상 시 유 정 가 사 량 아 기
　　　　對妝臺하고, 忽然間打箇噴嚔하니, 想是有情哥思量我寄
　　　　　　개 신 아
　　　　箇信兒라.
　　　　난 도　타 사 량 아 강 강　일 차
　　　　難道²⁾他思量我剛剛³⁾一次아?
　　　　자 종 별 료 이　　　　일 일 루 주 수
　　　　自從別了你로, 日日淚珠垂라.
　　　　사 아 저 등 파 이 사 량 야　　　상 이 적 분 체 아 상 사 우
　　　　似我這等把你思量也면, 想你的噴嚔兒常似雨리라!

| 註解 |

1) 噴嚔(분체)- 재채기. 2) 難道(난도)- 어찌 ---이란 말인가? 3) 剛剛(강

강)- 겨우.

| 解說 |

중국의 민간에서는 멀리 있는 어떤 사람이 그를 생각하거나 그에 대한 얘기를 하면, 그는 재채기를 하게 된다고 믿었다. 사랑하는 사람을 멀리 떠나보낸 여인이 재채기를 하면서 그이를 생각하며 부른 노래이다. 자기는 언제나 임을 생각하며 눈물을 흘리고 있으니 그이는 언제나 비 오듯 쉴 새 없이 재채기를 하고 있으리라는 착상이 재미있다.

수놓기 싫어지네 (倦繡)

멍청하여 바늘 들고 수놓기 싫어지니
가위로 수실을 싹둑 잘라버리려 하다가도,
또 수 덕분에 밤낮의 긴 시간을 보내온 걸 어쩌나?
마음속의 일들을 다 털어버리려고
억지로 수바늘 잡고 한밤을 보내네.
목을 서로 감고 있는 원앙새 수를 놓다가는
나는 가슴이 아파 또 손을 멈추네.

　　　의 혼 혼　나 대 요 념 침　　자 수
　　意昏昏[1]懶待要拈針[2]刺繡하니,
　　　　　한 부 득 장 쾌 전 자　 전 단 료 사 두
　　　恨不得將快剪子[3]剪斷了絲頭러니,
　　　우 휴　료 타 소 마　료 사 황 혼 백 주
　　　又虧[4]了他消磨[5]了些黃昏白晝로다.
　　　　욕 요 주 개　심 상 사　　　강 장 침 지　도 경 주
　　　欲要丟開[6]心上事하여, 强將針指[7]度更籌[8]로다.
　　　　수 도 교 경　 적 원 앙 야　　　아 상 심 우 주 료 수
　　　繡到交頸[9]的鴛鴦也하니, 我傷心又住了手로다.

| 註解 |

1) 昏昏(혼혼)- 멍청한 것, 어둑어둑한 것. 2) 拈針(념침)- 수바늘을 잡다, 바늘을 들다. 3) 快剪子(쾌전자)- 잘 드는 가위. 4) 虧(휴)- 덕분에 ---하다. 5) 消磨(소마)- 소비하다, 없애다. 6) 丟開(주개)- 버리어 깨끗이 하다. 7) 針指(침지)- 바늘을 들고 수를 놓는 것. 8) 更籌(경주)- 밤 시간. '경'은 시간의 단위, '주'는 물시계 바늘. 9) 交頸(교경)- 목을 서로 감고 있는 것.

| 解說 |

여인이 수를 놓으면서 떠나간 임을 그리는 노래이다. 목을 서로 감고 있는 원앙새 수를 놓자니 임은 더욱 절실히 그리워질 것이다.

울면서 하는 생각 (泣想)

푸른 산도 그대로 있고
파란 물도 그대로 흐르는데
임만이 그대로 있지 않네.
바람도 늘 불어오고
비도 늘 내리는데
임의 편지만 오지 않네.
재난에도 괴로움 겪지 않고
병에도 괴로움 겪지 않는데
임 그리움으로 늘 괴로움 겪고 있네.
봄은 가는데도 시름은 떠나가지 않고,
꽃이 피는데도 고민은 펴지지 않네.
눈물이 펑펑 쏟아지니
동쪽의 바닷물도 넘치게 되겠네.

청산재　　　　녹수재　　　　원가부재
靑山在하고, 綠水在로되, 寃家不在라.
풍상래　　　　우상래　　　　서신불래
風常來하고, 雨常來로되, 書信不來라.
재불해　　　　병불해　　　　상사상해
災不害하고, 病不害로되, 相思常害라.
춘거수불거　　　　화개민불개
春去愁不去하고, 花開悶[1]不開라.
누주아왕왕야　　　　적몰료동양해
淚珠兒汪汪[2]也하니, 滴沒[3]了東洋海[4]라.

| 註解 |

1) 悶(민)- 고민, 시름. 2) 汪汪(왕왕)- 눈물이 펑펑 쏟아지는 모양. 3) 滴沒(적몰)- 눈물이 떨어져 넘쳐나는 것. 4) 東洋海(동양해)- 중국 동쪽의 큰 바다.

| 解說 |

떠나간 임이 그리워 울음 속에 나날을 보내는 여인의 노래이다.

걸려들어서 (牽掛[1])

나는 마치 물 밑의 고기처럼 물결 따라 놀고 있는데,
당신은 마치 낚시꾼처럼 마음의 움직임을 교묘히 이용하네.
낚시 바늘에서는 달콤한 맛을 풍기게 하여
그것을 삼키자마자
지금까지 토하려도 토해지지 않고
마음이 낚시에 걸려들어서
놓아주어도 이젠 당신을 놓지 못하네.

<small>아 호 사 수 저 어 수 파 유 희　　이 호 사 조 어 인 교 롱　심 기</small>
我好似水底魚隨波游戲요, 你好似釣魚人巧弄[2]心機[3]로다.
<small>조 구　아 방 저 사 첨 자 미　　일 시 탄　하 료</small>
釣鉤[4]兒放着些甛滋味[5]하여, 一時呑[6]下了하니,
<small>도 여 금 토 우 지</small>
到如今吐又遲로다.
<small>견 괘 재 심 두 야　　방 우 방 불 하 이</small>
牽掛在心頭也하여, 放又放不下你로다.

| 註解 |

1) 牽掛(견괘)- 끌려가 걸리는 것, 걸려드는 것. 2) 巧弄(교롱)- 교묘하게 희롱하다, 교묘히 조종하다. 3) 心機(심기)- 마음의 움직임, 계책. 4) 釣鉤(조구)- 낚싯바늘. 5) 甛滋味(첨자미)- 단맛. 6) 一時間(일시탄)- 한순간, 어느 순간.

| 解說 |

남자를 사랑하게 된 자신을 낚시에 낚이어진 물고기에 비유한 착상이 재미있다. 그러나 "놓아주어도 당신을 놓지 못 하겠다"고 했으니, 낚이어진 것이 아니라 스스로가 상대방을 물고 있는 것이다.

사랑 상점 (賣相思)

사랑 상점을
요즈음 다시 크게 수리하고는
대문 밖에
사랑을 판다는 간판을 내 걸었네.
몇 가지 사랑을 가지고 사람들에게 팔아 사랑 병 앓게 하는가?
짝사랑으로 남몰래 연모하는 사랑이 있고

두 사람의 사랑으로 양편에서 부딪히는 사랑이 있다네.
멍청한 게 사랑이니
멍청한 사람들이 와서 사주겠지.

相思鋪(상사포)¹⁾를, 這幾日番騰重蓋(저기일번등중개)²⁾하고
大門外(대문외)에, 掛一面賣相思的牌(괘일면매상사적패)³⁾라.
有幾等(유기등)⁴⁾相思賣與人害(상사매여인해)⁵⁾오?
單相思背地裡想(단상사배지리상)이오, 雙相思兩下裡挨(쌍상사양하리애)⁶⁾라.
鶻突(골돌)⁷⁾的相思也(적상사야)여, 還得鶻突人來買(환득골돌인래매)라.

| 註解 |

1) 鋪(포)- 점포(店鋪), 가게. 2) 番騰重蓋(번등중개)- 완전히 새로 수리하는 것, 새로 다시 짓는 것. 3) 牌(패)- 간판. 4) 幾等(기등)- 몇 가지. 5) 害(해)- 피해를 보는 것, 병을 앓다. 6) 挨(애)- 몸을 서로 밀치다, 가까이 다가가다. 7) 鶻突(골돌)- 멍청한 것, 호도(糊塗).

| 解說 |

재미있는 사랑 노래이다. 사랑을 하게 되면 짝사랑이고 참사랑을 가리지 않고 모두 병을 앓는 것과 같은 처지가 되니 멍청한 자들이나 사랑을 하게 된다는 것이다.

전송 (送別)

임을 전송하려고
곧장 화원 뒤까지 가서 전송하는데,

주체할 수 없도록 눈물이 펑펑 눈시울에서 쏟아지네.
먼 길 온전히 신령께서 보살펴주시기 바라며,
다리를 건널 적에는 반드시 말에서 내리고,
길이 있을 적에는 배 타고 물길로 가지 말고,
늦은 밤 외롭다 하더라도
술은 적게 마시라고 당부하네.

送情人하여, 直送到花園後러니,
禁不住히, 淚汪汪[1]滴下眼梢頭[2]로다.
長途全靠神靈佑[3]하며,
逢橋須下馬하고, 有路莫登舟하고,
夜晚的孤單也라도, 少要飮些酒하라 하네.

| 註解 |

1) 汪汪(왕왕)- 눈물이 펑펑 쏟아지는 모양. 2) 眼梢頭(안초두)- 눈시울, 눈 모퉁이. 3) 佑(우)- 보우(保佑), 보호하고 보살펴 주는 것.

| 解說 |

사랑하는 두 연인이 이별하는 장면을 노래한 것이다. 말을 탄 채 다리를 건너지 말고, 되도록 배를 타지 말라는 간곡한 당부가 매우 재미있다.

멍청한 이 (糊塗)

왔다가는 가고
갔다가는 오니
마치 날아다니는 벌 같은 사람일세.
먹고 나서는 장난치고
장난치고 나서는 먹으니
나를 사탕으로 만든 인간으로 아는 듯하네.
동쪽에 가면 서쪽을 가리키고
서쪽으로 가면 동쪽을 가리키니
중매쟁이가 하는 행동 같네.
이건 너는 나를 배반하고 나는 너를 배반하는 짓이니,
너는 돌아가 마음으로 입이 한 말 물어보고 입으로는 마음에
　　물어보기를!
저 구름이 자욱한 하늘 같이
비가 올 것인지 날이 개일 것인지 멍청하지만 말았으면 좋겠네.

　　　내 료 거　　　거 료 래　　　사 유 봉 아 적 신 분
　　來了去하고, 去了來하니, 似游蜂兒的身分이라.
　　　흘 료 쇄　　　쇄 료 흘　　　파 아 주 당 인 아 적 간 성
　　吃了耍[1]하고, 耍了吃하니, 把我做糖人兒的看成[2]이라.
　　　동 지 서　　　서 지 동　　　주 출 매 파 아 적 행 경
　　東指西하고, 西指東하니, 做出媒婆兒的行徑[3]이라.
　　　저 시 이 부 아 아 부 이　　　이 자 거 심 문 구 구 문 심
　　這是你負我我負你니, 你自去心問口口問心하라.
　　　휴 상 나 운 밀 밀　　적 천 아 야　　　우 불 우 청 불 청 호 도 득 긴
　　休像那雲密密[4]的天兒也하라! 雨不雨晴不晴糊塗得緊[5]이라.

| 註解 |

1) 耍(솨)- 장난치다, 희롱하다. 2) 看成(간성)----이라 보다, ---으로 여기다. 3) 行徑(행경)- 행동, 거동. 4) 密密(밀밀)- 빽빽한 모양, 자욱한 모양. 5) 緊(긴)- 매우, 앞의 말을 강조함.

| 解說 |

기녀妓女 의 신분으로 있는 여인이 약간 자기 마음에 들기 시작한 남자를 두고 부른 노래이다. 자기와 즐길 생각만 하지 말고 좀더 진지하게 대해 달라는 것이다.

검은 마음 (黑心)

멋진 내 임 한 번 가서는 소식조차 없으니,
네 모습을 그리려 하다가도
몇 번이나 붓을 놓고 망설이기만 했네.
너의 모습은 그리기 쉬운데,
너의 검은 마음을 그려내기 어렵기 때문이네.
우연히 한 방울 먹물을 떨어뜨리고 보니
마침 네 마음과 아주 비슷한 듯하네.

초 원 가 일 거 료 무 음 무 모   욕 대 요 파 이 적 형 용 화 묘
俏冤家一去了無音無耗¹⁾하니, 欲待要把你的形容畵描러니,
기 번 락 필 다 전 도
幾番落筆多顚倒²⁾로다.
이 적 형 용 도 용 이 화   이 적 흑 심 장 난 화 묘
你的形容到容易畵로되, 你的黑心腸難畵描로다.
우 락 하 일 점 묵 래 야   도 야 상 득 이 심 아 호
偶落下一點墨來也하니, 到也像得你心兒好³⁾로다.

| 註解 |

1) 無音無耗(무음무모)- 아무 소식이 없는 것. 2) 顚倒(전도)- 망설이는 것, 마음을 정하지 못하는 것. 3) 好(호)- 매우, 강조하는 말.

| 解說 |

여기의 "검은 마음"은 반드시 좋지 않은 마음은 아니다. 소식을 보내지 않는 임의 마음은 알 수가 없다는 뜻에서 '검다'고 표현하고 있는 것이다.

가을에 (秋)

가을바람 맑기는 하지만
내 임을 불어 날아오지 못하고,
가을 달 밝기는 하지만
내 무정한 임의 멋진 모습 비추어 보여주지는 못하며,
가을 기러기 날아오고는 있지만
내 임의 소식 날라다 주지는 못하네.
오직 가을 구름이 무협 巫峽 잔뜩 가리고 있을까 겁이 나고,
또 가을 물이 남교 藍橋에 넘치고 있을까 두렵기만 하네.
하루가 삼 년 같다 했으니
나는 이별 후 몇 년이나 되었는지 모르겠네.

　　　추풍청　　　　취부득아정인래도
　　　秋風淸하나, 吹不得我情人來到요,
　　　추월명　　　　조불견아박행　적풍표
　　　秋月明하나, 照不見我薄倖[1]的豊標[2]요,
　　　추안래　　　　대부지아원가적음모
　　　秋雁來로되, 帶不至我冤家的音耗[3]로다.

$$\underset{\text{지 파 추 운 쇄 무 협}}{\text{只怕秋雲鎖}^{4)}\text{巫峽}^{5)}}\text{하고,} \quad \underset{\text{우 파 추 수 창 람 교}}{\text{又怕秋水漲藍橋}^{6)}}\text{로다.}$$

$$\underset{\text{약 설 기 일 일 삼 추 야}}{\text{若說起一日三秋也}}\text{면,} \quad \underset{\text{부 지 별 후 유 추 다 소}}{\text{不知別後有秋多少}}\text{로다!}$$

| 註解 |

1) 薄倖(박행)- 매정한 것, 무정한 임. 2) 豐標(풍표)- 풍표(風標), 풍채(風采), 멋진 모습. 3) 音耗(음모)- 소식. 4) 鎖(쇄)- 잔뜩 모여 가려지는 것. 5) 巫峽(무협)- 장강(長江)의 삼협(三峽) 가운데의 하나, 사천성(四川省) 무산현(巫山縣) 동쪽에 있다. 떠나간 임은 배를 타고 무협을 지나 자기에게로 돌아오게 되어 있다. 6) 藍橋(람교)- 섬서성(陝西省) 남전현(藍田縣) 동남쪽에 흐르는 남수(藍水)에 걸려있는 다리이다. 이 다리도 애인이 돌아올 길의 길목 중의 하나이다.

| 解說 |

떠나간 임을 그리는 가을의 상념을 노래한 것이다. "일일불견一日不見이 여삼추如三秋"라는 『시경』 부이芣苢 시의 유명한 구절을 활용하고 있다. 그리고 사랑하는 임의 호칭이 '정인情人' '박행적薄倖的' '원가冤家'로 바뀌고 있는 변화도 재미있다.

닭 (鷄)

새벽닭이
울자 내 마음 당황하고 어지러워져
베갯머리에서 몇 마디 작별의 말 나누면서
계속 오직 흠천감欽天監을 원망하네.
당신은 윤년閏年과 윤월閏月은 만들면서
어찌하여 하루에 윤경閏更은 마련하지 않았는가?

낮은 그처럼 긴데
밤은 이처럼 짧다니!

五更¹⁾鷄이, 叫得我心慌撩亂²⁾하여,
枕兒邊說幾句離別言하며, 一聲聲³⁾只怨着欽天監⁴⁾이로다.
你做閏年並閏月하고, 何不閏下了一更天고?
日兒裡能⁵⁾長也어니, 夜兒裡這麽樣短이라!

| 註解 |

1) 五更(오경)- 새벽 시간. 2) 撩亂(료란)- 어지러운 것, 요란(搖亂). 3) 一聲聲(일성성)- 한 말 한 말, 말끝마다. 4) 欽天監(흠천감)- 명청(明淸)대에 나라의 천문(天文)과 역법(曆法)을 관장하던 관리. 5) 能(능)- 오(吳)지방 방언으로 '이렇게' '저렇게' 의 뜻.

| 解說 |

이별을 앞둔 남녀가 새벽에 닭 우는 소리를 듣고 흐르는 시간을 아쉬워하며 부른 노래이다. 이 『괘지아』의 편자인 풍몽룡馮夢龍은 이 시의 끝머리에 "이처럼 역법 曆法 을 다루는 관리는 파면시켜야 할 것이다"는 주를 붙이고 있다.

책 읽는 소리 (書聲)

수놓는 방이 마침 글공부 방과 가까워서
문득 멋진 우리 임의 책 읽는 소리 들려오네.
바늘 놀리던 손 멈추고 책 읽는 소리 듣나니,

"탕湯 임금의 반명盤銘에 말하기를
진실로 날로 새로워지고
나날이 새로워지고
또 날로 새로워져야 한다 하셨네."
성인의 말씀은
진실로 매우 미묘하네.

繡房兒正與書房近하여, 猛¹⁾聽得俏寃家讀書聲이라.
停針就把書來聽하니, 湯之盤銘曰²⁾:
苟日新하고, 日日新하고, 又日新이라.
聖人之言語也이, 其實妙得緊³⁾이라.

| 註解 |

1) 猛(맹)- 문득, 갑자기. 2) 湯之盤銘曰(탕지반명왈)- 이하의 네 구절은 『대학(大學)』에 보이는 말이다. '탕'은 상(商)나라를 세운 임금. '반'은 세숫대야, 제사지낼 때 손을 씻는 물을 담는 대야. '명'은 그릇에 새긴 글. 3) 緊(긴)- 뒤에 붙어 앞의 말을 강조하는 뜻을 지녔다, 매우.

| 解說 |

사랑하는 사람의 책 읽는 소리를 듣는 노래. 이때 애인이 읽은 책은 사서四書 중의 하나인 『대학』이다. 이 여인은 '일신' 곧 '날로 새로워진다'는 말을 자기들 사랑을 뜻하는 것으로 생각하며 좋아하고 있는 것이다.

외로움 (孤)

외로운 사람 온갖 외로운 사정 다 겪나니,

외로운 이불과

외로운 베개로

외로운 방 홀로 지키네.

외로운 난새와 외로운 봉황과 외로운 원앙 수놓인 장막 안에

외로운 등불 켜고 외로운 그림자 대하고 있는데

외로운 달이 떠서 외로운 창에 비치네.

문득 들려오는 하늘의

외로운 기러기의 외로운 울음소리,

그리고 또 들려오는

외로운 절에서 울리는 외로운 종소리.

고 인 아 수 진　　료 고 단 정 황
孤人兒受盡¹⁾了孤單情況하니,

고 금 아　　　고 침 아　　　독 수 고 방
孤衾兒와, 孤枕兒로, 獨守孤房이라.

고 란　고 봉　고 원　장　　　고 등 대 고 영　　　고 월 조 고 창
孤鸞²⁾孤鳳³⁾孤鴛⁴⁾帳에, 孤燈對孤影이러니, 孤月照孤窓이라.

홀 청 득 천 상 고 안 고 명 야　　　우 청 득 고 사 리 고 종 향
忽聽得天上孤雁孤鳴也하고, 又聽得孤寺裏孤鐘響이라.

| 註解 |

　　1) 受盡(수진)- 모두 겪다. 2) 鸞(란)- 봉황새 비슷한 전설적인 새. 3) 鳳
　(봉)- 봉황새 중의 숫놈. 4) 鴛(원)- 원앙새 중의 한 짝.

| 解說 |

외로움을 노래한 시. 사랑하는 사람과 떨어져 외로움을 느낄 때면 그의 눈에 보이는 모든 것들이 외롭게 보인다.

산 사람 (山人)

산 사람이라고 하면서 산속에 사는 것도 아니고,
다만 낯가죽 두꺼워 몇 줄 엉터리 시나 지으면서
방건方巾 쓰고 백성 다스리는 사람이라고 스스로 말하며 아무
　곳에나 가서 명함 내밀고,
"서울의 모모 선배 대관께서
근래 내게 편지를 보내왔고,
우리 고향의 은퇴하신 모모 대관은
나와 아주 가깝게 지내고 있다"고 떠벌인 다음,
자리를 뜰 적에는 집안 친척 일을 한 가지 부탁한다고 하면서,
다만 "공정하게 일을 하시니 돈은 들지 않을 것이다"고 말하네.

問山人並不在山中住하고, 只無過[1]老著臉[2]寫幾句歪詩[3]하며,
帶方巾[4]稱治民[5]하고, 到處去投刺[6]하되,
京中某老先[7]이, 近有書到治民處하고,
鄕中某老先은, 他與治民最相知라 하니라.
臨別有舍親[8]一事干求[9]也하며, 只說爲公道[10]沒銀子라 하니라.

| 註解 |

1) 只無過(지무과)- 오직 ---하기만 한다, 다만 ---하는 것에 불과하다.
2) 老著臉(로착검)- 낯을 두껍게 해 가지고. 3) 歪詩(왜시)- 되어 먹지 않은 시. 4) 帶方巾(대방건)- 방건을 쓰다. 방건은 명대에 문인들이 쓰던 위가 네 모꼴로 된 두건의 일종. 5) 治民(치민)- 백성 다스리는 사람. 관직도 없는 선비가 관리들 앞에서 스스로를 일컫던 말. 6) 投刺(투자)- 명함을 내밀고 찾아가는 것. '자'는 지금의 명함 같은 것을 뜻한다. 7) 老先(로선)- 늙은 선배, 선배 고관. 8) 舍親(사친)- 집안 친척. 9) 干求(간구)- 일을 잘 처리해주기 간구(懇求)하는 것. 10) 公道(공도)- 공정히 일하다, 공정한 방법.

| 解說 |

명대에는 특히 신사 紳士라 하여 글공부나 하고 벼슬도 못하면서 향촌에 살며 백성들에게 군림하던 자들이 많았다. 이 시는 신사 중에서도 거짓말을 일삼으며 행세나 하려 하던 저질을 풍자한 노래이다.

공처가 (懼內)

하늘도 무서워하지 않고
땅도 두려워하지 않고
부모님도 겁나지 않는데,
오직 두려워하는 것은 매우 무서운 나의 처일세.
내 처는 정말 무어라 말할 수 없는 정도이니,
그 여자는 질투의 진짜 귀신이고
변덕이 심한 살아있는 악마일세.
바로 말 한 마디라도 어긋나기만 하면
내 귀싸대기를 마구 후려친다네!

$$\underset{천\ 불\ 파}{天不怕}하고, \underset{지\ 불\ 파}{地不怕}하며, \underset{연\ 다\ 낭\quad 야\ 불\ 파}{連爹娘^{1)}也不怕}로되,$$

$$\underset{파\ 지\ 파\ 한\ 파\ 파\quad 아\ 나\ 개\ 방\ 하}{怕只怕狠巴巴^{2)}我那箇房下^{3)}}로다.$$

$$\underset{아\ 방\ 하\ 기\ 실\ 유\ 사\ 난\ 설\ 화}{我房下其實有些難說話}니, \underset{타\ 시\ 흘\ 초\quad 적\ 진\ 태\ 세}{他是吃醋^{4)}的眞太歲^{5)}}요,$$

$$\underset{도\ 기\quad 적\ 활\ 나\ 찰}{淘氣^{6)}的活羅刹^{7)}}이로다.$$

$$\underset{취\ 시\ 반\ 구\ 적\ 화\ 불\ 투\ 기\quad 야}{就是半句的話不投機^{8)}}也면, \underset{노\ 대\ 적\ 이\ 광\quad 아\ 취\ 란\ 란\ 적\ 타}{老大的耳光^{9)}兒就亂亂的打}러라.$$

| 註解 |

1) 爹娘(다낭)- 부모. 2) 狠巴巴(한파파)- 매우 사나운, 무척 무서운. '파파'는 강조하는 말. 3) 房下(방하)- 마누라. 4) 吃醋(흘초)- 초를 마시다, 질투하는 것을 뜻함. 5) 太歲(태세)- 민간신앙으로 해를 보내는 귀신. 6) 淘氣(도기)- 장난이 심한 것, 심술궂은 것. 7) 羅刹(나찰)- 불교에서 변화를 많이 하는 악마. 범어로는 raksasa. 8) 投機(투기)- 딱 들어맞는 것. 9) 耳光(이광)- 귀싸대기, 뺨.

| 解說 |

중국에는 옛날부터 공처가 얘기가 많다. 중국 여인들은 일찍부터 부당한 사회윤리에 시달리어 세어지다 못해 무서워진 여인도 많았던 것 같다. 당唐 나라의 무칙천武則天은 그 대표적인 보기라 할 것이다.

시골의 부부 (鄕下^{1)}夫妻)

멋진 여인이 청명淸明 날이 되자 조상의 무덤에 성묘하러 왔는데,
시골 남자가 보고서는 어쩔 줄을 모르네.

"저 작은 발만 아니라면 관음보살인줄 알았을 거야!
다 같이 부모가 길렀을 터인데
이처럼 빼어나게 아름다운 여인을 낳다니!
내 영혼을 빼어가 버리누나!"
집으로 돌아가서는 함부로 소리 지르며,
부엌 아궁이 앞에 있는 마누라 보고서는
까닭도 없이 크게 성을 내네.
"무슨 업보業報가 있고
얼마나 운수가 사납기에,
너 같은 이 야차夜叉 마누라를 얻었나?
샛노랗고
새까맣고
이게 무슨 물건이야?
남의 집 마누라는 어여쁘고 아름다운데,
네 이 마차꾼은 거들떠보지도 않더라!
너는 저 성묘하던 여자를 못 보았는가?
나는 그가 사랑스러워 죽을 지경이다!"
거친 목소리로 부르짖는 소리가 났다;
"우리 시골 영감님!
용은 용을 짝으로 삼고
호랑이는 호랑이를 짝으로 삼도록
인연부姻緣簿에는 틀림없이 적혀있으니,
더러운 거친 남자에게 촌 여자가 짝이 되는 것은 역시 하늘의
　　조화요!
하늘의 거위 고기는 먹고 싶어도 입에 넣을 수 없는 것이어늘

이 옴두꺼비 같은 천치 바보야!
나를 저 성묘 온 여편네와 비긴다면
자연히 성묘 온 그 여자 남편은 나와 놀도록 짝이 되어야지!"
착한 이웃 사람이 착한 말로 달래기를;
"당신들은 무슨 큰일이라고 다투는 거요?
시골 남편
시골 마누라는
성 안 사람들의 멋진 모습과는 견줄 수 없는거지!
일년 내내 물 퍼 올리고 또 모 심고 하니,
이 아주머니 노랗고 까만 것은 태어나면서부터 그런 게 아니고
또 아저씨도 본래는 잘난 아이였지요!
당신들도 일년 반쯤 저 성 안에 가서 살면
틀림없이 당신들도 그 성묘 왔던 사람들과 비슷하게 될 거요!"

초 낭 아 우 청 명　　　　파 선 영 래 상
俏娘兒遇淸明²⁾하여,　把先塋³⁾來上이러니,

향 하 인 간 견 료　　　　수 각 도 망
鄕下人看見了하고,　手脚都忙⁴⁾이라.

약 부 시 소 각 아　　　　추 인 주 관 음 양
若不是小脚兒⁵⁾면,　就認做觀音樣⁶⁾이라.

일 반 양 부 낭 양　　　　편 생 하 저 준 교 낭
一般樣父娘養이어늘,　偏生下這俊嬌娘이로다!

인 도　아 적 혼 령 야　　　회 가 취 란 양
引掉⁷⁾我的魂靈也하여,　回家就亂嚷⁸⁾이라.

견 처 아 재 조 근　전　　　불 각 충 충　발 노
見妻兒在竈跟⁹⁾前하고,　不覺沖沖¹⁰⁾發怒라.

작 심 업　　　회 심 기　　　토　이 저 야 차　파
作甚業¹¹⁾하고,　晦甚氣¹²⁾하여,　討¹³⁾你這夜叉¹⁴⁾婆아?

황 우 황　　　흑 우 흑　　　성 십 마 화
黃又黃하고,　黑又黑하니,　成什麼貨¹⁵⁾아?

別人家老婆嬌滴滴的美어늘, 看不上你這車脚夫[16]라!
你不見那上墳的姑娘也아? 愛殺愛殺了我로다!
莽喉嚨[17]叫一聲하되; 我的鄕下大舍[18]여!
臭野蠻[19]配村姑也是天生天化[20]라!
天鵝[21]肉想不到口니, 痴殺[22]你這癩[23]蝦蟆[24]여!
我若比那上墳的姑娘也면, 自有上墳的姑夫[25]配着我耍라.
好鄕鄰好言語勸하되; 你爭什麽大事오?
鄕下夫와, 鄕下妻는, 比不得城裡的豐姿[26]라.
一年屌[27]水兼揷蒔[28]니, 這大娘子黃黑也不是胎生的이오,
就是大舍原好箇小官兒[29]라.
你若一年半載[30]住在那城中也면, 包[31]你比着那上墳的無
彼此리라.

| 註解 |

1) 鄕下(향하)- 시골. 2) 淸明(청명)- 절기 이름. 매년 4월 5일 또는 6일이며, 중국에서는 이날 성묘하는 풍습이 있다. 3) 先塋(선영)- 조상의 묘. 4) 手脚都忙(수각도망)- 어쩔 줄 모르는 것. 5) 小脚兒(소각아)- 작은 발, 전족(纏足)을 한 발. 6) 觀音樣(관음양)- 관음보살의 현신. 중국 민간에는 관음신앙이 크게 성행하고 있다. 7) 引掉(인도)- 끌고 가 버리다. 8) 嚷(양)- 소리를 지르는 것. 9) 竈跟(조근)- 부엌 아궁이 밑. 10) 沖沖(충충)- 노기가 심한 모양. 11) 業(업)- 불교의 업보(業報). 12) 晦氣(회기)- 운이 나쁜 것, 불길한 것, 불운한 것. 13) 討(토)- 마누라를 얻다, 장가들다. 14) 夜叉(야

차)- 불교의 용모가 못생기고 무서운 악귀. 15) 貨(화)- 물건. 16) 車脚夫(차각부)- 수레 몰이, 수레꾼. 17) 莽喉嚨(망후롱)- 거친 목소리. 18) 大舍(대사)- 대사인(大舍人), '사인'은 본시 관명(官名)이나 명대에는 일반 백성들의 젊은이들을 존중하는 뜻으로 썼다. 19) 臭野蠻(취야만)- 더러운 야만인, 더럽고 촌스러운 시골뜨기. 20) 天生天化(천생천화)- 천생연분, 하늘이 하신 일. 21) 鵝(아)- 거위. 22) 痴殺(치살)- 매우 바보다. 23) 癩(나)- 문둥병. 24) 蝦蟆(하마)- 두꺼비. 25) 姑夫(고부)- 본시는 고모부, 또는 남편 누이의 남편. 그러나 여기서는 일반적인 결혼한 남자. 26) 豐姿(풍자)- 멋진 모습, 여유 있는 자태. 27) 戽(호)- 양편을 끈으로 매어달고 물을 퍼 올리기 편하도록 만든 기구, 물을 퍼 올리는 기구. 28) 揷蒔(삽시)- 모를 심는 것. 29) 小官兒(소관아)- 어린 남자아이를 가리키는 말. 30) 半載(반재)- 반년. 31) 包(포)- 보증하다, 장담하다, 틀림없이 ---할 것이다.

| 解說 |

시골 남자가 피부가 막일로 거칠어진 마누라만 대하다가 성묘하러 시골로 온 성안의 여인을 보고 넋이 빠졌던 모양을 노래한 것이다. 시골 사람들이 스스로를 위안하기 위하여 지어낸 노래일 것이다.

··· 작가 약전(略傳)

산가

山歌

〈산가〉는 강남지방에 유행한 민가로, 여기에 번역 소개한 것은 명대 풍몽룡(馮夢龍)이 수집하여 편찬한 『산가』에서 뽑은 것이다. 이미 송(宋)대의 화본(話本)인 『경본통속소설 京本通俗小說』에도 산가가 실려 있으니(권16 馮玉梅團圓), 그 유행은 상당히 일찍부터 시작되었던 듯하다.

명대 사람들의 글을 통하여 강남지방에는 〈괘지아〉와 함께 〈산가〉가 상당히 성행되었음을 알 수 있다. 그리고 명대 사람들의 전기傳奇나 소설 중에는 〈산가〉의 삽곡挿曲이 적지 않게 눈에 띄인다.

풍몽룡의 『산가』 권7, 권8, 권9에는 비교적 장편의 산가가 실려 있는데, 그중에는 설백說白이 섞여있는 것들도 있다. 산가가 민간의 속강俗講과도 관계를 갖게 되었음을 뜻하는 것으로 볼 수 있을 것이다. 그래서 이미 고힐강顧頡剛 같은 학자는 산가와 탄황攤簧의 관계를 논한 일이 있다(「山歌序」 1935). 〈탄황〉이란 청(淸) 말 한동안 강남 각지에 유행한 민간소희民間小戲이다. 또 소주蘇州를 중심으로 하여 유행하였던 음희淫戲라고 많은 사람들이 비판한 화고花鼓와의 관련을 논한 이도 있으니, 산가는 민가일 뿐만 아니라 민간연예의 발전과도 적지 않은 관계가 있음을 짐작할 수 있다.

그리고 이 산가는 일본 학자 대목강大木康의 조사에 의하면(『山歌の 硏究』 -中國明代の通俗歌謠, 東京 勁草書房, 2003. 3.) 지금도 강소江蘇 지방에 여러 가지 형태로 전창(傳唱)되고 있다. 그리고 이 산가는 본시 농촌에서 생겨난 것이지만 곧 도시로도 진출하여 기루妓樓 등에서도 성행하였다. 그리고 문인들의 희작戱作도 전한다.

산가는 문장면에 있어서는 문인들의 시를 따를 수가 없다. 그러나 진실한 사람의 감정을 노래하고 있다는 점에서 높이 평가하여야 할 것이다.

웃음 (笑)

동남풍이 옆에서 불어오는데,
많은 아름다운 꽃송이들이 잎새 위에 피었네.
젊은 아가씨야,
해해 웃지 마라!
많은 연정이 웃음에서 시작된단다!

<small>동 남 풍 기 타 사 래　　호 타　선 화 엽 상 개</small>
東南風起打斜¹⁾來하니,　好朶²⁾鮮花葉上開라.
<small>후 생　낭 자 가　　몰 요　희 희 소</small>
後生³⁾娘子家여,　沒要⁴⁾嘻嘻⁵⁾笑라!
<small>다 소 사 정　소 리 래</small>
多少私情⁶⁾笑裏來!

| 註解 |

1) 打斜(타사)- 비스듬히, 옆으로부터.　2) 好朶(호타)- 많은 송이.　3) 後生(후생)- 젊은.　4) 沒要(몰요)----하지 마라, 불요(不要).　5) 嘻嘻(희희)- 웃는 소리.　6) 私情(사정)- 사사로운 정, 연정(戀情).

| 解說 |

이 노래의 아름답게 핀 꽃은 아름다운 여자의 웃는 모습을 상징하고 있다. 꽃보다 더 아름다운 그런 웃음은 남자들의 마음을 사로잡기 마련이라는 것이다.

보다가 (看)

아가씨는 창 밑에서 원앙새 수를 놓는데,

바람기 많은 남자가 배를 저어 작은 개울을 막 빠져나가고 있네.
아가씨는 젊은 남자 바라보다가 바늘에 손 찔리고
젊은이는 어여쁜 아가씨 쳐다보느라 배를 기우뚱거리네.

^{저 아 창 하 수 원 앙} ^{박 복 양 랑 군 요 선 정 출 빈}
姐兒窓下繡鴛鴦이러니, 薄福樣[1]郎君搖船正出浜[2]이라.
^{저 간 자 랑 군 침 삭 자 수} ^{낭 간 자 교 낭 선 야 횡}
姐看子[3]郎君針挆[4]子手하고, 郎看子嬌娘船也橫[5]이라.

| 註解 |

1) 薄福樣(박복양)- 박정(薄情)한, 바람기 많은. 2) 浜(빈)- 소하(小河), 작은 강. 3) 子(자)- 조사, 료(了), 착(着)과 비슷함. 4) 挆(삭)- 찌르다, 찔리다. 5) 橫(횡)- 옆으로 기우뚱거리다.

| 解說 |

아름다운 이성에게 끌리는 젊은 남녀들의 자연스런 감정을 노래한 것이다. 원앙새를 수놓는다는 것은 그 아가씨가 이성을 그리고 있음을 상징한다.

정 맺기 (做人情[1])

스무 살이 지나면 스물한 살이 되는데
정을 맺지 못하면 바보이지.
서른 살이 넘기만 하면 꽃처럼 쉽게 시들어
두 손 들고 남자 불러도 남자는 오지 않는다네.

^{이 십 거 자 입 일 래} ^{불 주 득 인 정 야 시 애}
二十去子[2]卄[3]一來나, 不做得人情也是騃[4]라.

^{삼십과두화이사} ^{쌍수초랑랑불래}
三十過頭花易謝니, 雙手招郎郎不來라.

| 註解 |

1) 做人情(주인정)- 정을 맺다, 남자와 성관계를 맺는 것을 뜻함. 2) 子(자)- 조사. 3) 卄(입)- 이십, 스물. 4) 騃(애)- 바보, 어리석은.

| 解說 |

풍몽룡은 이 시에 대하여 이런 후평後評을 쓰고 있다. "젊어서 노력하지 않으면 늙어서 공연히 슬퍼하게 된다. 권력을 지니고 있을 적에 제대로 하지 않으면 마치 보배산에 들어갔다가 빈손으로 나오는 것과 같다. 이 노래는 매우 음미吟味 할만 하다."

임이 없으니 (無郞)

가을바람 일자 아가씨 마음 슬퍼지니,
싸늘한 밤 임이 없어 어려움 견디지 못하네.
어디엔가 동쪽 마을이든
서쪽 마을이든
남북 어느 쪽이든
스무 살 먹은 한가한 젊은이가 그곳에 있거든,
내게 빌려주어 추운 겨울을 함께 지낸 다음 그를 되돌려 줄
 수 있기를!

^{서풍기료저심비} ^{한야무랑흘 개 개휴}
西風起了姐心悲하니, 寒夜無郎吃¹⁾介²⁾箇虧라.
^{나리 동촌두} ^{서촌두} ^{남북양횡두}
囉裏³⁾東村頭나, 西村頭나, 南北兩橫頭에,

　　　　　이 십 후 생　한 래 탑　　　　차 아 반 과 자　한 동 환 자 거
　　二十後生⁴⁾閒來搭⁵⁾이면, 借我伴過子⁶⁾寒冬還子渠⁷⁾를!

| 註解 |

1) 吃---虧(흘---휴)- 손해를 보다, 어려움을 당하다. 중간에 별 뜻 없는 "개 개(介箇)" 두 글자를 집어 넣었음. 2) 介(개)- 그처럼. 3) 囉裏(나리)- 어느 곳엔가, 어디엔가. 4) 後生(후생)- 젊은이. 5) 閒來搭(한래탑)- 그곳에서 한가히 지내다. '래'는 조사, '탑'은 그곳. 6) 子(자)- 조사, 료(了). 7) 渠 (거)- 그이, 그 사람.

| 解說 |

이성을 알면서도 외롭게 지내는 여인의 처경을 노래한 것이다. 일부 학자들은 이 런 것을 두고 음란하다고 생각했을 것이다.

임을 찾아주면 (尋郞)

저 사람과 잘 지내다가 저 사람 때문에 혼나고 있으니,
정말 만나고자 할 적에는 그를 볼 수가 없네.
어디엔가 서쪽 집이든 동쪽 이웃이든 나를 도와줄 사람이 있
　　어서
남몰래 그이를 찾아서 내게 돌아오게 해 주기를!
그러면 저는 제 정성 다하여 뜨거운 술 석 잔을 직접 따라 올
　　리리라!

　　　탑　랑 호 자　흘 랑 휴　　　정 시 요 긴 시 광 불 견 자 거
　　搭¹⁾郞好子²⁾吃郞虧니, 正是要緊時光不見子渠³⁾라.
　　　나 리　서 사 동 린 행 방 편　개 로 관　　　초 초 리　심 개 정 가 랑 환
　　囉裏⁴⁾西舍東隣行方便⁵⁾箇老官⁶⁾이, 悄悄裏⁷⁾尋箇情哥郞還

자 아
　　子我면,
　　소 아 노 노 정 원 열 주 삼 종 친 체 거
　　小阿奴⁸⁾奴情願熱酒三鍾⁹⁾親遞渠¹⁰⁾하리라.

| 註解 |

1) 搭(탑)- 그, 저. 2) 子(자)- 조사. 3) 渠(거)- 그이. 4) 囉裏(나리)- 어디 엔가. 5) 行方便(행방편)- 좋은 일을 하다, 도와주다. 6) 老官(로관)- 상대방을 존중하여 부르는 말. 7) 悄悄裏(초초리)- 남몰래. 8) 小阿奴(소아노)- 자기를 낮추어 부르는 말. 9) 鍾(종)- 술잔. 10) 遞渠(체거)- 그에게 따라주다.

| 解說 |

풍몽룡은 『산가』 뿐만이 아니라 『괘지아』의 여러 작품에도 그 노래를 기루妓樓에서 수집했다고 밝히고 있다. 여기에서도 자기의 임을 찾아다 주는 사람에게 "뜨거운 술 석 잔을 직접 따라 올리겠다"고 말하고 있으니, 기루에서 부르던 노래인 듯하다.

가상적인 사랑 (模擬¹⁾)

사랑하는 이 만날 수 없어 마음 허전하여
가상적으로 마치 그이가 함께 있듯이,
눈을 감고 허공에 대고 입을 맞추고
'멋진 내 마음속의 사람!' 이라 연달아 불러보네.

　　　불 견 자 정 인 심 리 산　　　　용 심 모 의 일 반 반
　　　不見子情人心裏酸²⁾하여,　用心模擬一般般³⁾이라.
　　　폐 자 안 정 망 공 친 개 취　　　　접 련 규 구 초 심 간
　　　閉子眼睛望空親箇嘴⁴⁾하고,　接連⁵⁾叫句俏心肝⁶⁾이라!

| 註解 |

1) 模擬(모의)- 가상적인 행동을 하는 것. 2) 酸(산)- 시다, 허전하다, 쓰리다. 3) 一般般(일반반)- 사랑하는 사람과 함께 있는 것처럼 태연히 행동하는 것. 4) 親嘴(친취)- 입을 맞추다, 키스하다. 5) 接連(접련)- 연달아, 연이어. 6) 俏心肝(초심간)- 멋진 사랑하는 나의 심장이나 간과 같은 사람.

| 解說 |

풍몽룡은 이 노래에 "이것은 진경이며 또한 묘경이다(是眞境이오, 亦是妙境이라.)"고 후평後評을 붙이고 있다. 이성을 그리는 남녀 사이에는 있을법한 행위이다.

달이 뜨면 (月上)

임과 달이 뜨면 만나자고 약속했는데
어째서 달이 산 위에 떴는데도 그이는 보이지 않는가?
아아! 모르겠네!
우리 집 앞산은 낮아서 달 뜨는 게 빠른가?
아아! 모르겠네!
그이 집 앞산은 높아서 달 뜨는 게 늦는가?

約郎約到月上時러니, 那了¹⁾月上子山頭不見渠²⁾아?
咦³⁾! 弗知로다! 奴處山低月上得早아?
咦! 弗知로다! 郎處山高月上得遲아?

| 註解 |

1) 那了(나료)- 어찌하여. 본시 那는 '那'로 되어 있는데, 那의 속체(俗體)인

듯. 2) 渠(거)- 그이, 임. 3) 咦(이)- 감탄사, 아아!

| 解說 |

사랑하는 사람을 기다리는 마음을 노래한 것. 기다림은 언제나 마음을 조이게 한다.

한밤중에 (半夜)

아가씨가 당부하기를;
내 사랑하는 사람아!
만약 한밤중에 날 찾아오려거든 뒷문을 와서 두드리지 말아요!
우리 마당가로 와서 닭을 잡아 털을 몇 개 뽑아
마치 족제비가 와서 닭을 훔치려 하여 꼭꼭 닭소리가 나는 듯
   이 하세요!
그러면 나는 홑치마를 걸치고 나와서
들 고양이 쫓는 시늉을 할 수 있지요!

    저 도 아 랑 아
    姐道; 我郎呀!
    이 약 반 야 래 시 몰 요 착 개 후 문 고
    爾若半夜來時沒要捉箇後門敲[1]라!
    지 호 착 아 장 상 계 래 발 자 모   가 주 자 황 서 랑 투 계 인 득
    只好捉我場上鷄來拔子毛하여, 假做[2]子黃鼠郞[3]偸鷄引得
    각 각 리 규
    角角哩[4]叫케 하라!
    호 교 아 천 자 단 군 출 래   간 야 묘
    好敎我穿子單裙出來하여, 趕野猫[5]케 하라!

| 註解 |

1) 敲(고)- 두드리다. 2) 假做(가주)- 가장하다, 거짓 ---하듯 하다. 3) 黃鼠郞(황서랑)- 족제비. 4) 角角哩(각각리)- 닭이 꼭꼭 소리를 내는 것. 5) 野猫(야묘)- 들 고양이. 닭을 훔치러 온 족제비보다도, 자신을 훔치러 온 남자를 상징한다.

| 解說 |

위 노래 중 "우리 마당 가로 와서 닭을 잡아 털을 몇 개 뽑아라"는 구절 밑에 풍몽룡은 "멋진 계책이다(好計)"고 평어 評語 를 붙이고 있다. 밀회를 하는 여인의 마음가짐이 재미있다.

엄마 속이기 (瞞娘)

엄마는 호랑이처럼 나를 지키고 있지만
나는 엄마를 까맣게 속여 넘기네.
마치 경찰서 앞에서 도적을 놓치는 거나 같지,
무장한 경관들 공연히 밤낮으로 살피고만 있네.

阿娘管我虎一般이나, 我把娘來鼓裏瞞¹⁾이라.
正是巡檢司²⁾前失子賊이니, 枉³⁾子弓兵⁴⁾曉夜看이라.

| 註解 |

1) 鼓裏瞞(고리만)- 북 속에 넣어놓고 없어졌다고 속이는 것, 중국 풍속으로 "완전히 감춘다" "완전히 속인다"는 뜻으로 "북 속에 넣는다"는 말을 썼다.
2) 巡檢司(순검사)- 지방의 경찰서나 같은 기관. 3) 枉(왕)- 공연히, 부질없이. 4) 弓兵(궁병)- 무기를 든 군사, 무장한 순경.

| 解說 |

애인이 생기기만 하면 어머니가 아무리 감시를 한다 해도 그들은 밀회를 한다. 엄마를 속이는 일쯤은 전혀 문제가 되지 않는다.

간통죄 (捉奸)

본시 도적을 잡으려면 장물贓物이 있어야만 하고,
간통하는 것을 잡으려면 두 사람을 다 잡아야 한다네.
여인이 말하기를;
여보! 당신은 나와 쓸개도 같고 마음도 같다고 했으니 한 사람이나 같아요!
일없는 자들이 우리 둘 노는 것 잡는다 해도 무엇이 두렵겠어요?

捉賊從來捉箇贓[1]이오, 捉奸箇從來捉箇雙이라.
姐道 ; 郎呀! 我聽你並膽同心一箇人能介[2]好라.
囉[3]怕閒人捉耍雙[4]고?

| 註解 |

1) 贓(장)- 도적질한 장물. 2) 能介(능개)- 그처럼. 3) 囉(나)- 어찌, 나(哪). 4) 耍雙(쇠쌍)- 둘이 노는 것, 간통하는 것을 암시함.

| 解說 |

외간남자와 간통을 하면서도 증거주의를 내세우며 자기 입장을 내세우는 여인은

이미 사랑에 눈이 먼 것이다. "도적을 잡으려면 장물이 있어야 하고, 간통자를 잡으려면 두 사람이 있어야 한다(捉賊見贓이오, 捉奸見雙이라.)"는 말은 소설 같은 데에도 잘 보이는 숙어이다.

여인이 타고난 몸 (姐兒生得)

여인은 좋은 몸을 타고 났으니
마치 쌀장수가 배에 가득 쌀부대를 싣고 열어보지도 않은 듯,
남자가 쌀을 사고 싶다면 여인은 팔 자세라,
쌀 꼬챙이를 자루 안으로 밀어 넣네.

姐兒生得好身材[1]니, 好似薦糶[2]船艙[3]滿未曾開라,
郎要糴[4]時姐要糶니, 探筒[5]打進裏頭來라.

| 註解 |

1) 身材(신재)- 몸, 몸의 생김새. 2) 薦糶(천조)- 쌀을 내다 파는 것. 3) 艙(창)- 선창(船艙). 4) 糴(적)- 쌀을 사들이는 것. 5) 探筒(탐통)- 쌀부대 안의 물건을 알아보기 위하여 부대 안의 곡식을 약간 꺼낼 수 있도록 만들어진 꼬챙이.

| 解說 |

너무 외설적이다. 쌀자루 안에 쌀 꼬챙이를 밀어 넣는다는 것은 바로 성교를 암시하는 말이다.

마음이 끌리어 (有心)

남정네도 마음이 끌리고
여인네도 마음이 끌리나
아무리 생각해 보아도 마음을 맺을 장소가 없네.
마치 두 장의 눈과 눈이 맞는 판벽板壁 같은 이들이 있는데,
기름 없는 촛불처럼 공연히 심지만 태우네.

남정네도 마음이 끌리고
여인네도 마음이 끌리나
방은 적고 사람은 많아 몸을 가까이 하기 매우 어렵네.
가슴 앞의 거울에 마음속이 비쳐져 있어서,
초저녁에 만들기 시작한 찰떡이 밤중에야 이루어지네.

남정네도 마음이 끌리고
여인네도 마음이 끌리니,
어찌 사람 많고 방 단속 심한 것이 두려우랴?
사람 많다 해도 어찌 천 개의 눈이 있을까?
방문이 모두 닫혀있다 해도 어찌 만 겹의 문이 있을까?

郎有心하고, 姐有心이로되, 思量無處結同心[1]이라.
好像雙絣[2]板壁[3]眼對子眼[4]이나, 蠟燭[5]上無油空費心이라.

郎有心하고, 姐有心이로되, 屋少人多難近子箇身이라.

　　　　흉 전 두 개 경 자 심 리 조　　황 혼 두 단 자　야 두 성
　　　　胸前頭箇鏡子·心裏照하니, 黃昏頭團子⁶⁾夜頭盛⁷⁾이라.

　　　　　낭 유 심　　　 저 유 심　　　나 파　인 다 옥 우 심
　　　　郞有心하고, 姐有心이어늘, 囉怕⁸⁾人多屋又深⁹⁾고?

　　　　　인 다 나 유 천 척 안　　　옥 다　나 유 만 중 문
　　　　人多那有千隻眼고? 屋多¹⁰⁾那有萬重門고?

| 註解 |

1) 結同心(결동심)- 같은 마음을 맺다, 사랑을 이루는 것을 암시함. 2) 雙絣(쌍병)- 두 개를 합치는 것, 두 개를 합치도록 되어있는 것. 3) 板壁(판벽)- 나무판 벽. 4) 眼(안)- 두 개의 합쳐지는 나무판이 딱 들어맞도록 되어있는 요철(凹凸). 5) 蠟燭(납촉)- 촛불. 6) 團子(단자)- 둥근 모양으로 만드는 찰떡. 7) 盛(성)- 성해지다, 여기서는 성(成), 곧 이루어진다는 뜻을 암시하고 있음. 8) 囉怕(나파)- 어찌 두려워하겠는가? 9) 深(심)- 방문 단속이 엄한 것을 뜻함. 10) 屋多(옥다)- 여기의 '다'는 심(深)의 착오임이 분명하다.

| 解說 |

3절로 이루어진 남녀의 간통 또는 사랑을 노래한 것이다. 1절 끝머리의 '심心'은 심芯의 뜻, 곧 촛불 심지로 번역했지만 좋아하는 두 남녀의 마음도 상징한다. 2절 끝 구절의 '단자團子'를 만든다는 것도 남녀가 만나서 성교를 하는 것까지도 상징하는 듯하다. 아무래도 음란한 노래인 것 같다.

간통 (偸)

남몰래 사랑을 맺다가 일이 생겨도 당황하지 않을 거요.
간통하다 잡히면 내 스스로 나서서 책임지면 되지요.
관청에 끌려간다면 두 무릎 공손히 꿇고 사실대로
절대로 내가 꼬드기어 남자와 간통한 것이라고 말해야지요.

結識私情¹⁾不要慌이니, 捉着子奸情²⁾奴自去當이라.
拚³⁾得到官雙膝饅頭⁴⁾跪子從實說하되, 咬釘嚼鐵⁵⁾我偸郎이라.

| 註解 |

1) 結識私情(결식사정)- 개인감정을 따라 이성과 관계를 맺는 것, 간통하는 것. 2) 奸情(간정)- 간통한 실정, 간통사실. 3) 拚(변)-잡혀가다, 끌려가다. 4) 雙膝饅頭(쌍슬만두)- 두 무릎, 남쪽 방언. 5) 咬釘嚼鐵(교정작철)- 쇠못을 깨물고 쇠를 씹다, 강하게 단언(斷言)을 나타내는 민간의 관용어.

| 解說 |

여자가 간통을 유혹하는 노래이다. 간통이 발각되었을 때 그 책임을 여자가 지겠다고 하지만 그 책임은 어느 한편에서만 질 수 없는 일이기 때문이다.

춘화 (春畵)

아가씨가 방 안에서 눈을 부비며 앉아
우연히 춘화 한 권을 보게 되니 온몸이 녹아나서,
이처럼 멋있는 수법을 모두 자기 뱃속에 담아두었다가
저 내 낭군이 오면 똑같은 살아있는 춘화를 연출해 보겠다고
　다짐하네.

姐兒房裏眼摩挲¹⁾하고, 偶然看着子介本春畵²⁾了滿身酥³⁾라.
箇樣⁴⁾出套風流家數⁵⁾儕⁶⁾有來奴裏하여, 那得我郎來依樣⁷⁾
做介箇活春圖라.

| 註解 |

1) 眼摩矬(안마좌)- 눈을 부비며 앉아있다. 2) 春畵(춘화)- 남녀관계를 노골적으로 그린 그림. 3) 酬(수)- 우유로 만든 요구르트 같은 식품. 여기서는 요구르트처럼 녹아난 모양을 뜻함. 4) 箇樣(개양)- 이러한. 5) 家數(가수)- 수법, 방법. 6) 儕(제)- 모두. 7) 依樣(의양)- 그처럼, 그 모양으로.

| 解說 |

음란한 춘화를 보는 여인의 모습을 노래한 것이다.

꽃 꺾기 (採花)

강 저편에 들꽃이 핀 것을 보고
임에게 소리쳐 꽃을 꺾어다 달라네.
아가씨가 말하기를;
당신이 제게 꽃을 꺾어다 주면
옛날처럼 꽃으로 사례할께요!
절대로 우리 임 헛수고 시키지는 않을 거요!

　　　　격 하 간 견 야 화 개　　　　　기 성 정 가 랑　 청 아 채 타　 래
　　　隔河看見野花開하고,　寄聲情哥郎¹⁾聽我採朶²⁾來라.
　　　　저 도 낭 아　　 이 채 자 화 래 소 아 노 노
　　　姐道郎呀；　你採子花來小阿奴奴면,
　　　　원　착 화 사 자 이　　　　결 불 교 랑 백 채 래
　　　原³⁾捉花謝子你리라！　決弗敎郎白採來리라！

| 註解 |

1) 情哥郎(정가랑)- 정다운 내 임. 2) 朶(타)- 꽃, 꽃송이. 3) 原(원)- 예대로, 여전히.

| 解說 |

풍몽룡은 "정말 꽃을 탐내는 아가씨다(眞是貪花阿姐.)"라는 후평後評을 하고 있다. 정말 아가씨가 탐을 내는 것이 꺾어오는 꽃일까?

함께 자기 (同眠)

어젯밤 낭군과 함께 자는데,
낭군은 비단이불 제쳐버리고 내 두 다리를 하늘로 향하여 뻗어 올리게 하니,
나는 깊은 물속의 말거머리처럼 오직 허리만 비틀게 되고,
낭군은 마치 강가의 얕은 물에 걸린 배의 배꼬리를 들어 올리듯 하고 있네.

昨夜同郞一處眠이러니, 喫¹⁾渠掀開錦被捉我脚朝天²⁾하니,
小阿奴奴做子深水裏螞蝗³⁾只捉腰來扭⁴⁾로다.
情哥郞은, 好似邊江船閣淺⁵⁾只捉後艄⁶⁾掮⁷⁾이로다.

| 註解 |

1) 喫(끽)- ---당하다. 2) 朝天(조천)- 하늘을 향해 뻗어 올리는 것. 3) 螞蝗(마황)- 마황(螞蟥), 말거머리. 4) 扭(뉴)- 비틀다. 5) 閣淺(각천)- 얕은 물에 걸려있는 것. 6) 艄(소)- 배꼬리. 7) 掮(견)- 어깨에 메다, 어깨에 메어 들어올리다.

| 解說 |

남녀의 성교장면을 노래한 것이다. 음란이 지나친 듯하다. 「산가」에는 이런 노래

시선 詩選 • 335

가 적지 않다.

홀아비의 원망 (怨曠[1])

하늘에 별은 많고 달은 많지 않듯이
세상에는 조화가 되지 않는 일이 적지 않네.
보아라! 이팔의 아가씨가 다리를 웅크리고 자고 있는데
스무 살 젊은이에게 마누라가 없네.

천상성다월불다　　세간다소불조화
天上星多月不多요, 世間多少弗調和라.
이간　　이팔저아축각　곤　　　이십랑군무로파
你看! 二八姐兒縮脚[2]睏[3]이로되, 二十郎君無老婆라.

| 註解 |

1) 曠(광)- 텅 빈 것, 홀아비, 광부(曠夫).　2) 縮脚(축각)- 다리를 웅크리다.
3) 睏(곤)- 졸다, 잠자다.

| 解說 |

홀아비의 노래이다. 세상에는 남녀가 많은데도 짝을 못 찾는 이들이 있게 마련이다.

짝사랑 (一邊愛)

남자는 아가씨를 좋아하지 않는데
아가씨는 남자를 사랑하니,
이 짝사랑

언제면 쌍을 이루게 될까?
제가 낯가죽을 두껍게 하고
그에게 몇 마디 유혹하는 말을 건네 볼까요?
만약 그가 들어주기만 한다면
함께 잘될 수가 있을 터인데!

郞弗愛子姐哩_{낭불애자저리}로되, 姐愛子郞_{저애자랑}하니,
單相思_{단상사}이, 幾時得成雙_{기시득성쌍}고?
小阿奴奴抔得箇老面皮_{소아노노변득개노면피}¹⁾하고, 聽渠勾搭句話_{청거구탑구화}²⁾리라.
若得渠應答之時_{약득거응답지시}엔, 好上椿_{호상춘}³⁾이라.

| 註解 |

1) 抔得箇老面皮(변득개노면피)- 두꺼운 낯가죽으로 만들다, 두꺼운 낯가죽을 지니다. 2) 勾搭句話(구탑구화)- 몇 마디 유혹하는 말을 하다, '구탑'은 유혹하는 것. 3) 上椿(상춘)- 함께 일을 잘 이루는 것.

| 解說 |

여자가 짝사랑하는 것을 노래하고 있다. 남자의 짝사랑을 노래한 작품도 있다.

끝까지 못가는 사랑 (弗到頭¹⁾)

사랑을 맺었다 해도 끝까지 갈 수는 없는 것,
사랑의 편지 받은 것 찢어버리면 그대로 끝일세.
너덜너덜한 깃발에 불이 붙어 깃대까지 불이 붙는다 해도,

호壺만 있고 화살이 없다면 어떻게 투호投壺를 할건가?

結識私情弗到頭니, 扯破²⁾情書便罷休³⁾라.
百脚旗⁴⁾上火發竿着子라도, 有壺無箭⁵⁾儔⁶⁾來投오?

| 註解 |

1) 到頭(도두)- 끝까지 가다. 2) 扯破(차파)- 찢어버리다. 3) 罷休(파휴)- 끝나다, 끝장. 4) 百脚旗(백각기)- 너덜너덜한 깃발. 5) 箭(전)- 투호(投壺)를 할 때 병 같은 호에 던져 넣는 화살 모양의 물건. 6) 儔(사)- 어떻게.

| 解說 |

위 노래 가사 중 "너덜너덜한 깃발에 불이 붙어 깃대까지 불이 붙는다"는 것은 성욕이 성해지는 경우를 비유로 노래한 듯하고, 끝 구절 투호의 '호'는 여자의 성기, 화살은 남자의 성기에 비유한 것인 듯하다.

임을 보내려고 (送郞)

임을 보내려고 나가서 어깨를 나란히 하고 가는데
어머님 방 앞에 등불이 환하게 비치고 있어,
겉옷 자락 벌리어 임을 가리고 지나가니
두 사람이 합쳐져 한 사람이 가는 듯하네.

임을 보내려고 부엌 아궁이 앞에 왔을 때
임이 잘못하여 불집게를 걷어차자,
어머님이 "애야! 무슨 소리냐" 하고 물으시어

나는 대답하기를 "등불을 땅바닥에 두어 개가 기름을 훔쳐 먹
  으려 했어요!"

임을 보내려고 지붕 추녀 밑에 왔을 때
임이 잘못하여 돌멩이를 걷어차자,
어머님이 "애야! 무슨 소리냐?" 하고 물으시어
나는 대답하기를 "뱀이 두꺼비를 감고 도랑에 떨어졌어요!"

아가씨가 임을 보내려고 마당 한가운데를 지날 때
문 앞에 있던 개가 멍멍 짖어대자,
나는 옥 같은 손으로 누렁이 개를 끌어안고
우리 임 보고 짖어 어머님 놀라 깨게 하지 말라고 하네.

送郎出去並肩行이러니, 娘房前燈火亮瞪瞪[1]하니,
解開襖子[2]遮郎過하여, 兩人幷做子一人行이라.

送郎送到竈跟頭[3]라가, 喫[4]郎踢動[5]子火叉頭[6]하니,
娘道丫頭[7]耍[8]箇響가?
小阿奴奴回言道하되, 燈臺落地[9]狗偸油라 하네.

送郎送到屋簷頭[10]라가, 喫郎踢動子石磚頭[11]하니,
娘道丫頭耍箇響가?

小阿奴奴回言道하되, 是蛇盤¹²⁾蛤蚆¹³⁾落洋溝¹⁴⁾라 하네.
_{소 아 노 노 회 언 도}　　_{시 사 반　합 파　낙 양 구}

姐送情哥到半場¹⁵⁾이러니, 門前狗咬¹⁶⁾兩三聲이라.
_{저 송 정 거 도 반 장}　　_{문 전 구 교　양 삼 성}

小阿奴奴玉手親抱住子金絲狗¹⁷⁾하고,
_{소 아 노 노 옥 수 친 포 주 자 금 사 구}

莫咬子我情哥하여, 驚覺子娘하라 하네!
_{막 교 자 아 정 가}　　_{경 각 자 낭}

| 註解 |

1) 亮瞪瞪(량징징)- 밝게 빛나다, 훤하게 비치다. 2) 襖子(오자)- 중국식 긴 저고리. 3) 竈跟頭(조근두)- 부엌 아궁이 앞. 4) 喫(끽)- ---하게 되다, ---당하다. 5) 踢動(척동)- 발로 차서 움직이다. 6) 火叉頭(화차두)- 불집게. 7) 丫頭(아두)- 계집애, 딸을 가리킴. 8) 耍(솨)- 무슨, 심마(甚麼). 9) 落地(락지)- 땅바닥에 놓다. 10) 簷頭(첨두)- 지붕 추녀 밑. 11) 石磚頭(석전두)- 돌 같은 전 깨진 덩어리. '전'은 흙을 구워 만든 벽돌 모양의 것. 12) 盤(반)- 뱀이 몸으로 감는 것. 13) 蛤蚆(합파)- 두꺼비. 14) 洋溝(양구)- 물이 흐르는 도랑. 15) 半場(반장)- 마당 중간, 마당 한가운데. 16) 咬(교)- 물다, 소리 내어 짖다. 17) 金絲狗(금사구)- 금실 같은 털을 지닌 개, 누렁이 개를 멋지게 표현한 말.

| 解說 |

어머니 몰래 밀회를 하는 아가씨의 모습을 노래한 시이다. 특히 자기 집에서 정부 情夫와 밀회를 한 뒤 그를 어머니에게 들키지 않도록 조심하며 보내고 있는 여인의 대담성이 재미있다. 4절로 이루어진 긴 노래라는 것도 특징 중의 하나이다.

남편이 조그마하여 (老公小)

남편이 조그마하여

아주 그것도 작네.
말은 크고 등이 높은데 어떻게 타겠는가?
작은 배의 노를 가지고 큰 배를 저으려 하니
노를 젓자마자 노걸이에서 노가 떨어지네

老公小하여, 逼疽疽¹⁾하니, 馬大身高那亨騎리오?
小船上櫓²⁾人搖子大船上櫓하니, 正要推扳³⁾忒⁴⁾子臍⁵⁾로다.

| 註解 |

1) 逼疽疽(핍저저)- 남쪽 방언으로 아주 작은 것을 형용하는 말. 2) 櫓(노)- 배의 노. 3) 推扳(추반)- 밀고 당기고 하면서 노질을 하는 것. 남녀의 성행위를 암시한다. 4) 忒(특)- 꺾이다, 빠져나가다. 5) 臍(제)- 제(臍), 배의 노걸이. 노를 고정시키는 돌출물. 노에는 노걸이에 맞도록 구멍이 파여 있다.

| 解說 |

매우 해학적인 노래이다. 남자의 몸보다도 그의 성기가 작은 것에 불만을 느끼는 여인의 노래이다.

배 (船)

사귀는 애인은 마치 배와 같아서
돛대를 세우고 물결 속에 흔들거리고 있네.
여자가 말하기를;
"여보! 이런 정도의 풍파에는 나는 이미 익숙해요!
당신은 졸지 말고 키만 잘 잡고 있으면 돼요!"

결식사정상척선　　　수기자회간　랑리전
結識私情像隻船이니, 豎起子個竿¹⁾浪裏顚²⁾이라.
　　　저도　　낭아　개양풍수소아노노상경관
姐道; 郞呀! 箇樣風水小阿奴奴常經慣³⁾이니,
　　이지요당로　자개타경　막탐면
你只要擋牢⁴⁾子箇舵梗⁵⁾莫貪眠하라!

| 註解 |

1) 회(舟+回)竿(회간)- 배의 돛대.　2) 顚(전)- 흔들거리고 있는 것.　3) 常經慣(상경관)- 늘 경험해서 습관이 되어 있다.　4) 擋牢(당로)- 꼭 잡다.　5) 舵梗(타경)- 배의 키.

| 解說 |

이것도 음란한 노래이다. 남녀의 성교를 배에 노를 저어가는데 비유하고 있다.

저주 (呪罵¹⁾)

내 임은 한 번 가더니 소식 전혀 없고
여름이 가고 가을이 지나도 돌아오지 않네.
처음 우리가 사귈 적엔
누가 불러서 온 것도 아니었는데,
지금 와서 나를 버리니
남들이 이러쿵저러쿵 하네.
내가 당신에게 말하건대
이런 일은 사람들 앞에선 말하기 어렵지만
하늘은 알고 계실 것이니,
나는 오직 매일 밤 향불 피우고 당신을 저주할 거요!

我情郎一去好希奇²⁾하고, 經夏過秋再弗歸로다.
當初來往은, 是誰請你아?
如今徹³⁾我하여, 被人說是講非⁴⁾로다.
姐道郎呀; 箇樣事對人前說弗得也로되, 有天知道니,
我只顧⁵⁾夜夜燒香呪罵渠리라!

| 註解 |

1) 呪罵(주매)- 저주하고 욕하다. 2) 好希奇(호희기)- 매우 소식이 없다. 3) 徹(별)- 치다, 떼어내다, 버리다. 4) 說是講非(설시강비)- 이것은 옳고 저것은 그르다고 말하다, 이러쿵저러쿵 말하다. 5) 只顧(지고)- 오직 --- 같은 일만 하다.

| 解說 |

사랑을 배신한 남자를 저주하는 노래.

노처녀 (老阿姐)

노처녀가 사람을 찾아 나서서
찾고 또 찾은 끝에 작은 아이 하나를 찾았는데,
이리 꾀고 저리 꾀어
그를 속여 욕정欲情을 움직이게 한 뒤
치마를 벗고 바지를 벗긴 다음
그를 안아 몸 위에 올려놓았네.

아가씨 하는 말;

마치 냉수로 부스럼 씻은 것처럼 내 가려움증은 없어지지 않으니,

달 밝은 밤에 호롱불 공연히 켜놓은 것 같네!

_{노 아 저 아 거 심 인　　심 래 심 거 심 저 자 일 개 소 관 인}
老阿姐兒去尋人하여, 尋來尋去尋着子一箇小官人¹⁾이러니,

_{천 방 백 계　　편 타 동 정}
千方百計²⁾로, 騙他動情하여,

_{탈 군 해 고　　포 타 상 신}
脫裙解褲³⁾하고, 抱他上身이라.

_{저 도 낭 아　　호 상 냉 수 리 세 창　살 불 득 아 개 양}
姐道郎呀; 好像冷水裏洗瘡⁴⁾殺弗得我箇癢⁵⁾이오,

_{월 량 리 등 롱　　공 괘 명}
月亮裏燈籠⁶⁾空掛明이라.

| 註解 |

1) 小官人(소관인)- 작은 아이. 2) 千方百計(천방백계)- 천 가지 방법과 백 가지 계책을 쓰는 것, 온갖 수단을 다하여 꾀는 것. 3) 褲(고)- 바지. 4) 瘡(창)- 부스럼, 종기. 5) 癢(양)- 가려운 것. 6) 燈籠(등롱)- 호롱불.

| 解說 |

노처녀가 아이를 꾀어 자신의 욕정을 채워보려 하지만 끝내 만족하지는 못한다는 노래이다. 표현이 노골적이다.

밭 (田)

아가씨 개인 소유로 언덕 진 세모난 밭이 있어

어릴 적부터 몸 가까이 두고 늘 손질해 왔는데,
어느 날 아침 갑자기 쓸 돈이 없어서
그 밭을 임에게 잡히고 돈을 구하러 갔네.

[말]
남자가 아가씨에게 말하였네.
"내게 돈이 있다고 당신은 밭을 잡히려는 모양이니,
내게 사방 접경과 경계선은 어떻게 되어있는지 분명히 알려
　　주시오."
아가씨가 남자에게 말하였네.
"내가 갖고 있는 밭을
당신에게 잡히고 돈을 쓰려 하오.
당연히 사방 접경과 경계선은 당신에게 분명히 알려드리지요.
동쪽 접경은 흰 아랫배고,
서쪽 접경은 넓적다리 근처이며,
남쪽 접경은 세 갈래 길 어귀이고,
북쪽 접경은 배아래 문 앞이에요.
머리가 번들번들한 찰벼를 심기도 좋고
또 딱딱하고 **뻣뻣**한 야채를 심어도 좋지요."

[노래]
내 임이어!
당신은 낮에는 모를 뽑아두었다가 밤에는 심어야만 해요!
당신은 비록 흉년이 든다 해도 내 언덕 밭은 버려두어서는 안
　　돼요!

姐兒私房有箇坵三角田[1]이러니, 自小收拾在身邊이라.

忽朝一日無錢用하여, 將田要典[2]我郞錢이라.

[白[3]]

郞道姐兒呀;

我有箇錢하여, 典你箇田하리니,

要還我四址[4]明白하고, 囉裏[5]連牽[6]하라.

姐道郞呀;

我有箇田하여, 典你箇錢하리니,

自然還你四址明白하고, 囉裏連牽하리이다.

東址白膀灣[7]이오, 西址大腿[8]邊하며,

南址三叉路口[9]요, 北址杜家[10]門前이라.

又好揷箇光頭糯[11]하고, 又好種箇硬梗鮮[12]이라.

[歌]

我箇郞!

你要日裏拔秧[13]夜裏蒔[14]하되, 憑[15]你荒年[16]沒荒[17]子奴箇

坵田하라!

| 註解 |

1) 坵三角田(구삼각전)- 언덕 아래 세모난 밭, 여자의 음부를 가리킨다. 2) 典(전)- 전당(典當), 물건을 잡히는 것. 3) 白(백)- 중국 희곡에서 대화(對話), 곧 말하는 것을 뜻한다. 4) 四址(사지)- 사방 접경(接境). 5) 囉裏(나리)- 나리(哪裏), 어느 곳. 6) 連牽(연견)- 경계선이 이어지고 있는 것. 7) 膀灣(방만)- 아랫배. 8) 大腿(대퇴)- 넓적다리. 9) 三叉路口(삼차로구)- 세 갈래 길 어귀. 10) 杜家(두가)- 두씨네 집. '두'는 두(肚)와 음이 같아 배를 상징한다. 11) 光頭糯(광두나)- 머리가 반질반질한 찰벼. '찰벼'는 찹쌀떡을 가리키며, 남자의 성기를 상징한다. 12) 硬梗鮮(경경선)- 대가 빳빳한 채소, 역시 남자의 성기를 가리킨다. 13) 拔秧(발앙)- 모를 뽑다, 성행위를 중지함을 가리킨다. 14) 蒔(시)- 모종을 심다, 성행위를 암시한다. 15) 憑(빙)- 바램을 나타낸다. 16) 荒年(황년)- 흉년, 흉년이 들다. 17) 沒荒(몰황)- 황폐하도록 버려두지 말라.

| 解說 |

풍몽룡이 편집한 『산가』의 뒤쪽 7, 8, 9권은 모두가 긴 노래인데, 앞의 짧은 노래에 비하여 더욱 음란하다. 이 시는 몸을 파는 여인의 상황을 노래한 것인 듯하다.

쥐 (老鼠)

남정네는 마치 쥐와 같아서
밤에는 나가서 여인의 정을 훔치고 낮에는 한가히 지낸다네.
저녁도 되기 전에 나와서 주변을 둘러보다가
아무도 없기만 하면 그대로 파고 들어오네.

〔말〕
그대로 파고들지, 그대로 파고들어!
아가씨는 그의 지나친 짓이 좋아서

왔다갔다 가벼운 몸으로 서성이네.
남자의 두 눈은 반짝반짝하며 보고 살피고
사람 소리가 들리기만 하면 바로 숨는데,
빛 그늘 속으로 가 몸을 동그랗게 움츠리네.
처마에도 오르고 지붕에도 올라갈 수 있고,
기둥도 잡고 올라가고 들보도 잡고 기어 다니며,
구리 담장 쇠 벽도 겁내지 않고
창이 닫히고 문이 잠겨있어도 겁내지 않고,
대 창살 대 울타리도 겁내지 않고
창밖 난간이며 창틀도 겁내지 않는다네.
어느 날 밤 우리 집으로 들어와
내 방 앞으로 와서는
방문 발에 달린 금방울 줄을 잡아당기어 방울 소리가 나게 하니,
나는 놀라서 온몸에 식은땀이 났고
우리 아버지도 당황하며 헛기침을 하고
우리 어머니는 입을 열고
바로 묻기를 "얘야! 무슨 소리냐?"고 하네.
나는 분명히 너라는 쿠린 도적놈 짓임을 알고 있지만
잠자는 체 하면서 감히 입도 열지 못하네.
이 쿠린 도적놈은 그러자 계교를 쓰는데
즉시 멋진 속임수로,
입으로는 꼬꼬꼭 하고 두어마디 암탉 같은 소리를 내더니
이어서는 몇 마디 동전 세는 소리 같은 쥐 소리를 내었네.
우리 아버지 말씀하시기를; "여보! 당신 촛불 조심하시오!"
어머니 대답하시기를; "영감님두! 아무 일도 없어요!

내일 일찍 일어나 신묘神廟에나 갈래요!"
내 쿠린 도적놈은 그런 말을 듣자 더욱 대담해져서
곧 들어와 내 이불 속으로 기어들었네.
그리곤 나를 잡고는 이랬다 저랬다 또 저랬다 이랬다 하는데,
그의 주둥이는 마치 돌멩이 같고
그의 두 다리는 얼음덩이 같았네.

[황앵아黃鶯兒]
그의 두 다리는 얼음덩이 같은데
이불 속으로 재빨리 비집고 들어와
기름 훔치는 방법으로 내 향기를 훔치네.
좀 불안하기는 했지만
즐거움은 어쩔 수 없도록 즐거워서
밤 시간 지나가는 것만이 걱정되었네.
사랑하는 사람에게 부탁하노니,
저 노인들 잠에서 깨어나면 안 되니
꼭 조용히 잘 속여 넘겨야 해요!

[노래]
아가씨가 낭군에게 말하기를;
"당신 아무렇게나 멋대로 움직이다가
우리 집 문 옆에서 자고 있는 고양이 놀라 깨게 해서는 안돼요!"

郎兒生來好像老鼠一般¹⁾般이니, 夜裏出去偸情²⁾日裏閒이라.

未到黃昏出來張了看이라가, 但等無人只一鑽[3]이라.

[白]

只一鑽하고, 只一鑽하니, 阿奴歡喜小尖酸[4]이라.
來去身鬆[5]快便하고, 兩隻眼睛谷碌碌[6]會看會觀이라.
聽得人聲一躱[7]하고, 火光背後就縮做子一團[8]이라.
能會巴簽[9]上屋하고, 又會掾柱爬樑[10]이라.
也弗怕銅牆鐵壁이오, 也弗怕戶閉門關이오,
也弗怕竹簽[11]笆隔[12]이오, 也弗怕直楞[13]窓盤[14]이라.
一夜子鑽進子我箇屋裏하여, 走到子我箇房前하여,
扯[15]着子箇房帘[16]上金鈴索聲能介一響하니, 嚇[17]得我冷
汗直鑽이라.
我裏箇阿爹慌忙[18]咳嗽[19]하고, 我裏箇阿娘口裏開談하되,
便話道阿囡[20]耍[21]響고?
我明明裏曉得你臭賊[22]이나, 做勢[23]睏[24]着弗敢開言이라.
箇箇臭賊當時使一箇計較하여, 立地[25]就用一箇機關[26]하되,
口裏谷谷聲[27]做箇兩聲婆鷄[28]叫活像하고,
連連聲數介兩聲銅錢[29]이라.

我裏阿爹說道老阿媽하되, 你小心些火燭하라!

阿娘說道老老阿여! 沒介儌箇[30]報應이리니,

明朝早些起來求介一條靈籤[31]하리이다.

我裏臭賊聽得子一發膽大하여, 連忙對子我被裏一鑽이라.

就要搭[32]小阿奴奴不三不四[33]不四不三이라.

一張嘴好似石塊하고, 一雙脚好像冰團이라.

[黃鶯兒[34]]

兩脚像冰團이, 被窩中快快鑽이라.

偸油手段把偸香按하니, 雖然未安이나,

得歡且歡하여, 只愁五箇更兒[35]短이라.

囑付俏心肝[36]하나니, 他老人家醒睏이리니, 須是俏俏[37]

好遮瞞[38]하라!

[歌]

姐道; 我郎呀!

你沒要爬爬懶懶[39]介趁意利[40]하여, 驚動我裏門角落裏

睏貓團하라!

시선詩選 • 351

| 註解 |

1) 好像----一般(호상---일반)- 마치 ---같다, 꼭 ---과 같다. 2) 偸情(투정)- 정을 훔치다, 여자와 사랑을 하는 것. 3) 一鑽(일찬)- 바로 뚫고 들어오다, 바로 여자에게로 덤벼들다. 4) 尖酸(첨산)- 매우 가혹한 것, 매우 심한 짓. 5) 身鬆(신송)- 몸이 가벼운 것. 6) 谷碌碌(곡록록)- 눈을 크게 뜨고 눈알을 굴리는 모양. 7) 躱(타)- 몸을 숨기다, 피하다. 8) 一團(일단)- 둥글게 몸을 움츠리는 것. 9) 巴簷(파첨)- 지붕 추녀로 기어오르는 것. 10) 爬樑(파량)- 들보를 잡고 기어오르는 것. 11) 竹簽(죽첨)- 대 창살. 12) 笆隔(파격)- 대 울타리. 13) 直欞(직릉)- 창 밖의 난간. 14) 窗盤(창반)- 창틀. 15) 扯(차)- 잡아당기다. 16) 帘(렴)- 발, 렴(簾)의 뜻. 17) 嚇(혁)- 놀라다. 18) 慌忙(황망)- 당황하다. 19) 咳嗽(해수)- 헛기침을 하는 것. 20) 囡(닙)- 여자아이. 21) 耍(솨)- 무슨, 심마(什麽). 22) 臭賊(취적)- 쿠린내 나는 도적, 자기 애인을 가리키는 말. 23) 做勢(주세)- ---하는 척 하다. 24) 睏(곤)- 잠자다. 25) 立地(입지)- 곧, 즉석에서. 26) 機關(기관)- 속임수, 계책. 27) 谷谷聲(곡곡성)- 닭이 꼬꼬꼭하는 소리. 28) 婆鷄(파계)- 암탉. 29) 數---銅錢(수---동전)- 동전을 세다, 쥐 소리를 대신하는 말. 30) 偺箇(사개)- 어떠한, 심마(甚麽). 31) 靈籤(영첨)- 묘당(廟堂)에 준비되어있는 기도드리는 사람들의 신수를 알려주는 점가치. 32) 搭(답)- 끌어잡다, 끌어안다. 33) 不三不四(불삼불사)- 이리저리 갖고 노는 것. 34) 黃鶯兒(황앵아)- 곡조 이름. 35) 五箇更兒(오개경아)- 밤 시간. 36) 俏心肝(초심간)- 자기가 사랑하는 사람. 37) 俏俏(초초)- 조용히, 슬며시. 38) 遮瞞(차만)- 속여 넘기다. 39) 爬爬懶懶(파파뢰뢰)- 아무렇게나 행동하는 것. 40) 趁意利(진의리)- 자기 마음 내키는 대로.

| 解說 |

한 여인이 부모 몰래 밀회를 하는 자기 애인을 쥐에 비기어 노래한 것이다. 쥐처럼 자기 방까지 부모 몰래 기어들어와 재미를 보고 가는 남자가 있었던 것이다.

잠 못 이루더니 (睏弗着)

아가씨는 잠 못 이루고 정말 성이 나서
자기 임 생각을 하며 발버둥 치고 있네.
마치 계약문서를 물에 빠뜨리었듯이 나와의 약속을 어기니
찬 냄비에 기름을 붓고 불에 올려놓았듯이 속이 지글지글하네.

[말]
속이 지글지글
속이 지글거리니,
아가씨는 입으로 "칼로 짓이겨 죽이겠다"고 욕하네.
나는 편지를 보내어 당신을 불러오려 하였는데,
당신은 마치 옛날 빚을 받으려는 것처럼 늘 오늘 아침 줄까
　　내일 아침 줄까 하네.

[조라포]
정말 한심스런 생각할 수 없는 박정한 이여!
만날 약속이 흐르는 물 위의 부평초만 같네.
버들가지 새파랗게 되자 옥 같던 내 살 빠지고,
붉은 꽃잎 다 지자 아름다운 내 얼굴 수척해졌네.
그대에게 정이 끌리고 마음은 걸려있는데,
그대는 저 산 넘어 물 건너에 있네.
낡은 역사驛舍에 밝은 달 비치고
봄바람은 아름다운 다리 위에 불며 지나가는데,
그이는 무슨 일로 아직도 오지 않는가?

〔말〕
아가씨는 문득 성이 나서
소리죽여 울며 두 줄기 눈물 흘리네.
그때 등불 심지가 연달아 튀겨지고
까치가 연달아 여러 번 울어대네.
아가씨는 이게 어인 일인가 생각하고 있는 중에,
바로 창 밖에서 문을 두드리는 소리가 들렸네.
아가씨는 황급히 쫓아나가서
창 앞으로 가 틈새로 보니 그놈의 고약한 도적이라 간이 오므
   라들고 넋이 날아가네.
내가 문빗장을 빼어줄 사이도 없이
문 자물쇠를 열어줄 겨를도 없이,
그자는 성큼성큼 대문 안으로 들어와
방 앞에서 무릎을 꿇더니
바로 손발을 움직이어 내 옆구리를 끌어 잡으니,
나는 곧 약이 오른 척하며 성이 난 시늉을 하네.

〔계남지〕
해 저물 무렵 조용할 때
나는 이불에 향불을 쐬고
달이 꽃나무 가지 위로 올라오기를 기다리고 있었지만,
까마득히 당신 소식은 전혀 없고
밤 시각을 알리는 북소리만 들려왔네.
바로 그때 당신은 겨우 나타났으니
내가 얼굴빛을 바꾸며 성을 내자

그이는 침대 앞에 꿇어앉아 말을 하네.
나는 성난 체하고 있다가
글쎄 어금니를 꽉 깨물고 있지 못하고
웃음을 참지 못하고 흘려내 버렸네.

[말]
남자가 말하기를;
"아가씨! 나는 옛사람을 버리고 새 사람을 좋아하는 사람이
　　아니오!
오직 산 너머로 길이 멀어서
오늘 밤은 늦게 와 신의를 잃었지만
마음이 너그러운 아가씨인 그대가 용서해주기 바라오!
아가씨는 두 손으로 임을 부축하여 일으켜 세우고
"당신 번드르르한 말만 이러쿵저러쿵 늘어놓지 마세요!"

[노래]
아가씨가 말하기를;
"오! 내 사랑이어!
마치 발길질하여 공을 멀리 차버린 것처럼 내 성은 가라앉았
　　어요!
자, 옷을 벗고 당신과 세 번은 즐겨야지요!"

　　　　　저 아 곤 불 저 호 심 초　　　사 량 자 아 리 개 정 가 지 착 각 래 도
　　　　姐兒睏不着好心焦[1]하여, 思量子我裏箇情哥只捉脚來跳[2]로다.
　　　　　호 상 루 습　자 개 문 서 실 약 자 아　　　냉 과　리 사 유　측 측
　　　　好像漏濕[3]子箇文書失約子我하니, 冷鍋[4]裏篩油[5]測測

　　　　리 오
　　裏熬[6]로다.

　　[백]
　　[白]

　　측측리오　　　측측리오　　　저 아 구 매 살 천 도
　測測裏熬하고,　測測裏熬하니,　姐兒口罵殺千刀라.

　　아 모 전 교 기 신 래 규 이　　　이 맥　호 상 개 토 냉 채　개 능 개 유
　我驀傳敎寄信來叫你러니,　你驀[7]好像箇討冷債[8]箇能介有

　　　　다 아 금 일 료 명 조
　　多呵今日了明朝라.

　　　조 라 포
　　[皂羅袍[9]]

　　　감 탄 박 정 난 료　　　파 가 기 주 료 유 수 평 표
　堪嘆薄情難料니,　把佳期做了流水萍飄[10]로다.

　　　유 사 암 결　옥 기 소　　낙 홍 야 득 주 안 뇌
　柳絲暗結[11]玉肌消요,　落紅惹得朱顔惱[12]로다.

　　　정 견 의 괘　　　산 장 수 요
　情牽意掛하고,　山長水遙하며,

　　　월 명 고 역　　　동 풍 화 교
　月明古驛하고,　東風畵橋어늘,

　　　나　　인 하 사 환 부 도
　郍[13]人何事還不到오?

　　[백]
　　[白]

　　　저 아 기　자 개 일 기　　열　만 만 안 루 개 쌍 포
　姐兒氣[14]子介一氣하니,　噎[15]漫漫眼淚介雙抛[16]라.

　　　지 견 등 화　연 보　　희 작 연 련 우 규 자 개 다 조
　只見燈花[17]連報하고,　喜鵲連連又叫子介多遭라.

　　　저 아 정 재 의 혹　　　지 청 득 창 외 문 고
　姐兒正在疑惑이러니,　只聽得窗外門敲로다.

　　　소 아 노 노 연 망 간 탑　출 거　　내 창 안 리 장 저 자 개 취 적 료
　小阿奴奴連忙趕搭[18]出去하여,　來窗眼裏張着子箇臭賊了

356・명대시선 明代詩選

　　　　　변담상　　　료혼소
　　　便膽喪[19]了魂消로다.

　　　　아변개불급개문산　　　　　　발불급개문쇄
　　　我便開弗及箇門閂[20]하고, 拔弗及箇門鎖[21]러니,

　　　　거재일주주진자개대문　　　　대자방리일궤
　　　渠再一走走進子箇大門하여, 對子房裏一跪로다.

　　　　취래동수동각걸주　자아개횡요　　　아변주세　개일개
　　　就來動手動脚擖住[22]子我箇橫腰하니, 我便做勢[23]介一箇

　　　　　　고독가의개개심초
　　　苦毒假意介箇心焦로다.

　　　　계남지
　　[桂南枝[24]]

　　　　　황혼정초　　　아파피아래훈　료
　　　黃昏靜悄하니, 我把被兒來薰[25]了하고,

　　　　간간등도월상화초　　　　묘명명　전무소모
　　　看看等到月上花梢러니, 杳冥冥[26]全無消耗로다.

　　　　청잔경　루고　　　나　시이방재　래도
　　　聽殘更[27]漏鼓[28]러니, 唎[29]時你方纔[30]來到로다.

　　　　아파검아변료　　　타궤재상전고
　　　我把臉兒變了하니, 他跪在床前告로다.

　　　　아가의초　　　한부득교정아　　　지시인부주소
　　　我假意焦러니, 恨不得咬定牙하고, 只是忍不住笑로다.

　　　백
　　[白]

　　　　　낭설도　　　저아　　아불시련신기구
　　　郞說道; 姐兒! 我弗是戀新棄舊라.

　　　　　지시로원산요　　　금야아래지실신
　　　只是路遠山遙하여, 今夜我來遲失信이라.

　　　　　망이관홍　　저저요요
　　　望你寬洪[31]姐姐饒饒[32]라!

　　　　　저아쌍수부랑기래　　　이불요지화야미　　료노도
　　　姐兒雙手扶郞起來하고, 你弗要支花野味[33]了嘮叨[34]라 하니라!

가
[歌]

저 도　아 랑 아
姐道；我郎呀!

　　호상일각척개　자개수구　주락　자개기　　주개개탈의
好像一脚踢開³⁵⁾子箇繡毬³⁶⁾丟落³⁷⁾子箇欺니, 做介箇脫衣

세 자 청 이 질 삼 교
勢子聽你跌三交³⁸⁾하라.

| 註解 |

1) 心焦(심초)- 마음이 초조하다, 성을 내다. 2) 捉脚來跳(착각래도)- 발을 가지고 흔들고 있다, 발버둥치고 있다. 3) 漏濕(루습)- 물에 젖는 것. 4) 鍋(과)- 냄비. 5) 篩油(사유)- 기름을 붓다. 6) 測測裏熬(측측리오)- 지글지글 끓듯이 속이 타는 것. 7) 驀(맥)- 조사, 별 뜻 없음. 8) 冷債(냉채)- 오래 된 빚. 9) 皂羅袍(조라포)- 악곡 이름. 10) 萍飄(평표)- 부평초처럼 이리저리 떠다니는 것. 11) 暗結(암결)- 짙은 녹색이 되었음을 뜻함. 12) 惱(뇌)- 괴로워하다, 여위다. 13) 郍(나)- 나(那). 14) 氣(기)- 성을 내다, 약이 오르다. 15) 噎(열)- 소리죽여 우는 것. 16) 雙抛(쌍포)- 눈물을 두 줄로 흘리는 것. 17) 燈花(등화)- 등불 심지가 튀는 것. 중국 민간에서는 좋은 일이 있을 조짐이라 하였다. 뒤의 까치가 우는 것과 같다. 18) 趕搭(간답)- 쫓아나가는 것. 19) 膽喪(담상)- 쓸개를 잃다, 간이 콩알만 해지는 것. 20) 閂(산)- 문 빗장. 21) 鎖(쇄)- 자물쇠. 22) 搩住(걸주)- 부여잡다, 잡고 끌어안다. 23) 做勢(주세)- ---하는 척 하다. 24) 桂南枝(계남지)- 악곡 이름. 25) 薰(훈)- 향불을 피워 향기를 쐬게 하는 것. 26) 杳冥冥(묘명명)- 아득한 모양, 캄캄한 모양. 27) 殘更(잔경)- 밤의 남은 시각. 28) 漏鼓(루고)- 시각을 알리는 북소리. 29) 郍(나)- 나(那). 30) 方纔(방재)- 비로소. 31) 寬洪(관홍)- 마음이 넓고 너그러운 것. 32) 饒饒(요요)- 용서하다. 33) 支花野味(지화야미)- 이러쿵저러쿵 말을 늘어놓는 것. 34) 嘮叨(노도)- 말을 많이 하는 것, 중얼대는 것. 35) 踢開(척개)- 차버리는 것. 36) 繡毬(수구)- 옛날 축국(蹴鞠)을 할 때 쓰던 수를 놓아 만든 공. 37) 丟落(주락)- 떼어버리다, 없애다. 38) 跌三交(질삼교)- 성교를 세 번 하면서 즐기는 것.

| 解說 |

여자가 졸면서 밤에 약속한 남자가 오기를 기다리다가 약간 늦게 나타나 함께 즐기는 모습을 노래한 것이다. 긴 노래일수록 노골적이고 외설적인 것 같다.

찾아보기

| ㄱ |

가가우주호왕사(家家牛酒犒王師) …… 125
가가유아조살로(家家有兒遭殺虜) …… 47
가가유옥둔군오(家家有屋屯軍伍) …… 47
가기막산악(佳期邈山岳) …………… 143
가기총총지금왕(佳氣葱葱至今王) …… 53
가내옥편유부주(可奈玉鞭留不住) …… 137
가내저심아수(哥耐着心兒守) ………… 285
가련려마제하진(可憐驪馬蹄下塵) …… 228
가련무처송형경(可憐無處送荊卿) …… 251
가릉회수전유유(嘉陵回首轉悠悠) …… 148
가빈무효신물괴(家貧無骰神勿怪) …… 68
가서십오행(家書十五行) ……………… 85
가이미봉적(可以弭鋒鏑) ……………… 41
가이쾌천리(可以快千里) ……………… 196
가인등옥제초혼(家人登屋啼招魂) …… 68
가주자황서랑투계인득각각리규(假做子黃鼠郎偸鷄引得角角哩叫) ………… 327
가즐현관여사노(呵叱縣官如使奴) …… 45

가지아뇌이위심적(可知我惱你爲甚的)…294
가지아동이인심사(可知我疼你因甚事)…294
가효지주불능찬(佳肴旨酒不能餐) …… 270
각성아(脚聲兒) ………………………… 293
각소종전전도견(却笑從前顚倒見) …… 114
각억천관영가초(却憶千官迎駕初) …… 125
간간등도월상화초(看看等到月上花梢)…357
간불상이저차각부(看不上你這車脚夫)…318
간야묘(趕野猫) ………………………… 327
간인아녀대(看人兒女大) ………………… 81
간정료원가야(看定了寃家也) ………… 282
간죽동림무구주(看竹東林無舊主) …… 104
갈노반사비호도(羯奴半死飛狐道) …… 125
감개평생언(感慨平生言) ………………… 66
감보창이사십가(勘報瘡痍四十家) …… 167
감심은(感深恩) ………………………… 296
감위단심차일지(敢爲丹心借一枝) …… 266
감탄박정난료(堪嘆薄情難料) ………… 356
갑중유보도(匣中有寶刀) ……………… 140
갑충두태평(甲蟲蠹太平) ……………… 232

찾아보기 • 361

강공설복사(江空雪覆沙) …… 49	노상경관(箇樣風水小阿奴
강도번난간갱난(剛道繁難簡更難) …… 105	奴常經慣) …… 342
강루무촉노처청(江樓無燭露淒淸) …… 213	개창감청휘(開窓鑒淸輝) …… 143
강범시원통(江帆始遠通) …… 59	객유루자(客有淚者) …… 209
강변사사작산가(江邊事事作山家) …… 242	객행상수경(客行尙殊境) …… 143
강산상웅불상양(江山相雄不相讓) …… 53	거년신연지(去年新燕至) …… 264
강성월색나감설(江聲月色那堪說) …… 148	거년인별화정개(去年人別花正開) …… 99
강성철야교리수(江聲徹夜攪離愁) …… 148	거년축성졸(去年築城卒) …… 60
강수삼천리(江水三千里) …… 85	거료래(去了來) …… 306
강심득어난(江深得魚難) …… 225	거민유락야연공(居民流落野烟空) …… 98
강약사병탄(强弱事并呑) …… 62	거일회(去一會) …… 284
강유등화삽한표(絳帷燈火颯寒飆) …… 130	거재일주주진자개대문(渠再一走走進子箇
강장침지도경주(强將針指度更籌) …… 300	大門) …… 357
강촌고수찬생오(江村古樹竄鼪鼯) …… 266	거진마족부자취(車塵馬足富者趣) …… 109
강호갱요락(江湖更搖落) …… 146	건곤득견중흥주(乾坤得見中興主) …… 126
강호일호탕(江湖日浩蕩) …… 101	건곤반벽악가사(乾坤半壁岳家祠) …… 266
개개인심유중니(箇箇人心有仲尼) …… 113	건곤호탕신난기(乾坤浩蕩身難寄) …… 130
개개취적당시사일개계교(箇箇臭賊當時使	건마나감지후비(健馬那堪持朽轡) …… 226
一箇計較) …… 350	검봉등답요상화(劍鋒騰踏繞霜花) …… 261
개복미기구(改服媚其仇) …… 196	격하간견야화개(隔河看見野花開) …… 334
개양사대인전설불득야(箇樣事對人前說弗	견괘재심두야(牽掛在心頭也) …… 303
得也) …… 343	견설오호공음마(見說五湖供飮馬) …… 259
개양출투풍류가수제유래노두리(箇樣出套	견야부자무처도(牽爺負子無處逃) …… 125
風流家數儕有來奴裏) …… 333	견처아재조근전(見妻兒在竈跟前) …… 317
개양풍수소아노노상경관(箇樣風水小阿奴	결발사원유(結髮事遠遊) …… 44
	결불교랑백채래(決弗敎郎白採來) …… 334

결불주실신인(決不做失信人) ······ 289	계문단조중배회(薊門丹旐重徘徊) ······ 173
결식사정불도두(結識私情弗到頭) ······ 338	고금아(孤衾兒) ······ 312
결식사정불요황(結識私情不要慌) ······ 333	고등대고영(孤燈對孤影) ······ 312
결식사정상척선(結識私情像隻船) ······ 342	고란고봉고원장(孤鸞孤鳳孤鴛帳) ······ 312
결안위교단부행(缺岸危橋斷復行) ······ 104	고림산소광(高林散疏光) ······ 143
경각자낭(驚覺子娘) ······ 340	고명백대류(高名百代留) ······ 189
경과병선후(經過兵燹後) ······ 163	고문무인실무부(叩門無人室無釜) ······ 252
경농왕왕와유적(耕農往往窊遺迹) ······ 192	고백잔무의(孤魄殘舞衣) ······ 196
경도일편설산래(驚濤一片雪山來) ······ 170	고범득세질약풍(高帆得勢疾若風) ······ 103
경동아리문각락리곤묘단(驚動我裏門角落裏睏貓團) ······ 351	고사격계소(高士隔溪笑) ······ 239
경랑장재이(驚浪長在耳) ······ 101	고상석석잡성래(枯桑淅淅雜聲來) ······ 254
경범불용접(輕帆不用楫) ······ 101	고수기인환(古戍幾人還) ······ 155
경변옥유패산산(瓊弁玉斆珮珊珊) ······ 270	고수연산화(古戍連山火) ······ 49
경사사변기(驚沙四邊起) ······ 62	고아기사년간사(告我己巳年間事) ······ 124
경신회선세후전(輕身回旋細喉轉) ······ 77	고월조고창(孤月照孤窓) ······ 312
경유아독거(卿留我獨去) ······ 239	고인아수진료고단정황(孤人兒受盡了孤單情況) ······ 312
경중모로선(京中某老先) ······ 313	고인일준정미이(故人一樽情未已) ······ 133
경하과추재불귀(經夏過秋再弗歸) ······ 343	고재금야우(高齋今夜雨) ······ 136
경한저용수(輕寒底用愁) ······ 89	고준아(考俊雅) ······ 298
계류굴곡노참참(溪流屈曲路巉巉) ······ 222	고차유호회(顧此有好懷) ······ 215
계마청풍강상대(繫馬靑楓江上臺) ······ 170	고처목양저종맥(高處牧羊低種麥) ······ 72
계명비상옥(鷄鳴飛上屋) ······ 135	고침아(孤枕兒) ······ 312
계명폐관행인차(鷄鳴廢館行人次) ······ 77	고타양강응미득(鼓柂襄江應未得) ······ 145
계명한야수난효(鷄鳴寒夜愁難曉) ······ 277	곡돌하증권사신(曲突何曾勸徙薪) ······ 246

곡성진천풍노호(哭聲震天風怒號) …… 125	관지이배사(官支已倍徙) ………… 233
곡종권족배객전(曲終拳足拜客前) …… 77	광재용굴신(曠哉龍屈伸) ………… 236
곡파부지청해월(曲罷不知靑海月) …… 177	광도다극도(鑛徒多劇盜) ………… 233
골돌적상사야(鶻突的相思也) …… 304	광릉추색우중개(廣陵秋色雨中開) …… 170
공념단적여장편(共拈短笛與長鞭) …… 56	괘일면매상사적패(掛一面賣相思的牌) … 304
공도안위임준조(共道安危任樽俎) …… 258	괴당휴명시(怪當休明時) ………… 41
공림왕자과(空林枉自過) ………… 257	괴무증란술(媿無拯亂術) ………… 62
공명경수성(功名竟誰成) ………… 62	괴친우간아(乖親又看我) ………… 281
공방야야문제오(空房夜夜聞啼鳥) …… 74	교군당국의여하(較君當局意如何) …… 247
공사지십이년(公死之十二年) …… 63	교목공창량(喬木空蒼凉) ………… 44
공산수지애(空山誰知哀) ………… 66	교방차곡역응전(敎坊此曲亦應傳) …… 77
공산제자고(空山啼鷓鴣) ………… 264	교변유유미소서(橋邊猶有未燒書) …… 229
공아현토격운해(共訝玄菟隔雲海) …… 77	교아금지일회(敎我禁持一會) …… 284
공억부지기(供億不知幾) ………… 233	교영제철두견성(敎迎啼徹杜鵑聲) …… 209
공작동남각자분(孔雀東南各自分) …… 139	교인하처부정다(敎人何處復情多) …… 210
공참여빈반(空慚旅鬢斑) ………… 155	교적적옥인아(嬌滴滴玉人兒) …… 290
과선결사생(戈船決死生) ………… 273	교정작철아투랑(咬釘嚼鐵我偸郞) …… 333
과차즉대강(過此卽大江) ………… 244	교졸부중관(校卒附中官) ………… 233
곽개매조조고출(郭開賣趙趙高出) …… 192	구객승상문(舊客丞相門) ………… 66
관가호령시부전(官家號令時復傳) …… 103	구거출문거(驅車出門去) ………… 43
관가화소사화다(官家貨少私貨多) …… 103	구경풍우자동심(九京風雨自同心) …… 278
관부의애석(官府宜愛惜) …………… 41	구루다패와(舊壘多敗瓦) ………… 264
관사각공군왕노(官司却恐君王怒) …… 167	구리곡곡성주개양성파계규활상(口裏谷谷
관사사호채궁수(官司射虎差弓手) …… 97	聲做箇兩聲婆鷄叫活像) ………… 350
관산정묘망(關山正渺茫) …………… 81	구속속(狗觫觫) ………………… 135

구아허(口兒許) ……………………… 287
구원도의인하재(九原道誼人何在) …… 277
구일신(苟日新) ……………………… 311
구주유호표(九州猶虎豹) ……………… 49
국망가파욕하지(國亡家破欲何之) …… 266
군간소소지수엽(君看蕭蕭只數葉) …… 105
군간시황후(君看始皇後) ……………… 120
군불견동가로옹방호환(君不見東家老翁防
　虎患) ……………………………… 116
군불견신안일야진인수(君不見新安一夜秦
　人愁) ……………………………… 192
군불견진실중엽난오호(君不見晉室中葉亂
　五胡) ……………………………… 264
군왕행부도(君王行不到) ……………… 220
군호척척비쌍수(君胡戚戚眉雙愁) …… 116
굴치무녀수신공(屈卮舞女酬新功) …… 254
굴토하번용촉루(掘土何煩用鐲鏤) …… 116
권군고침차자애(勸君高枕且自愛) …… 169
권군탁료차자고(勸君濁醪且自沽) …… 169
귀결수운둔(鬼結愁雲屯) ……………… 62
귀래부응향우읍(歸來醑膺向隅泣) …… 45
귀래수모토(歸來受茅土) ……………… 82
귀천영부론(貴賤寧復論) ……………… 62
귀화난황혼(鬼火亂黃昏) ……………… 163
규득아심황료란(叫得我心慌撩亂) …… 310

규이파인청견(叫你怕人聽見) ………… 282
극목연지추색래(極目燕支秋色來) …… 255
극총모우당리개(棘叢暮雨棠梨開) …… 72
근득심양강상서(近得潯陽江上書) …… 144
근유서도치민처(近有書到治民處) …… 313
근절부래(近絕不來) …………………… 209
근파위차곡추창(近頗爲此曲惆悵) …… 205
금거투계한식후(金距鬪鷄寒食後) …… 152
금고련천삭안회(金鼓連天朔雁回) …… 160
금년구연래(今年舊燕來) ……………… 264
금년축성인(今年築城人) ……………… 60
금년호다영인우(今年虎多令人憂) …… 97
금뇨십부진호악(金鐃十部盡胡樂) …… 254
금량교외월여상(金梁橋外月如霜) …… 128
금릉자제지성명(金陵子弟知姓名) …… 174
금불주(禁不住) ………………………… 305
금석위하석(今夕爲何夕) ……………… 81
금수하변기주류(金水河邊幾株柳) …… 77
금야아래지실신(今夜我來遲失信) …… 357
금일백양촌(今日白楊村) ……………… 239
금일우남관(今日又南冠) ……………… 275
금일화개인미회(今日花開人未回) …… 99
금차칠백리(禁此七百里) ……………… 244
긍작포금주(肯作抱衾裯) ……………… 196
기가삽극고작문(幾家挿棘高作門) …… 57

기근요군도(饑饉饒群盜) ················ 146
기도전혈유한조(幾度戰血流寒潮) ······ 53
기리심무저(嗜利深無底) ················ 233
기무인의모(豈無仁義矛) ················· 41
기번락필다전도(幾番落筆多顚倒) ···· 307
기불외중경(豈不畏衆驚) ················· 66
기사이백(寄謝耳伯) ····················· 205
기서정수절(羈栖正愁絕) ················ 101
기성정가랑청아채타래(寄聲情哥郎聽我採
　　朵來) ································· 334
기시구중유준마(起視廄中有駿馬) ······ 140
기시득성쌍(幾時得成雙) ················ 337
기실묘득긴(其實妙得緊) ················ 311
기어천애객(寄語天涯客) ················· 89
기연시개불상리적원가야(旣然是個不爽利
　　的寃家也) ···························· 288
기원속박여궁수(豈願束縛如窮囚) ······ 116
기응단작방관자(豈應但作旁觀者) ······ 247
기의표령장해두(豈意飄零瘴海頭) ······ 148
기하대강분(其下大江奔) ················· 66
기허대부송(幾許大夫松) ················ 122
끽거흔개금피착아각조천(喫渠掀開錦被捉
　　我脚朝天) ···························· 335
끽랑척동자석전두(喫郎踢動子石磚頭) ···339
끽랑척동자화차두(喫郎踢動子火叉頭) ···339

| ㄴ |

나시이방재래도(邮時你方纔來到) ··· 357
나강포(羅江浦) ·························· 150
나관인초견(那管人瞧見) ················ 291
나득아랑래의양주개개활춘도(那得我郎來
　　依樣做介箇活春圖) ················· 333
나료월상자산두불견거(那了月上子山頭不
　　見渠) ································· 326
나리동촌두(囉裏東村頭) ················ 323
나리서사동린행방편개로관(囉裏西舍東隣
　　行方便箇老官) ······················ 324
나리연견(囉裏連牽) ····················· 346
나인진리불감힐(邏人津吏不敢詰) ······ 103
나인하사환부도(邮人何事還不到) ··· 356
나파인다옥우심(囉怕人多屋又深) ······ 332
나파한인착쌍(囉怕閒人捉耍雙) ······ 329
낙일대기명(落日大旗明) ················ 273
낙일반산추할로(落日半山追點軂)······ 160
낙일반조우여양(落日半照牛與羊) ······ 254
낙일재원산(落日在遠山) ················ 215
낙일천범저불도(落日千帆低不度) ······ 170
낙홍야득주안뇌(落紅惹得朱顔惱) ···356
난도이취불해기중의(難道你就不解其中意)
　　······································ 295

난도타나리적화개편지득긴(難道他那裏的
　　花開偏遲得緊) ·················· 289
난도타사량아강강일차(難道他思量我剛剛
　　一次) ······························ 299
난액초두반초인(爛額焦頭半楚人) ······ 246
남경마선대여옥(南京馬船大如屋) ······ 103
남녀은근안전배(男女殷勤案前拜) ······· 68
남래재곡북재차(南來載轂北載軿) ······ 103
남롱동강거상축(南隴東岡去相逐) ······· 56
남망소상수일애(南望瀟湘水一涯) ······ 260
남북양횡두(南北兩橫頭) ················ 323
남지삼차로구(南址三叉路口) ············ 346
납녀초방피위적(納女椒房被褘翟) ······· 77
납촉상무유공비심(蠟燭上無油空費心)···331
낭간자교낭선야횡(郎看子嬌娘船也橫)···322
낭도아두쇠개향(娘道丫頭耍箇響) ······ 339
낭도저아아(郎道姐兒呀) ················ 346
낭방전등화량징징(娘房前燈火亮瞪瞪)···339
낭불애자저리(郎弗愛子姐哩) ············ 337
낭설도(郎說道) ························· 357
낭아(郎呀) ······················ 329, 342
낭아생래호상로서일반반(郎兒生來好像老
　　鼠一般般) ·························· 349
낭요적시저요조(郎要耀時姐要耀) ······ 330
낭유심(郎有心) ··················· 331, 332

낭자다도적(狼藉多盜賊) ·················· 41
낭자지공부압량(狼藉只供鳧鴨糧) ······· 58
낭처산고월상득지(郎處山高月上得遲)···326
내거신송쾌편(來去身鬆快便) ············ 350
내득교(來得巧) ························· 282
내료거(來了去) ························· 306
내시동창영영곡(來時動唱盈盈曲) ······ 211
내시상지(來示傷之) ····················· 205
내유우상서(內有于尙書) ················ 125
내일회(來一會) ························· 284
내지유가여자호지지사(乃至俞家女子好之
　　至死) ······························ 205
내차곡자손(來此哭子孫) ·················· 62
내창안리장저자개취적료변담상료혼소(來窓
　　眼裏張着子箇臭賊了便膽喪了魂消)···356
냉과리사유측측리오(冷鍋裏篩油測測裏熬)
　　··································· 355
년래미휴병(年來未休兵) ·················· 62
노공소(老公小) ························· 341
노구교하동류수(蘆溝橋下東流水) ······ 133
노도기필속치이(怒濤豈必屬夷) ········· 266
노대적이광아취란란적타(老大的耳光兒就
　　亂亂的打) ·························· 315
노룡웅새의천개(盧龍雄塞倚天開) ······ 258
노무격고무차가(老巫擊鼓舞且歌) ······· 68

찾아보기・367

노방상와쌍석마(路旁尙臥雙石馬) ······ 72
노수나공운(老樹拏空雲) ······ 182
노습의삼랭(露濕衣衫冷) ······ 294
노아저아거심인(老阿姐兒去尋人) ······ 344
노자충고학(鸕鶿充餻膔) ······ 225
노처산저월상득조(奴處山低月上得早) ··· 326
노출비도반수화(露出緋桃半樹花) ······ 92
노회황산개(路廻荒山開) ······ 62
노흑임심무호려(路黑林深無虎慮) ······ 97
녹로성리전전수(轆轤聲裏田田水) ······ 104
녹수재(綠水在) ······ 302
녹주황궁난구과(鹿走荒宮亂寇過) ······ 77
농고여롱침(弄篙如弄鍼) ······ 224
농두수(隴頭水) ······ 39
뇌이근여력(賴爾筋與力) ······ 41
뇌차역기오(賴此歷奇奧) ······ 244
누왕왕적하안초두(淚汪汪滴下眼梢頭)···305
누주아왕왕야(淚珠兒汪汪也) ······ 302
능기시(能幾時) ······ 90
능원백로연년만(陵園白露年年滿) ······ 258
능회파첨상옥(能會巴簽上屋) ······ 350

| ㄷ |

다소사정소리래(多少私情笑裏來) ······ 321

다심적인아야(多心的人兒也) ··········· 294
다참작부재(多慚作賦才) ··········· 175
단검수창모합위(短劍隨鎗暮合圍) ······ 180
단공수조매아우(但恐輸租賣我牛) ······ 56
단등무인지일찬(但等無人只一鑽) ······ 350
단문포비파(旦聞抱琵琶) ··········· 196
단상사(單相思) ··········· 337
단상사배지리상(單相思背地裡想) ······ 304
단외봉호비(但畏逢虎羆) ··········· 142
단원로사화주간(但願老死花酒間) ······ 109
단장불해차춘의(短牆不解遮春意) ······ 92
단좌영인성(端坐令人省) ··········· 143
당기험이교(當其險夷交) ··········· 244
당시발졸개음택(當時發卒開陰宅) ······ 72
당시십만사(當時十萬師) ··········· 62
당초래왕(當初來往) ··········· 343
대가거저막주수(大家擧杵莫佳手) ······ 60
대강래종만산중(大江來從萬山中) ······ 53
대문외(大門外) ··········· 304
대방건칭치민(帶方巾稱治民) ··········· 313
대부지아원가적음모(帶不至我冤家的音耗)
··········· 308
대시정장정부소(大是情場情復少) ······ 210
대여타치은근(待與他致慇懃) ··········· 298
대자방리일궤(對子房裏一跪) ··········· 357

대장대(對妝臺)	299
대장천산하(大帳天山下)	74
대저담(大着膽)	290
도금천지전풍진(到今天地轉風塵)	276
도기적활나찰(淘氣的活羅刹)	315
도로간관몽차요(道路間關夢且遙)	130
도방쇄루성장거(道旁灑淚成長渠)	201
도복정상의(跳伏正相踦)	244
도봉야낭불감수(道逢爺娘不敢收)	135
도야상득이심아호(到也像得你心兒好)	307
도여금토우지(到如今吐又遲)	303
도재아심리전(都在我心裡轉)	298
도처거투자(到處去投刺)	313
도화선인종도수(桃花仙人種桃樹)	109
도화암리도화선(桃花庵裏桃花仙)	108
도화오리도화암(桃花塢裏桃花庵)	108
독대청산억찬공(獨對靑山憶贊公)	98
독립서재소만풍(獨立書齋嘯晚風)	182
독상고원수일모(獨上高原愁日暮)	228
독수고방(獨守孤房)	312
독신전향한리정(獨身轉向恨離情)	211
독와무창성(獨臥武昌城)	136
독요차지무융마(獨饒此地無戎馬)	164
독향전횡도상행(獨向田橫島上行)	212
돈령공사입조무(頓令貢使入朝無)	77
동교살기일인온(東郊殺氣日氤氳)	165
동남풍기타사래(東南風起打斜來)	321
동득이진개호(凍得你眞箇好)	294
동복희분주(童僕喜奔走)	216
동백산중공결려(桐柏山中共結廬)	145
동시가(東市街)	135
동양장맹겸(東陽張孟兼)	63
동정엽미하(洞庭葉未下)	136
동지백방만(東址白膀灣)	346
동지서(東指西)	306
동첨해사배(東瞻海似杯)	120
동치나감출(童稚那敢出)	142
동풍취탄홍정수(東風吹綻紅亭樹)	228
동풍화교(東風畫橋)	356
동행동좌불시리(同行同坐不廝離)	296
동희석위려(董姬昔爲呂)	196
두연일봉상(斗然一峰上)	120
두자산(豆子山)	150
득오수당리(得悟垂堂理)	244
득환차환(得歡且歡)	351
등고견만리(登高見萬里)	44
등고망폐루(登高望廢壘)	62
등대락지구투유(燈臺落地狗偸油)	339
등루망욕미(登樓望欲迷)	146
등루미북망(登樓迷北望)	271

등조대(登釣臺) …………………………… 63

| ㄹ |

루강여자유이낭(婁江女子俞二娘) …… 205

| ㅁ |

마가돈증무처멱(馬價頓增無處覓) …… 45
마대신고나형기(馬大身高那亨騎) …… 341
마상총총일욕사(馬上匆匆日欲斜) …… 137
마상황사불면행(馬上黃沙拂面行) …… 95
마제우상태항산(馬蹄又上太行山) …… 91
막견논공백발생(莫遣論功白髮生) …… 95
막괴행인두진백(莫怪行人頭盡白) …… 83
막교자아정가(莫咬子我情哥) ………… 340
막도성문무구결(莫道聖門無口訣) …… 114
막부고림갈석개(幕府高臨碣石開) …… 173
막언차곡종감청(莫言此曲終堪聽) …… 139
막작서강만리도(莫作胥江萬里濤) …… 172
막장화죽논난이(莫將畫竹論難易) …… 105
만궁독상이릉대(彎弓獨上李陵臺) …… 255
만궁직과이릉대(彎弓直過李陵臺) …… 160
만당풍우불승한(滿堂風雨不勝寒) …… 105
만도시랑적(滿道豺狼迹) ……………… 163

만리소조사절귀(萬里蕭條使節歸) …… 84
만리연진일검소(萬里烟塵一劍掃) …… 125
만리하산유고국(萬里河山猶故國) …… 278
만리호풍삼일지(萬里好風三日至) …… 77
만문천호도사벽(萬門千戶徒四壁) …… 265
만상천사야(萬想千思也) ……………… 298
만요행(萬僥幸) ………………………… 287
만천풍우하서호(滿天風雨下西湖) …… 221
만화근원총재심(萬化根源總在心) …… 114
망견장우(望見墻宇) …………………… 252
망망제자령(茫茫帝子靈) ……………… 271
망망진형진(莽莽盡荊榛) ……………… 43
망불견아적괴친도(望不見我的乖親到) … 292
망이관홍저저요요(望你寬洪姐姐饒饒) … 357
망중천리제형고(望中千里弟兄孤) …… 158
망진기미평(亡秦氣未平) ……………… 273
망후롱규일성(莽喉嚨叫一聲) ………… 318
매산남국유신맹(買山南國有新盟) …… 104
매시신고납시난(買時辛苦納時難) …… 45
매전매마내납관(賣田買馬來納官) …… 45
매전양선정하여(買田陽羨定何如) …… 145
맹망견창아외(猛望見窗兒外) ………… 292
맹청득초원가독서성(猛聽得俏冤家讀書聲)
………………………………………… 311
맹호수맹유가희(猛虎雖猛猶可喜) …… 57

맹호욕출인선지(猛虎欲出人先知) …… 57	무과원득금오서(無過願得金吾婿) …… 200
명당수괘승육란(明璫垂絓乘六鸞) …… 270	무기천군수감도(武騎千群誰敢渡) …… 53
명당요오죽(明堂饒梧竹) …………… 187	무보답(無報答) ……………………… 296
명월연단선(明月憐團扇) …………… 221	무사심자한(無事心自閑) …………… 215
명월잠수진농옥(明月暫隨秦弄玉) … 139	무성무취독지시(無聲無臭獨知時) … 115
명월재동유(明月在東牖) …………… 217	무안불감문(撫按不敢問) …………… 233
명월천문추(明月天門秋) …………… 189	무언여수당지차(巫言汝壽當止此) … 68
명조범령이배박(明朝犯令爾輩縛) … 103	무연대면요(無緣對面遙) …………… 286
명조입성거보관(明朝入城去報官) … 97	무인지효양비수(無人知曉楊妃睡) … 184
명조조사기래구개일조영첨(明朝早些起來	무풍랑역작(無風浪亦作) …………… 225
求介一條靈籤) ……………… 351	무한비가의(無限悲歌意) …………… 271
명하유영미운외(明河有影微雲外) … 98	무한하산루(無限河山淚) …………… 275
모색입중원(暮色入中原) …………… 176	무혐신가저천금(毋嫌身價抵千金) … 190
모야불황식(暮夜不遑息) …………… 41	무화무주서작전(無花無酒鋤作田) … 109
모입주인문(暮入主人門) …………… 140	묵묵각자이(默默各自怡) …………… 217
모자격산파(茅茨隔山陂) …………… 141	문고제상마(聞箛齊上馬) ……………… 74
목광동동당로좌(目光瞳瞳當路坐) … 57	문군하사일동동(問君何事日憧憧) … 113
목면구연동환수(木棉裘軟銅鐶垂) … 76	문군하소위(問君何所爲) …………… 215
몰개사개보응(沒介僞箇報應) ……… 351	문산인병부재산중주(問山人並不在山中住)
몰요희희소(沒要嘻嘻笑) …………… 321	……………………………… 313
몽경역이연(夢境亦已延) …………… 248	문외양주오구수(門外兩株烏桕樹) … 157
몽리증비하처우(夢裏曾飛何處雨) … 184	문전구교양삼성(門前狗咬兩三聲) … 340
몽자입철위(夢者入鐵圍) …………… 244	문전변마명(門前邊馬鳴) …………… 133
몽중기십년(夢中幾十年) …………… 248	문전색전풍화급(門前索錢風火急) … 45
묘명명 전무소모(杳冥冥全無消耗) … 357	문전수묘원(門前數畝園) …………… 142

찾아보기 • 371

문창사대목향리(文窓斜對木香籬) …… 230
미견고아속우림(未見孤兒屬羽林) …… 278
미달일간이(未達一間耳) …………… 244
미도일몰수저돈(未到日沒收猪豚) …… 57
미도황혼출래장료간(未到黃昏出來張了看)
  …………………………………… 350
미아래(眉兒來) ………………… 281, 287
미유불여악귀(美遊不如惡歸) ………… 70
미유소적(未有所適) ………………… 205
미인기창이주곡(美人起唱伊州曲) …… 254
미인장단취루연(美人腸斷翠樓煙) …… 152
미인하재청운단(美人何在靑雲端) …… 270
미적누천행(未敵淚千行) ……………… 81
민귀인수재(民歸鄰樹在) ……………… 59
민병살진주관주(民兵殺盡州官走) …… 165

| ㅂ |

박모시득취(薄暮始得炊) …………… 142
박복양랑군요선정출빈(薄福樣郎君搖船正
  出浜) …………………………… 322
반결하산대녀와(半缺河山待女媧) …… 260
반득화개료(盼得花開了) …………… 289
반복세여풍우지(反覆勢如風雨至) …… 124
반생락백이성옹(半生落魄已成翁) …… 182

반야한등수행루(半夜寒燈數行淚) …… 221
반조봉적반투생(半遭鋒鏑半偸生) …… 166
반취반성일부일(半醉半醒日復日) …… 109
발도약마문전로(拔刀躍馬門前路) …… 140
발록초전제쌍미(髮綠初剪齊雙眉) …… 76
발불급개문쇄(拔弗及簡門鎖) ……… 357
발졸비항오(發卒備行伍) ……………… 82
방연야출대가무(芳筵夜出對歌舞) …… 76
방초영협회소환(芳草盈篋懷所歡) …… 270
방초청연이만성(芳草晴烟已滿城) …… 104
배면각치타인치(背面却笑他人痴) …… 103
배회유작한궁간(徘徊猶作漢宮看) …… 177
배후유몰개거전언(背後有沒箇去傳言)… 298
백각기상화발간착자(百脚旗上火發竿着子)
  …………………………………… 338
백골고우태행설(白骨高于太行雪) …… 192
백골횡마전(白骨橫馬前) ……………… 62
백년부귀하족시(百年富貴何足恃) …… 72
백두모(白頭母) ………………………… 47
백두무계여유생(白頭無計與劉生) …… 212
백로하옥제(白露下玉除) ……………… 47
백리무연화(百里無烟火) …………… 257
백리인민희(百里人民稀) …………… 141
백반분찬진박귀(白飯分餐趁舶歸) …… 77

백석연운자(白石連雲煮) ················ 231
백양수하수가분(白楊樹下誰家墳) ······ 72
백양적리종횡진(白羊赤鯉縱橫陳) ······ 68
백우하(白雨下) ··························· 150
백운공취동정산(白雲空翠洞庭山) ··· 274
백운상송대강서(白雲相送大江西) ··· 171
백운해색서(白雲海色曙) ················ 189
백운횡새단(白雲橫塞斷) ················ 175
백일부동창천고(白日不動蒼天高) ··· 125
백일추추만귀차(白日啾啾萬鬼嗟) ··· 167
백전다고골(百戰多枯骨) ················ 156
백호청총인광자(白狐靑冢磷光紫) ··· 254
번뇌장중착용공(煩惱場中錯用功) ··· 113
번림난형조(繁林亂螢照) ················ 218
번성릉란분진구(翻成凌亂奔榛丘) ··· 200
번소이장군(翻笑李將軍) ··················· 82
번화능기하(繁華能幾何) ··················· 43
벽공요도초행운(碧空遙度楚行雲) ··· 139
벽유이(壁有耳) ··························· 284
벽입대도성(辟入大都城) ················ 244
벽화냉고근(碧火冷枯根) ················ 182
변득도관쌍슬만두궤자종실설(拚得到官雙
　膝饅頭跪子從實說) ················ 333
변시유유역소장(便是悠悠亦所長) ··· 169
변요막상침(邊徼莫相侵) ················ 156

변화도아닙쇄향(便話道阿因耍響) ······ 350
별리강상환하상(別離江上還河上) ··· 152
별인가노파교적적미(別人家老婆嬌滴滴
　的美) ······································ 318
별인소아특풍전(別人笑我忒風顚) ··· 109
별후기년아녀대(別後幾年兒女大) ··· 158
병거누연공(兵去壘煙空) ··················· 59
병도작야갑중명(并刀昨夜匣中鳴) ··· 251
병불해(病不害) ··························· 302
병위여우전(兵衛與郵傳) ················ 233
보서일석삼회지(報書一夕三回至) ··· 226
복감기의(僕感其誼) ······················· 64
복몰능기존(覆沒能幾存) ··················· 62
복야금수탁부형(僕射今誰托父兄) ····· 95
복초정하극(復楚情何極) ················ 273
봉교수하마(逢橋須下馬) ················ 305
봉연부고중변신(烽煙桴鼓重邊臣) ··· 246
봉왜자유전신책(逢倭自有全身策) ··· 166
봉화새상래(烽火塞上來) ··················· 82
봉화야조연산운(烽火夜照燕山雲) ··· 125
봉화즉명가(逢花卽命歌) ················ 236
봉황내재동문지음탁부서(鳳凰乃在東門之
　陰啄腐鼠) ································ 188
봉황내재서문지음미창응(鳳凰乃在西門之
　陰媚蒼鷹) ································ 188

봉후장사심(封侯壯士心) ……… 156	부지성외춘다소(不知城外春多少) … 104
부고제한포쌍고(婦姑啼寒抱雙股) …… 47	부지수해포우환(不知誰解抛憂患) …… 98
부곡정부모곡아(婦哭征夫母哭兒) …… 47	부지장군수(不知將軍誰) ………… 62
부관분주군리추(府官奔走群吏趨) …… 45	부지천외안(不知天外雁) ………… 136
부녀공방적(婦女攻紡績) ………… 41	부지하심혼(不知何心魂) ………… 244
부로불여빈소(富老不如貧少) ……… 70	부지하처멱주랑(不知何處覓周郎) … 194
부모장궤형수곡(父母長跪兄嫂哭) … 201	북망만리천(北望萬里天) ………… 66
부수무제로(俯首無齊魯) ………… 120	북지두가문전(北址杜家門前) …… 346
부시일시(不是一時) ……………… 287	북풍취(北風吹) …………………… 90
부앙사양조고금(俯仰斜陽弔古今) … 278	북풍홀남래(北風忽南來) ………… 215
부앙흥망이(俯仰興亡異) ………… 59	분격의골권(奮激義鶻拳) ………… 196
부운수풍(浮雲隨風) ……………… 70	분결여랑시(忿決如狼豸) ………… 233
부운종하래(浮雲從何來) ………… 176	분골쇄신전불파(粉骨碎身全不怕) …… 88
부위로(夫爲虜) …………………… 135	분묵존전면(粉墨尊前面) ………… 71
부위만(婦爲挽) …………………… 252	분분보마여향거(紛紛寶馬與香車) … 201
부위추(夫爲推) …………………… 252	불각충충발노(不覺冲冲發怒) …… 317
부유산재착수애(復有山齋著水涯) … 242	불감가무내정하(不堪歌舞奈情何) … 210
부자영웅고래소(父子英雄古來少) … 125	불견남지향북조(不遣南枝向北朝) … 130
부쟁도리춘(不爭桃李春) ………… 43	불견당시기무인(不見當時起舞人) … 277
부주파벽노불휴(斧柱破壁怒不休) … 200	불견오릉호걸묘(不見五陵豪傑墓) … 109
부증점일루(不曾拈一縷) ………… 224	불견오영엄루정(不見吳迎掩淚情) … 209
부지감수하시각(不知酣睡何時覺) … 181	불견자정인심리산(不見子情人心裏酸)… 325
부지군착자화아(不知裙着刺花兒) … 230	불교일기출위성(不敎一騎出圍城) … 165
부지별후유추다소(不知別後有秋多少)… 309	불급청원앙(不及靑鴛央) ………… 197
부지봉황시흠비(不知鳳凰是欽䲹) … 188	불긍만가축대행(不肯蠻歌逐隊行) … 211

374・명대시선 明代詩選

불신만산개(不信萬山開) ·················· 120
불신유천상사취(不信有天常似醉) ······ 259
불연위창유(不延爲瘡痏) ················ 233
불용장강한남북(不用長江限南北) ······ 54
불원국궁거마전(不願鞠躬車馬前) ······ 109
불유인흔선(不由人欣羨) ················ 298
불인견은하(不忍見銀河) ················ 221
불주득인정야시애(不做得人情也是騃)···322
불호화이회언야(不好和你回言也) ······ 284
비공첩기진연진(飛鞚疊騎塵碾塵) ······ 226
비래오색조(飛來五色鳥) ················ 187
비래춘사첨악황(比來春社添惡況) ······ 264
비봉전전장(飛蓬轉戰場) ················ 176
비부득성리적풍자(比不得城裡的豐姿)···318
비상필유신(悲傷必有神) ················ 207
비서비화미원천(飛絮飛花媚遠天) ······ 152
비입소양전(飛入昭陽殿) ················ 48
비조반대막(飛雕盤大漠) ················ 156
비주기측(批注其側) ······················ 205
비지일차(非止一次) ······················ 287
비풍취절정전수(悲風吹折庭前樹) ······ 47
빙관부세여화열(凭官附勢如火熱) ······ 103
빙상력진심불이(氷霜歷盡心不移) ······ 90
빙이황년몰황자노개구전(憑你荒年沒荒子
　　奴箇坵田) ···························· 346

빙천판하비인모(憑天判下非人謀) ······ 116

| ㅅ |

사고불견인(四顧不見人) ················ 43
사군자유금탕고(使君自有金湯固) ······ 165
사군하고둔도심(使君何苦遁逃深) ······ 166
사당역유서호수(祠堂亦有西湖樹) ······ 130
사량무처결동심(思量無處結同心) ······ 331
사량자아리개정가지착각래도(思量子我裏
　　箇情哥只捉脚來跳) ·················· 355
사력참담수행인(沙礫慘淡愁行人) ······ 125
사마대전열백고(司馬臺前列柏高) ······ 172
사변동사야(死便同死也) ················ 296
사살주수사주은(思殺主讐謝主恩) ······ 140
사십만인동일사(四十萬人同日死) ······ 192
사아저등파이사량야(似我這等把你思量也)
　　······································· 299
사월어묘풍(四月魚苗風) ················ 224
사월왕성맥숙희(四月王城麥熟稀) ······ 77
사월즉장도(四月卽長道) ················ 239
사유봉아적신분(似游蜂兒的身分) ······ 306
사자래(使者來) ···························· 135
사장완비행사조(沙場緩轡行射雕) ······ 119
사장입야다풍우(沙場入夜多風雨) ······ 173

찾아보기 • 375

사전불가경(沙田不可耕) ········· 142	삽연사좌생비풍(颯然四坐生悲風) ······ 254
사천사지(謝天謝地) ············ 290	상과벽립월재공(霜戈壁立月在空) ······ 254
사초몰한정(沙草沒寒汀) ········· 271	상국왈(相國曰) ··············· 205
사초방출명광궁(賜貂方出明光宮) ···· 254	상록최관사(桑綠催官絲) ········· 142
사평변초단(沙平邊草斷) ········· 257	상림목락안남비(上林木落雁南飛) ······ 84
사해미상마(四海未桑麻) ··········· 49	상별탄기시(相別歎幾時) ········· 217
사향심독고(思鄕心獨苦) ········· 150	상봉려비구(相逢慮非久) ········· 217
산세진여강류동(山勢盡與江流東) ···· 53	상비종주운(上悲宗周殞) ··········· 66
산심다수목(山深多樹木) ········· 141	상사상해(相思常害) ············ 302
산장수요(山長水遙) ············ 356	상사쌍루유경환(相思雙淚流輕紈) ···· 270
산천묘망망(山川杳茫茫) ··········· 44	상사포(相思鋪) ··············· 304
산형상당래(山形上黨來) ········· 175	상설공상친(霜雪空相親) ··········· 43
살기군성만유삭(殺氣軍聲滿幽朔) ······ 125	상시유정가사랑아기개신아(想是有情哥思
살백우(撒白雨) ··············· 150	量我寄箇信兒) ··············· 299
살벌중문재조도(殺伐中聞載造圖) ······ 126	상심박편무인회(傷心拍遍無人會) ······ 208
살인편건곤(殺人遍乾坤) ··········· 62	상압성하골(霜壓城下骨) ············ 60
살적불이초여호(殺敵不異草與蒿) ······ 125	상위송승상문산공지객(嘗爲宋丞相文山公
삼귀대반고비몰(三歸臺畔古碑沒) ···· 228	之客) ··················· 63
삼년기려객(三年羈旅客) ········· 275	상유기연성(上有飢鳶聲) ··········· 62
삼록진연적(滲漉盡涓滴) ··········· 41	상이적분체아상사우(想你的噴嚏兒常似雨)
삼십과두화이사(三十過頭花易謝) ···· 323	····················· 299
삼오옥승경(三五玉繩耿) ········· 143	상전무(上田蕪) ··············· 58
삼일불명의하장(三日不鳴意何長) ···· 187	상전친개취(上前親箇嘴) ········· 290
삼하급량절(三河及兩浙) ········· 233	새북형남심만리(塞北荊南心萬里) ···· 133
삽삽대사진(颯颯帶沙塵) ··········· 43	생애련여자초소(生涯憐汝自樵蘇) ···· 158

생자약부추(生子若鳧雛) ·············· 225
서가아동불식호(西家兒童不識虎) ······ 117
서사박속돈(庶使薄俗敦) ·············· 67
서산인가방산주(西山人家傍山住) ······ 97
서색산호타(曙色散漙沱) ·············· 256
서생통곡의호리(書生痛哭倚蒿籬) ······ 226
서시가(西市街) ······················ 135
서신불래(書信不來) ·················· 302
서자호두유아사(西子湖頭有我師) ······ 266
서지대퇴변(西址大腿邊) ·············· 346
서지동(西指東) ······················ 306
서촌두(西村頭) ······················ 323
서풍겁기라(西風怯綺羅) ·············· 221
서풍기료저심비(西風起了姐心悲) ······ 323
서풍낙일초반반(西風落日草斑斑) ······ 91
서풍취상한신의(西風吹上漢臣衣) ······ 84
석가관군약뢰전(石家官軍若雷電) ······ 125
석년형극로(昔年荊棘露) ·············· 59
석두고화자황양(石頭敲火炙黃羊) ······ 159
석두성하도성노(石頭城下濤聲怒) ······ 53
석롱타인주(夕弄他人舟) ·············· 196
석무완의금수오(昔無完衣今繡襖) ······ 119
석문이공봉(昔聞李供奉) ·············· 189
석불견봉황(夕不見鳳凰) ·············· 188
선군안마속류성(羨君鞍馬速流星) ······ 133

선령역이촉(仙齡亦已促) ·············· 248
선우통곡도마관(單于痛哭倒馬關) ······ 125
성각유비주(城角猶悲奏) ·············· 59
성고불용관군수(城高不用官軍守) ······ 60
성곽청린야야애(城郭靑燐夜夜哀) ······ 258
성급살료아(性急殺了我) ·············· 282
성두명각하시이(城頭鳴角何時已) ······ 254
성명응륵운대상(姓名應勒雲臺上) ······ 126
성발불인탄(聲發不忍吞) ·············· 66
성십마화(成什麽貨) ·················· 317
성유망재궤(醒猶忘在几) ·············· 244
성인지언어야(聖人之言語也) ·········· 311
성혈천오구(腥血濺吳鉤) ·············· 196
세간괴사나유차(世間怪事那有此) ······ 192
세간다소불조화(世間多少弗調和) ······ 336
세상기대전(世上幾代傳) ·············· 248
세우사풍전불감(細雨斜風轉不堪) ······ 222
세우어주귀(細雨漁舟歸) ·············· 215
세자청이질삼교(勢子聽你跌三交) ······ 358
소거반반황진만(小車班班黃塵挽) ······ 252
소고묘전회야주(小姑廟前廻夜舟) ······ 204
소곡기궁도(所哭豈窮途) ·············· 66
소구재의식(所求在衣食) ·············· 41
소득상두일만금(消得床頭一萬金) ······ 166
소부출문주(少婦出門走) ·············· 135

| 소상추욕생(瀟湘秋欲生) ················ 136
| 소선상노인요자대선상노(小船上櫓人搖子
　　大船上櫓) ···························· 341
| 소소풍우만관하(蕭蕭風雨滿關河) ······ 83
| 소소호마명(蕭蕭胡馬鳴) ············· 176
| 소신무사억승평(小臣撫事憶昇平) ······ 77
| 소아노노변득개노면피(小阿奴奴拚得箇老
　　面皮) ································ 337
| 소아노노연망간탑출거(小阿奴奴連忙趕搭
　　出去) ································ 356
| 소아노노옥수친포주자금사구(小阿奴奴玉
　　手親抱住子金絲狗) ··············· 340
| 소아노노정원열주삼종친체거(小阿奴奴情
　　願熱酒三鍾親遞渠) ··············· 325
| 소아노노주심수리마황지착요래뉴(小阿
　　奴奴做子深水裏螞蝗只捉腰來扭)···335
| 소아노노회언도(小阿奴奴回言道)···339, 340
| 소요관사방(逍遙觀四方) ·············· 44
| 소요음사주(少要飮些酒) ············· 305
| 소이방계지(所以芳桂枝) ·············· 43
| 소환득오언(所歡得晤言) ············· 217
| 손이종고좌명당(殄以鐘鼓坐明堂) ······ 187
| 송군귀(送君歸) ························ 150
| 송군발양자(送君發揚子) ············· 224
| 송랑송도옥첨두(送郎送到屋簷頭) ······ 339

| 송랑송도조근두(送郎送到竈跟頭) ······ 339
| 송랑출거병견행(送郎出去並肩行) ······ 339
| 송신상마무출문(送神上馬巫出門) ······ 68
| 송정인(送情人) ························ 305
| 쇄료흘(要了吃) ························ 306
| 수가계견존(誰家鷄犬存) ············· 163
| 수각도망(手脚都忙) ··················· 317
| 수견불파풍취동(樹堅不怕風吹動) ······ 90
| 수골골(水汨汨) ························ 58
| 수군도파동(隨君到巴東) ············· 224
| 수궁야락연지비(守宮夜落胭脂臂) ······ 184
| 수기자회간랑리전(豎起子個竿浪裏顛)···342
| 수도교경적원앙야(繡到交頸的鴛鴦也)···300
| 수류향진천(水流向秦川) ·············· 39
| 수리급구공(搜利及丘空) ············· 232
| 수명수단고(誰明修短故) ············· 248
| 수방아정여서방근(繡房兒正與書房近)···311
| 수변정위절강조(水邊精衛折江潮) ······ 130
| 수부일수(遂賦一首) ··················· 64
| 수살도당여아희(手殺都堂如兒戲) ······ 226
| 수시초초호차만(須是俏俏好遮瞞) ······ 351
| 수양수류관방년(垂楊垂柳綰芳年) ······ 152
| 수언천지관(誰言天地寬) ············· 275
| 수언천하소(誰言天下小) ············· 122
| 수언첩무자(誰言妾無子) ·············· 74

수언첩유부(誰言妾有夫)	73	시강비교회(是講非敎誨)	236
수여공심상(誰與共心賞)	218	시견양삼화(時見兩三花)	49
수연미안(雖然未安)	351	시관불수신(是官不垂紳)	236
수우변주뇌(羞又變做惱)	292	시귀착하기(是貴着荷芰)	236
수자능불수(受者能不羞)	196	시농불병뢰(是農不秉耒)	236
수자하족언(售者何足言)	196	시마진장림(嘶馬振長林)	156
수중차제생(愁中次第生)	220	시문공비금(試問空飛禽)	236
수지환선규방진(手持紈扇窺芳塵)	200	시사반합파낙양구(是蛇盤蛤蚆落洋溝)	340
수풍작향토(隨風作鄕土)	224	시서경심상도도(時序驚心尙道途)	158
수향고주연축객(誰向孤舟憐逐客)	171	시석장빈수(是釋長鬢鬚)	236
수혜능문사(秀慧能文詞)	205	시선옹미대(是仙擁眉黛)	236
수화침수불출원앙구(繡花針繡不出鴛鴦扣)		시수인파노적창래첨파(是誰人把奴的窓來	
	285	舐破)	281
수휴저수관아(手携着水罐兒)	289	시수청이(是誰請你)	343
숙거홀래수부지(倏去忽來誰復知)	103	시유불오이(是儒不吾伊)	236
숙우한의서(肅羽恨依栖)	264	시유사오가(時有四五家)	141
숙이고적림(倏而枯寂林)	236	시은불호래(是隱不蒿萊)	236
숙이훤효궤(倏而喧囂闠)	236	시정비두문(是靜非杜門)	236
숙조시일명(宿鳥時一鳴)	218	시천완관패(是賤宛冠佩)	236
승두세자(蠅頭細字)	205	신고로어헌(辛苦老於軒)	239
승상기사절(丞相旣死節)	66	신고수구지(辛苦誰具知)	142
승상방모복허도(丞相方謀卜許都)	77	신군일래역귀각(神君一來疫鬼却)	68
승상영령유미소(丞相英靈猶未消)	130	신념여건사여사(神念汝虔瞻汝死)	68
승시사리습성속(乘時射利習成俗)	103	신렬성분위평지(辰裂星紛委平地)	226
시각진가망목소(始覺秦家網目疏)	229	신묘난심낙필종(神妙難尋落筆踪)	181

신보행래개탄도(信步行來皆坦道) …… 116
신부용취아야읍(新婦舂炊兒夜泣) …… 58
신불견봉황(晨不見鳳凰) ……………… 188
신사전창모란정(新詞傳唱牡丹亭) …… 208
신성은지가(新城殷地笳) ……………… 49
신소재대하(新巢在大廈) ……………… 264
신숙야지수대천(信宿也知酬對淺) …… 242
심래심거심저자일개소관인(尋來尋去尋着
　　子一箇小官人) ………………… 344
심산곡로견도화(深山曲路見桃花) …… 137
심심탁한수(心心托漢壽) ……………… 196
심재(甚哉) ……………………………… 206
심정지소이향원(深情知訴離鄉怨) …… 77
심중희(心中喜) ………………………… 282
십만공현아(十萬控弦兒) ……………… 74
십월거연변초사(十月居延邊草死) …… 254
십월세하수(十月洗河水) ……………… 224
십재삼봉적기래(十載三逢敵騎來) …… 258
십칠완분이종(十七惋憤而終) ………… 205
쌍비일월구신준(雙飛日月驅神駿) …… 260
쌍상사양하리애(雙相思兩下裡挨) …… 304
쌍수초랑랑불래(雙手招郎郎不來) …… 323
쌍수추창간(雙手推窗看) ……………… 292

| ㅇ |

아가의초(我假意焦) …………………… 357
아간아적괴친야(我看我的乖親也) …… 281
아개랑(我箇郎) ………………………… 346
아금도차시하연(兒今到此是何緣) …… 77
아기불효(我豈不曉) …………………… 284
아낭관아호일반(阿娘管我虎一般) …… 328
아낭설도노노아(阿娘說道老老阿) …… 351
아녀상두복고각(兒女牀頭伏鼓角) …… 125
아노환희소첨산(阿奴歡喜小尖酸) …… 350
아뇌이시경별리(我惱你是輕別離) …… 295
아능성명첩불가(兒能成名妾不嫁) …… 74
아독서첩벽로(兒讀書妾辟纑) ………… 74
아동애항관(兒童隘巷觀) ……………… 239
아동이시장상수(我疼你是長相守) …… 295
아동훤수간(兒童喧樹間) ……………… 215
아랑기재객삼진(阿郎幾載客三秦) …… 157
아랑아(我郎呀) ………………327, 351 , 358
아리개아낭구리개담(我裏箇阿娘口裏開談)
　　………………………………………… 350
아리개아다황망해수(我裏箇阿爹慌忙咳嗽)
　　………………………………………… 350
아리아다설도노노아마(我裏阿爹說道老阿媽)
　　………………………………………… 351

아리취적청득자일발담대(我裏臭賊聽得子
　一發膽大) ………………… 351
아명명리효득이취적(我明明裏曉得你臭賊)
　 ………………………… 350
아모전교기신래규이(我驀傳敎寄信來叫你)
　 ………………………… 356
아방하기실유사난설화(我房下其實有些難
　說話) …………………… 315
아변개불급개문산(我便開弗及箇門閂)…357
아변주세개일개고독가의개개심초(我便做
　勢介一箇苦毒假意介箇心焦) …… 357
아불시련신기구(我弗是戀新棄舊) …… 357
아상심우주료수(我傷心又住了手) …… 300
아생행봉성인기남국(我生幸逢聖人起南國)
　 ………………………… 54
아소타인간불천(我笑他人看不穿) …… 109
아송면주가(我誦綿州歌) ……………… 150
아십분재의(我十分在意) ……………… 290
아아자릉대(峨峨子陵臺) ……………… 66
아약비나상분적고낭야(我若比那上墳的姑
　娘也) …………………… 318
아억동번내신일(我憶東藩內臣日) …… 77
아요리시이부득이(我要離時離不得你)…297
아욕등천운반반(我欲登天雲盤盤) …… 269
아욕문로인(我欲問路人) ……………… 62

아욕섭강우천한(我欲涉江憂天寒) …… 270
아욕어풍무우한(我欲御風無羽翰) …… 269
아욕척산이원원(我欲陟山泥洹洹) …… 270
아우미독속(我牛尾禿速) ……………… 56
아우혜연지(我友惠然至) ……………… 216
아유개전(我有箇田) …………………… 346
아이인상교득도저(我二人相交得到底)…296
아적향하대사(我的鄕下大舍) ………… 318
아정랑일거호희기(我情郞一去好希奇)…343
아지고야야소향주매거(我只顧夜夜燒香呪
　罵渠) …………………… 343
아청이병담동심일개인능개호(我聽你並膽
　同心一箇人能介好) ………… 329
아파검아변료(我把臉兒變了) ………… 357
아파낭래고리만(我把娘來鼓裏瞞) …… 328
아파피아래훈료(我把被兒來薰了) …… 357
아행도로양제기(兒行道路兩啼飢) …… 77
아호사수저어수파유희(我好似水底魚隨波
　游戲) …………………… 303
아회울색하유개(我懷鬱塞何由開) …… 53
악부쟁전절묘사(樂府爭傳絶妙辭) …… 174
안득능풍상(安得凌風翔) ……………… 44
안득염순리(安得廉循吏) ……………… 41
안득재생차배서비호(安得再生此輩西備胡)
　 ………………………… 126

찾아보기 • 381

안아거(眼兒去) ·················· 281, 287	야우잔등몽유무(夜雨殘燈夢有無) ······ 158
안지비고향(安知非故鄕) ················ 176	야인상견불통명(野人相見不通名) ······ 104
안처저초원가(眼覰着俏冤家) ············ 298	야인옥상간정모(野人屋上看旌旄) ······ 125
안풍요영적성하(岸楓遙映赤城霞) ······ 260	야정해도삼만리(夜靜海濤三萬里) ······ 112
암뢰기굴룡(巖雷起窟龍) ················ 122	약득거응답지시(若得渠應答之時) ······ 337
암송추파(暗送秋波) ······················ 281	약랑약도월상시(約郞約到月上時) ······ 326
암향청원사하주(暗向淸源祠下呪) ······ 209	약부시소각아(若不是小脚兒) ············ 317
앙천비가(仰天悲歌) ························ 70	약설기일일삼추야(若說起一日三秋也)···309
애살애살료아(愛殺愛殺了我) ············ 318	약시고풍류(若是考風流) ················ 298
애재송유신(哀哉宋遺臣) ·················· 66	약장부귀비빈자(若將富貴比貧者) ······ 109
야간동침석(夜間同枕席) ················ 296	약장빈천비거마(若將貧賤比車馬) ······ 109
야귀환향우변와(夜歸還向牛邊臥) ······ 56	약정가(約情哥) ···························· 289
야래담객려(夜來談客旅) ················ 182	약정재화개시분(約定在花開時分) ······ 289
야리출거투정일리한(夜裏出去偸情日裏閒)	양각상빙단(兩脚像冰團) ················ 351
·· 349	양년희면견(兩年稀面見) ················ 231
야만적고단야(夜晩的孤單也) ············ 305	양류지두수수앵(楊柳枝頭樹樹鶯) ······ 104
야매소부진(野梅燒不盡) ·················· 49	양민추국맥(養民瘳國脈) ·················· 41
야불파동장철벽(也弗怕銅牆鐵壁) ······ 350	양빈상화천리객(兩鬢霜華千里客) ······ 91
야불파죽첨파격(也弗怕竹簽笆隔) ······ 350	양인명목황천하(良人瞑目黃泉下) ······ 74
야불파직릉창반(也弗怕直楞窓盤) ······ 350	양인병주자일인행(兩人幷做子一人行)···339
야불파호폐문관(也弗怕戶閉門關) ······ 350	양자파세악(揚子波勢惡) ················ 225
야수영우석경사(野水縈紆石逕斜) ······ 92	양지양자시참동(良知兩字是參同) ······ 114
야심불능매(夜深不能寐) ················ 217	양척안정곡록록회간회관(兩隻眼睛谷碌碌
야아리저마양단(夜兒裡這麽樣短) ······ 310	會看會觀) ······························ 350
야요연법래주교(也要緣法來湊巧) ······ 286	양평산(陽坪山) ···························· 150

양하도유의(兩下都有意) ……………… 285
어어압온후(語語壓溫侯) …………… 196
억석몽진실참달(憶昔蒙塵實慘怛) …… 124
언지개선우(焉知疥癬憂) …………… 233
엄즘긍파이적은정부(俺怎肯把你的恩情負)
 ………………………………………… 281
여국공흔척(與國共欣感) ……………… 41
여군기관역불악(如君棄官亦不惡) …… 169
여군두문부불방(如君杜門復不妨) …… 169
여금별아(如今憋我) ………………… 343
여랑치기미(如狼毳其尾) …………… 244
여아작의유(與兒作衣襦) …………… 225
여역고범하동정(子亦孤帆下洞庭) …… 133
여이지하동주귀(與你地下同做鬼) …… 296
여조자사평원군(汝曹自死平原君) …… 192
여차전공천하무(如此戰功天下無) …… 126
여출고새문(如出古塞門) ……………… 62
여하상차곡(如何傷此曲) …………… 206
여하자각박(如何恣刻剝) ……………… 41
여하천궐멱호구(如何天闕覓好逑) …… 200
역관정고동동타(驛官亭鼓鼕鼕打) …… 45
역루동반란간곡(驛樓東畔蘭干曲) …… 148
역미승궁노(力未勝弓弩) ……………… 82
역사성치매관마(驛使星馳買官馬) …… 45
역수잔원운초벽(易水潺湲雲草碧) …… 251

연년방춘우(年年傍春雨) ……………… 48
연년저축이감애(連年杼軸已堪哀) …… 164
연다낭야불파(連爹娘也不怕) ……… 315
연래역수장상조(燕來亦隨檣上鳥) …… 265
연련성수개양성동전(連連聲數介兩聲銅錢)
 ………………………………………… 350
연망대자아피리일찬(連忙對子我被裏一鑽)
 ………………………………………… 351
연문지발효빈아(沿門持鉢效貧兒) …… 115
연소나감수사생(年少那堪數死生) …… 211
연어문주인(燕語問主人) …………… 264
연연신월아미주(娟娟新月蛾眉洲) …… 204
연조비가최불평(燕趙悲歌最不平) …… 251
연첩신흔영약가(煙疊新痕嶺若加) …… 242
연화소조천리고(烟火蕭條千里孤) …… 264
열만만안루개쌍포(噎漫漫眼淚介雙抛)…356
열화분소약등한(烈火焚燒若等閒) …… 88
염아연하우(念我烟霞友) …………… 216
염여서난달(念汝書難達) …………… 146
염염락하연지항(灩灩落霞臙脂港) …… 204
염염월타수(冉冉月墮水) …………… 101
영기공제간(靈旗空際看) …………… 275
영란사야(零亂四野) ………………… 70
영병장창자채(迎病裝唱紫釵) ……… 209
영웅승시무할거(英雄乘時務割據) …… 53

영위초우희(寧爲楚虞姬)	196	왕로불가회(往路不可懷)	176
예두수자하족운(銳頭竪子何足云)	192	왕우태역운(王宇泰亦云)	205
예의뇨가여만가(豫擬鐃歌與挽歌)	247	왕자궁병효야간(枉子弓兵曉夜看)	328
오경계(五更鷄)	310	왕타연산우(往墮燕山隅)	66
오농불견현오영(吳儂不見見吳迎)	209	왕파육경회화저(枉把六經灰火底)	229
오동장고한(梧桐長苦寒)	188	외유석장군(外有石將軍)	125
오두부(烏頭婦)	47	요견거용관(遙見居庸關)	155
오로년인(吾老年人)	205	요금일곡풍중탄(搖琴一曲風中彈)	270
오민기보청풍점(吾民豈保淸風店)	125	요락청추색(搖落淸秋色)	175
오사장원장허자흡전후래언(吳士張元長許子洽前後來言)	205	요류청백재인간(要留淸白在人間)	88
		요분리(要分離)	297
오아포숙귀거곡(烏鴉鮑宿鬼車哭)	192	요사이백갱수여(遙思李白更愁子)	144
오열명불이(嗚咽鳴不已)	39	요산박인차불수(繞山搏人茶不收)	97
오제정수납등연(烏啼井樹蠟燈然)	77	요상고원휘제루(遙想故園揮涕淚)	159
오호전공금이무(嗚呼戰功今已無)	126	요아령하월여상(鷂兒嶺下月如霜)	159
옥계초색청정취(玉階草色蜻蜓醉)	184	요억음용루만건(遙憶音容淚滿巾)	276
옥다나유만중문(屋多那有萬重門)	332	요이도무경도공(料爾都無警盜功)	181
옥명당개춘취병(玉茗堂開春翠屛)	208	요천비진농두운(胡天飛盡隴頭雲)	133
옥소인다난근자개신(屋少人多難近子簡身)	331	요환아사지명백(要還我四址明白)	346
옥아번설난풍전(玉娥翻雪暖風前)	152	욕대요파이적형용화묘(欲待要把你的形容畵描)	307
옥호춘주조오희(玉壺春酒調吳姬)	174	욕멱중래자(欲覓重來者)	189
옹문지금양가애(雍門之琴良可哀)	72	욕별고향난(欲別故鄕難)	275
왈서대통곡기(曰西臺慟哭記)	63	욕별비가계우명(欲別悲歌鷄又鳴)	212
왕년증향가릉숙(往年曾向嘉陵宿)	148	욕식명경은중처(欲識命輕恩重處)	190

욕언잉무유(欲言仍無有) ·········· 217
욕왕종지도로난(欲往從之道路難) ······ 270
욕요루포이(欲要摟抱你) ·········· 281
욕요주개심상사(欲要丟開心上事) ······ 300
욕지진주관사례(欲知眞主觀司隷) ······ 278
욕파거랑승장풍(欲破巨浪乘長風) ······ 53
욕호여어부득기(欲呼與語不得起) ······ 184
용심모의일반반(用心模擬一般般) ······ 325
용지즉행사즉휴(用之則行舍卽休) ······ 116
용진심기야(用盡心機也) ·········· 286
우견야범해상래(又見椰帆海上來) ······ 164
우락하일점묵래야(偶落下一點墨來也) ··· 307
우로우기유아지(牛勞牛飢惟我知) ······ 56
우만합려궁(又滿閭宮) ············ 59
우불우청불청호도득긴(雨不雨晴不晴糊塗
　得緊) ······················ 306
우상래(雨常來) ················ 302
우상창가우하좌(牛上唱歌牛下坐) ······ 56
우양초만야(牛羊草漫野) ············ 74
우연간저자개본춘화료만신수(偶然看着子
　介本春畵了滿身酬) ············ 333
우연화이득동일처(偶然和你得同一處) ··· 287
우일신(又日新) ················ 311
우자외닉선자투(愚者畏溺先自投) ······ 117
우적도화환주전(又摘桃花換酒錢) ······ 109

우주첩호새(遇酒輒呼籌) ·········· 236
우중적귀반생습(雨中摘歸半生濕) ······ 58
우중홍탄도천수(雨中紅綻桃千樹) ······ 91
우차천상기시신선거(吁嗟天上豈是神仙居)
　···························· 201
우참피훼도추추(憂讒避毀徒啾啾) ······ 117
우청득고사리고종향(又聽得孤寺裏孤鐘響)
　···························· 312
우파추수창람교(又怕秋水漲藍橋) ······ 309
우하민간점장정(又下民間點壯丁) ······ 165
우함춘한도천애(又銜春恨到天涯) ······ 137
우호삽개광두나(又好揷箇光頭糯) ······ 346
우호종개경경선(又好種箇硬梗鮮) ······ 346
우회연주파량(又會掾柱爬樑) ········ 350
우휴료타소마료사황혼백주(又虧了他消磨
　了些黃昏白晝) ················ 300
운련대해청(雲連大海靑) ·········· 271
운록반함청해무(雲麓半函靑海霧) ······ 260
운림경유독(雲林耿幽獨) ············ 43
운박추공조독환(雲薄秋空鳥獨還) ······ 91
운암정기파륵도(雲暗旌旗婆勒渡) ······ 95
운주건아야취각(雲州健兒夜吹角) ······ 119
운출삼변외(雲出三邊外) ·········· 155
웅풍청각경(雄風淸角勁) ·········· 273
원가부재(冤家不在) ·············· 302

원득락토공포미(願得樂土共哺糜) …… 252	위두아위불개미간추(熨斗兒熨不開眉間皺)
원래시광풍파화초(原來是狂風擺花梢)…292	…………………………………… 285
원봉천금종리속(願奉千金從吏贖) …… 201	위루준주부겸가(危樓樽酒賦蒹葭) …… 260
원앙수소조(鴛央雖小鳥) ……………… 197	위향화청일영사(爲向華淸日影斜) …… 184
원이육확분유성(願以肉攫分遺腥) …… 188	유견거용모산자(惟見居庸暮山紫) …… 133
원인장풍환(願因長風還) ……………… 66	유기등상사매여인해(有幾等相思賣與人害)
원자황연낙일지중래(遠自荒煙落日之中來)	…………………………………… 304
…………………………………… 53	유로막등주(有路莫登舟) ……………… 305
원장득기별본(元長得其別本) ………… 205	유무장인석(有無丈人石) ……………… 122
원저접여영(遠渚接餘景) ……………… 143	유사고운(幽思苦韻) …………………… 205
원지원(願只願) ………………………… 296	유사암결옥기소(柳絲暗結玉肌消) …… 356
원착화사자이(原捉花謝子你) ………… 334	유신치공존(有身恥空存) ……………… 66
월량리등롱공괘명(月亮裏燈籠空掛明)…344	유연법나재용화모(有緣法那在容和貌)…286
월명고역(月明古驛) …………………… 356	유연법나재전화초(有緣法那在錢和鈔)…286
월명대인화(月明對人話) ……………… 182	유연법나재전후상교(有緣法那在前後相交)
월명비석하천풍(月明飛錫下天風) …… 112	…………………………………… 286
월명성희두란간(月明星稀斗闌干) …… 270	유연부도문(猶然復到門) ……………… 163
월명조두수항성(月明刁斗受降城) …… 95	유연천리회(有緣千里會) ……………… 286
월색중천조유독(月色中天照幽獨) …… 148	유원군왕덕(柔遠君王德) ……………… 156
월아고(月兒高) ………………………… 292	유유교정양행루(猶有交情兩行淚) …… 84
월용장강백(月涌長江白) ……………… 271	유유마두운무리(惟有馬頭雲霧裏) …… 222
월인사고(越人謝翺) …………………… 63	유유후여원(惟有猴與猨) ……………… 66
월중공유축렴성(月中空有軸簾聲) …… 213	유인야미면(幽人夜未眠) ……………… 218
월출매고왕(月出每孤往) ……………… 218	유자혼소청새월(遊子魂消青塞月) …… 152
위객세년장(爲客歲年長) ……………… 81	유전난매청산취(有錢難買青山翠) …… 226

유천지도(有天知道) ……………… 343
유촉상대근왕자(遺鏃尙帶勤王字) …… 124
유통우본사자(有痛于本詞者) ………… 205
유호무전사래투(有壺無箭儓 來投) … 338
육시훤적재앵화(六時喧寂在鶯花) ……… 242
융마무휴헐(戎馬無休歇) ……………… 81
은구미진심난사(恩仇未盡心難死) …… 212
음운모비래(陰雲暮飛來) ……………… 66
음풍취림오작출(陰風吹林烏鵲出) …… 57
읍수행하(泣數行下) …………………… 70
응유독로옹(應有獨老翁) ……………… 62
응추한실표요장(應追漢室姚嫖將) …… 125
의구염롱하(依舊簾櫳下) ……………… 238
의구춘풍무양부(依舊春風無恙否) …… 77
의백귀래일(毅魄歸來日) ……………… 275
의현초의관옥관(衣玄綃衣冠玉冠) …… 270
의혼혼나대요념침자수(意昏昏懶待要拈針刺繡) …………………… 300
이간(你看) …………………………… 336
이금지여진두면(而今指與眞頭面) …… 113
이남루영파(呢喃淚盈把) ……………… 264
이맥호상개토냉채개능개유다아금일료명조(你驀好像箇討冷債箇能介有多呵今日了明朝) …………………… 356
이몰요파파뢰뢰개진의리(你沒要爬爬懶懶介趄意利) ……………… 351
이문불용궤(而門不容軌) ……………… 244
이백년래지양병(二百年來只養兵) …… 165
이백년래호기강(二百年來好紀綱) …… 226
이부등문여색구(吏符登門如索仇) …… 200
이불견나상분적고낭야(你不見那上墳的姑娘也) …………………… 318
이불요지화야미료노도(你弗要支花野味了嘮叨) …………………… 357
이불지(咦弗知) ……………………… 326
이소심사화촉(你小心些火燭) ………… 351
이십거자입일래(二十去子卄一來) …… 322
이십랑군무로파(二十郎君無老婆) …… 336
이십만귀성추추(二十萬鬼聲啾啾) …… 192
이십사교가취편(二十四橋歌吹遍) …… 194
이십후생한래탑(二十後生閒來搭) …… 324
이약반야래시몰요착개후문고(爾若半夜來時沒要捉箇後門敲) …… 327
이약일년반재주재나성중야(你若一年半載住在那城中也) ………… 318
이어하수문역인(夷語何須問譯人) …… 77
이요분시분부득아(你要分時分不得我) … 297
이요일리발앙야리시(你要日裏拔秧夜裏蒔) …………………… 346
이우각만환(爾牛角彎環) ……………… 56

| 이월반향사(二月返鄕社) ·········· 238, 239
| 이인유병불음약(里人有病不飮藥) ······ 68
| 이인하조하주취도아원가(你因何造下酒醉
| 倒我冤家) ···················· 291
| 이일내청폐(夷逸乃淸廢) ················ 236
| 이자거심문구구문심(你自去心問口口問心)
| ······································ 306
| 이장오(二丈五) ························ 150
| 이쟁십마대사(你爭什麽大事) ········· 318
| 이적의아(你的意兒) ···················· 284
| 이적형용도용이화(你的形容到容易畵)···307
| 이적흑심장난화묘(你的黑心腸難畵描)···307
| 이주윤년병윤월(你做閏年並閏月) ······ 310
| 이지요당로자개타경막탐면(你只要擋牢子
| 箇舵梗莫貪眠) ···················· 342
| 이지천로근(已知泉路近) ·············· 275
| 이채자화래소아노노(你採子花來小阿
| 奴奴) ······························ 334
| 이팔저아축각곤(二八姐兒縮脚睏) ······ 336
| 이향추색불승다(異鄕秋色不勝多) ······ 83
| 이허아주심마자(你許我做甚麽子) ······ 288
| 이호사조어인교롱심기(你好似釣魚人巧弄
| 心機) ······························ 303
| 인간천상격성한(人間天上隔星漢) ······ 201
| 인전친제철기래(人見親提鐵騎來) ······ 173

인다나유천척안(人多那有千隻眼) ······ 332
인도아적혼령야(引掉我的魂靈也) ······ 317
인면전초노즘지(人面前瞧奴怎地) ······ 284
인사오민이적군(忍使吾民餌賊軍) ······ 165
인생달명자쇄락(人生達命自灑落) ······ 117
인억주명행중승언(因憶周明行中丞言)···205
인언천유이(人言天有耳) ················ 66
인인자유정반침(人人自有定盤針) ······ 114
인전난하수(人前難下手) ················ 285
인전다면전(人前多腼腆) ················ 298
인핍마기(人乏馬飢) ······················ 70
일가능용삼백곡(一舸能容三百斛) ······ 103
일년호수겸삽시(一年戽水兼揷蒔) ······ 318
일단홍옥침추수(一團紅玉沈秋水) ······ 184
일담새운다(日淡塞雲多) ················ 257
일리동차반(日裡同茶飯) ················ 296
일모만행제(日暮萬行啼) ················ 146
일모의양류(日暮倚楊柳) ················ 216
일모원타방객거(日暮鼉鼉傍客居) ······ 145
일반속라강(一半屬羅江) ················ 150
일반속현무(一半屬玄武) ················ 150
일반양부낭양(一般樣父娘養) ············ 317
일반양적춘광야(一般樣的春光也) ······ 289
일배백엽주(一杯柏葉酒) ················ 81
일불수소욕(一不酬所欲) ················ 233

일사불순유(一死不狗劉) ················ 196
일사초원우행지(日斜草遠牛行遲) ······ 56
일상원장래(一上苑墻來) ················ 48
일성성지원착흠천감(一聲聲只怨着欽天監)
　　　　　　　　　　　　　　　　 310
일성야도황하수(一聲夜渡黃河水) ······ 254
일쇄숙초근(一灑宿草根) ················ 66
일수횡강즉이향(一水橫江卽異鄕) ······ 194
일시문자업(一時文字業) ················ 207
일시입한한향역(一時立限限鄕役) ······ 45
일시탄하료(一時吞下了) ················ 303
일신등경운(一身等輕雲) ················ 236
일실한상우(一室閑相偶) ················ 217
일쌍각호상빙단(一雙脚好像冰團) ······ 351
일쌍호접과계교(一雙蝴蝶過溪橋) ······ 92
일아리능장야(日兒裡能長也) ············ 310
일야계화하처락(一夜桂花何處落) ······ 213
일야서풍창합개(一夜西風閶闔開) ······ 277
일야자찬진자아개옥리(一夜子鑽進子我箇
　　屋裏) ································ 350
일월쌍현우씨묘(日月雙懸于氏墓) ······ 266
일일루주수(日日淚珠垂) ················ 299
일일상(日日想) ·························· 290
일일신(日日新) ·························· 311
일일애(日日挨) ·························· 290

일일파화근래자윤(日日把花根來滋潤)···289
일자도관소(一字到官疏) ················ 231
일장취호사석괴(一張嘴好似石塊) ······ 351
일재평지일재천(一在平地一在天) ······ 109
일조사세이(一朝事勢異) ················ 196
일처봉연처처경(一處烽烟處處驚) ······ 166
일촌순구일촌심(一寸純鉤一寸心) ······ 190
일편미무병선홍(一片蘼蕪兵燹紅) ······ 264
일편월림성(一片月臨城) ················ 273
일편홍빙냉철의(一片紅氷冷鐵衣) ······ 180
일포부상약(日抱扶桑躍) ················ 120
일학음청생초수(一壑陰晴生草樹) ······ 242
임별유사친일사간구야(臨別有舍親一事干
　　求也) ································ 313
임상수이연하우추사(臨上手你緣何又推辭)
　　　　　　　　　　　　　　　　 287
임조역기재(臨眺亦奇哉) ················ 175
입년동도로(卄年同道路) ················ 239
입모호가마상기(入暮胡笳馬上起) ······ 254
입지취용일개기관(立地就用一箇機關)···350
잉유한황대(仍有漢皇臺) ················ 120

| ㅈ |

자가지(自家知) ·························· 284

자겹단흔교소령(自掐檀痕敎小伶) …… 208
자과여유악(自誇與帷幄) …………… 196
자도불부론(玆道不復論) ……………… 66
자매상사택가려(姊妹相私擇佳麗) …… 200
자명위봉황(自名爲鳳凰) …………… 187
자사기필진(玆事豈必眞) …………… 196
자소수습재신변(自小收拾在身邊) …… 346
자손금거야인래(子孫今去野人來) …… 72
자시오분유세재(自是吳分有歲災) …… 164
자심리(自心裏) ……………………… 284
자언작사추사귀(自言昨辭秋社歸) …… 264
자연환이사지명백(自然還你四址明白)…346
자열단봉모(眦裂丹鳳眸) …………… 196
자위문지기애(自爲文識其哀) ………… 63
자유상분적고부배저아쇠(自有上墳的姑夫
　配着我要) …………………………… 318
자은산가색계주(自隱山家索鷄酒) …… 97
자장문견고차미(自將聞見苦遮迷) …… 113
자종별료이(自從別了你) …………… 299
자한홍수천만종(紫恨紅愁千萬種) …… 99
자형관두주취각(紫荊關頭晝吹角) …… 125
작가도왕사(作歌悼往事) ……………… 67
작심업(作甚業) ……………………… 317
작야동랑일처면(昨夜同郎一處眠) …… 335
작여등동악(昨汝登東嶽) …………… 122

작주수도연(酌酒遂陶然) …………… 215
잔원제수류(潺湲濟水流) …………… 189
잠장심적차유하(暫將心跡借幽遐) …… 242
장군안검야대서(將軍按劍夜待曙) …… 119
장군일견호시타(將軍一見弧矢墮) …… 57
장군차시정과출(將軍此時挺戈出) …… 125
장년목우백불우(長年牧牛百不憂) …… 56
장단금사만리루(腸斷金沙萬里樓) …… 148
장도전고신령우(長途全靠神靈佑) …… 305
장동소녀고혈류(墻東小女膏血流) …… 97
장등망계취(長藤網溪翠) …………… 182
장문등하루(長門燈下淚) ……………… 48
장부락락흔천지(丈夫落落掀天地) …… 116
장부사경가(丈夫事耕稼) ……………… 41
장사낙장정(壯士樂長征) …………… 133
장소독등루(長嘯獨登樓) …………… 189
장시전하엽(長時剪荷葉) …………… 225
장신다춘초(長信多春草) …………… 220
장안녀아교사인(長安女兒巧伺人) …… 200
장유풍(墻有風) ……………………… 284
장전요전아랑전(將田要典我郎錢) …… 346
장하차정좌(長夏此靜坐) …………… 215
재배전주준(再拜奠酒尊) ……………… 66
재불해(災不害) ……………………… 302
재재갈고수(在在竭膏髓) …………… 233

390 • 명대시선 明代詩選

쟁뉴투첩전방기(爭狃鬪捷轉防欺) …… 103
저간자랑군침삭자수(姐看子郞君針㨘子手)
　…………………………………… 322
저기일번등중개(這幾日番騰重蓋) …… 304
저대낭자황흑야부시태생적(這大娘子黃黑
　也不是胎生的) ………………… 318
저도(姐道) ……… 327, 329, 342, 351, 358
저도낭아(姐道郞呀) …… 334, 343, 344, 346
저등착의가(這等着意哥) ………………… 282
저립공상혼(佇立空傷魂) ………………… 62
저립망부운(佇立望浮雲) ………………… 44
저성사지아명아규(低聲似指我名兒叫)…292
저송정거도반장(姐送情哥到半場) …… 340
저수운모장(低垂雲母帳) ………………… 221
저시이부아아부이(這是你負我我負你)…306
저아(姐兒) ……………………………… 357
저아곤불저호심초(姐兒睏不着好心焦)…355
저아구매살천도(姐兒口罵殺千刀) … 356
저아기자개일기(姐兒氣子介一氣) … 356
저아방리안마좌(姐兒房裏眼摩挱) …… 333
저아사방유개구삼각전(姐兒私房有箇坵三
　角田) ……………………………… 346
저아생득호신재(姐兒生得好身材) …… 330
저아쌍수부랑기래(姐兒雙手扶郞起來)…357
저아정재의혹(姐兒正在疑惑) ………… 356

저아창하수원앙(姐兒窗下繡鴛鴦) …… 322
저애자랑(姐愛子郞) …………………… 337
저유심(姐有心) ………………… 331, 332
저황상설거령무(儲皇尙說居靈武) …… 77
적로서회삼만리(磧路西回三萬里) …… 255
적리각성요일월(磧裏角聲搖日月) …… 258
적몰료동양해(滴沒了東洋海) ………… 302
적작옥계태(滴作玉階苔) ……………… 48
적적과전식고후(寂寂瓜田識故侯) …… 259
전가무소구(田家無所求) ……………… 41
전도기불이(前途豈不夷) ……………… 244
전료삼오연중사(全遼三五年中事) …… 246
전산우정수(前山友精崇) ……………… 182
전삼국(前三國) ………………………… 53
전이개전(典你箇田) …………………… 346
전촉천년토화벽(戰鏃千年土花碧) …… 192
전파료지창아(拚破了紙窓兒) ………… 293
전행진공촌(前行盡空邨) ……………… 62
전횡거이원(田橫去已遠) ……………… 66
절기저소우(切忌着疏虞) ……………… 284
절조릉릉환자지(節操棱棱還自持) …… 90
점북유존고전장(店北猶存古戰場) …… 124
점여옥계평(漸與玉階平) ……………… 220
접련규구초심간(接連叫句俏心肝) …… 325
정가랑(情哥郞) ………………………… 335

정가환부동신(情哥還不動身) ············ 289
정견의괘(情牽意掛) ····················· 356
정구급과처(征求及寡妻) ················ 146
정기탕야새운개(旌旗蕩野塞雲開) ······ 160
정녀연희독천장(鄭女燕姬獨擅場) ······ 127
정녕설향기서인(丁寧說向寄書人) ······ 157
정도험희(征途險巇) ····················· 70
정부루(征夫淚) ·························· 39
정부지루적농두(征夫之淚滴隴頭) ······ 39
정시개괴원(定是箇魁元) ················ 298
정시순검사전실자적(正是巡檢司前失子賊)
  ······································· 328
정시요긴시광불견자거(正是要緊時光不見
  子渠) ································ 324
정아해(情兒譜) ·························· 287
정요추반특자제(正要推扳忒子臍) ······ 341
정우아괴친과(正遇我乖親過) ··········· 282
정이산수간(正爾山水間) ················ 216
정지우인(情之于人) ····················· 206
정진하일정(征塵何日靜) ················ 155
정침취파서래청(停針就把書來聽) ······ 311
정홍비고국(征鴻非故國) ················ 271
제공이곡(祭公以哭) ····················· 63
제비시관주료리(除非是官做了吏) ······ 297
제비시동주료서(除非是東做了西) ······ 297

제비시천주료지(除非是天做了地) ······ 297
제유갱진일신여(諸儒坑盡一身餘) ······ 229
제창헌왕춘악부(齊唱憲王春樂府) ······ 128
조구아방저사첨자미(釣鉤兒放着些咭滋味)
  ······································· 303
조두마명사반포(槽頭馬鳴士飯飽) ······ 119
조래도상간귀기(朝來道上看歸騎) ······ 180
조불견아박행적풍표(照不見我薄倖的豐標)
  ······································· 308
조사장저강라위(皂紗帳底絳羅幃) ······ 184
조선아(朝鮮兒) ·························· 76
조세소종래(租稅所從來) ················ 41
조심고보사빈실(潮尋故步沙頻失) ······ 242
조아고촉랭(照我孤燭冷) ················ 143
조입주인문(朝入主人門) ················ 140
조정기실자형관(朝廷旣失紫荊關) ······ 125
조제정마동(鳥啼征馬動) ················ 256
조지이불추사야(早知你不推辭也) ······ 290
조휘개중산(朝暉開衆山) ················ 155
종금사해영위가(從今四海永爲家) ······ 54
종년저서일자무(終年著書一字無) ······ 169
종산여룡독서상(鍾山如龍獨西上) ······ 53
종수부제(終須不濟) ····················· 290
종연소졸비시조(終然疏拙非時調) ······ 169
종일무일언(終日無一言) ················ 215

392 · 명대시선 明代詩選

종횡은한회(縱橫銀漢回) ·················· 143	준전홍불전(尊前紅拂傳) ·················· 231
좌각창망만고의(坐覺蒼茫萬古意) ······ 53	중국년래난미서(中國年來亂未鋤) ······ 77
좌간지상형(坐看池上螢) ···················· 48	중로기첩신선조(中路棄妾身先殂) ······ 73
좌현조대장승박(左賢早待長繩縛) ······ 95	중산유자의신장(中山孺子倚新粧) ······ 127
주감주상성남대(酒酣走上城南臺) ······ 53	중세학도잉광부(中歲學道仍狂夫) ······ 169
주개개탈의(做介箇脫衣) ···················· 358	중유주인당사여(中有主人當飼汝) ······ 252
주도자아개방전(走到子我箇房前) ······ 350	중이상자념(重以桑梓念) ···················· 136
주문나득안무양(朱門那得安無恙) ······ 264	중전유화수부장(中田有禾穗不長) ······ 58
주부득분리귀(做不得分離鬼) ············ 297	중조각자비(衆鳥各自飛) ···················· 44
주사신축권(疇司伸縮權) ···················· 248	중조경상고(衆鳥驚相顧) ···················· 188
주성지재화전좌(酒醒只在花前坐) ······ 109	중포천고원(中抱千古冤) ···················· 66
주세곤저불감개언(做勢睏着弗敢開言)···350	즉금수시출군재(卽今誰是出羣才) ······ 258
주영로무야강신(走迎老巫夜降神) ······ 68	즉령방삭요기감(卽令方朔澆豈敢) ······ 192
주인위언증원사(主人爲言曾遠使) ······ 77	즉사사사금(卽使沙沙金) ···················· 233
주인장등야개연(主人張鐙夜開宴) ······ 140	즘불개언규(怎不開言叫) ···················· 293
주잔화지빈자연(酒盞花枝貧者緣) ······ 109	증칭부귀객(曾稱富貴客) ···················· 71
주중편시간(舟中片時間) ···················· 248	지견등화연보(只見燈花連報) ············ 356
주진각단중(舟進却湍中) ···················· 244	지금차지다수운(至今此地多愁雲) ······ 192
주진서루청안과(酒盡西樓聽雁過) ······ 83	지금호마잉남목(只今胡馬仍南牧) ······ 265
주출매파아적행경(做出媒婆兒的行徑)···306	지도조환향(只道早還鄕) ···················· 85
주취환래화하면(酒醉還來花下眠) ······ 109	지득기천구지(只得祈天求地) ············ 296
주향병서타앵무(走向屛西打鸚鵡) ······ 184	지무과로착검사기구왜시(只無過老著臉寫
주현피가척(州縣被訶斥) ···················· 233	幾句歪詩) ······································ 313
죽식장고기(竹食長苦饑) ···················· 188	지불파(地不怕) ·································· 315
준전루사다어주(尊前淚瀉多於酒) ······ 77	지설위공도몰은자(只說爲公道沒銀子)···313

지수봉여려(只收蓬與藜) ……………… 142
지수오개경아단(只愁五箇更兒短) …… 351
지시구시(持示求詩) ………………… 63
지시로원산요(只是路遠山遙) ………… 357
지시양지갱막의(只是良知更莫疑) …… 113
지시인부주소(只是忍不住笑) ………… 357
지위인안다(只爲人眼多) ……………… 281
지일찬(只一鑽) ………………………… 350
지자불혹인불우(知者不惑仁不憂) …… 116
지재옥동두(只在屋東頭) ……………… 89
지전삭삭음풍다(紙錢索索陰風多) …… 68
지지엽엽외두심(枝枝葉葉外頭尋) …… 114
지척파도만우족(咫尺波濤萬牛足) …… 103
지청득창외문고(只聽得窓外門敲) … 356
지파추운쇄무협(只怕秋雲鎖巫峽) … 309
지한초상견(只恨初相見) ……………… 298
지호착아장상계래발자모(只好捉我場上鷄來拔子毛) ……………………… 327
지호해수일성답응이(只好咳嗽一聲答應你) ………………………………… 284
직득견(織得絹) ………………………… 150
직송도화원후(直送到花園後) ………… 305
진리여금갱색전(津吏如今更索錢) …… 103
진문래일교아질재노회하(進門來一交兒跌在奴懷下) ……………………… 291

진새홀송동제후(秦璽忽送東諸侯) …… 192
진주읍수창(眞珠泣繡窓) ……………… 206
진황공차예황금(秦皇空此瘞黃金) …… 53
집간구호여구우(執竿驅虎如驅牛) …… 117
징담영하재(澄潭影何在) ……………… 236

| ㅊ |

차저자개방렴상금령삭성능개일향(扯着子箇房帘上金鈴索聲能介一響) …… 350
차곡영불문(此哭寧不聞) ……………… 66
차문춘광수관령(借問春光誰管領) …… 92
차시건곤만유기(此是乾坤萬有基) …… 115
차시장군귀장중(此時將軍歸帳中) …… 254
차신재출궤(此身才出匭) ……………… 244
차신호탕부허주(此身浩蕩浮虛舟) …… 116
차아반과자한동환자거(借我伴過子寒冬還子渠) ……………………………… 324
차이우인안다(扯你又人眼多) ………… 282
차이원방인(嗟爾遠方人) ……………… 142
차저전주전수화(借箸前籌戰守和) …… 247
차지경과누만건(此地經過淚滿巾) …… 125
차지석전분(此地昔戰奔) ……………… 62
차지일수고(此地一垂顧) ……………… 189
차파정서변파휴(扯破情書便罷休) …… 338

394・명대시선 明代詩選

착간개종래착개쌍(捉奸箇從來捉箇雙)	329	천봉제과옥문관(千烽齊過玉門關)	254
착저자간정노자거당(捉着子奸情奴自去當)	333	천불파(天不怕)	315
착적종래착개장(捉賊從來捉箇贓)	329	천산설후북풍한(天山雪後北風寒)	177
찬족여봉용(鑽簇如蜂踊)	233	천상기시신선거(天上豈是神仙居)	201
찬하편시간(饌下片時間)	248	천상성다월불다(天上星多月不多)	336
장장적수분삼석(將赤手分三席)	266	천승만기하황도(千乘萬騎下皇都)	125
창가채차산상거(唱歌採茶山上去)	97	천아육상부도구(天鵝肉想不到口)	318
창랑하처착어주(滄浪何處著漁舟)	259	천요행(千僥幸)	287
창창무련공(蒼蒼霧連空)	101	천자성명신렴수(天子聖明臣斂手)	226
채필함화부별리(彩筆含花賦別離)	174	천장암영규불문(天長闇永叫不聞)	226
처기강한정(凄其江漢情)	136	천지일하활(天地一何闊)	44
처량당세사(凄凉當世事)	66	천청야광내감전(天淸野曠來酣戰)	125
처위수(妻爲囚)	135	천추만격출심산(千錘萬擊出深山)	88
처처환성조고기(處處懽聲噪鼓旗)	125	천추불일현(千秋不一見)	187
척촉공항누여우(躑躅空巷淚如雨)	252	천풍일모도반환(天風日暮徒盤桓)	270
천강부입호(穿江復入湖)	225	천풍정구하(天風靜九河)	256
천거송장성동맥(千車送葬城東陌)	72	천하유심인(天下有心人)	207
천경노화인미환(千頃蘆花人未還)	274	천한일안지(天寒一雁至)	146
천고문장미진재(千古文章未盡才)	277	천형운수초(天迥雲垂草)	49
천금위수백금전(千金爲壽百金餞)	140	천횡갈석래(天橫碣石來)	120
천금지주탄조작(千金之珠彈鳥雀)	116	철쇄횡강미위고(鐵鎖橫江未爲固)	53
천리한사적(千里旱沙赤)	233	첩가백빈주(妾家白蘋洲)	224
천방백계(千方百計)	344	청거구탑구화(聽渠勾搭句話)	337
천변이매규인과(天邊魑魅窺人過)	145	청득민간유소어(聽得民間猶笑語)	166
		청득인성일타(聽得人聲一躱)	350

찾아보기 • 395

청령대우서(靑苓帶雨鋤) ······ 231	초췌급자진(憔悴及玆辰) ······ 43
청로무성만목중(淸露無聲萬木中) ······ 98	초췌입궁도(憔悴立窮途) ······ 71
청산낙조중(靑山落照中) ······ 59	초토편강촌(焦土遍江村) ······ 163
청산일편사강남(靑山一片似江南) ······ 222	초혼추초불승애(招魂秋草不勝哀) ······ 277
청산재(靑山在) ······ 302	초황납만화(草黃納晚禾) ······ 142
청산점고일점저(靑山漸高日漸低) ······ 228	촉루불시군왕의(髑髏不是君王意) ······ 172
청심파포저(淸心罷苞苴) ······ 413	촉부초심간(囑付俏心肝) ······ 351
청잔경루고(聽殘更漏鼓) ······ 357	촌남노옹공촉루(村南老翁空髑髏) ······ 97
청천요괘백룡퇴(靑天遙挂白龍堆) ······ 255	촌옥인어향(村屋人語響) ······ 218
청청자유료오기(靑靑者楡療吾飢) ······ 252	총유무함초부득(總有巫咸招不得) ······ 192
청풍삽삽우처처(靑楓颯颯雨凄凄) ······ 171	최과차희일시정(催科且喜一時停) ······ 166
청풍점남봉부로(淸風店南逢父老) ······ 124	최련무지가매우(最憐無地可埋憂) ······ 259
초경미로상(草徑微露上) ······ 218	최련심상백성가(最憐尋常百姓家) ······ 264
초낭아우청명(俏娘兒遇淸明) ······ 317	추고백초심(秋高白草深) ······ 156
초낭아지정료두강매(俏娘兒指定了杜康罵) ······ 291	추당로하월출고(秋堂露下月出高) ······ 140
초망망(草茫茫) ······ 58	추도강남일자무(秋到江南一字無) ······ 221
초생궁궐하소소(草生宮闕何蕭蕭) ······ 53	추략급평인(槌掠及平人) ······ 233
초선거상두(貂蟬居上頭) ······ 196	추배귀래혈세도(追北歸來血洗刀) ······ 125
초원가(俏冤家) ······ 284	추색요간입초미(秋色遙看入楚迷) ······ 171
초원가일거료무음무모(俏冤家一去了無音無耗) ······ 307	추안래(秋雁來) ······ 308
	추월명(秋月明) ······ 308
초초리심개정가랑환자아(悄悄裏尋箇情哥郎還子我) ······ 324	추인주관음양(就認做觀音樣) ······ 317
	추천락목수다소(秋天落木愁多少) ······ 158
초초적참다시(悄悄的站多時) ······ 293	추초만지선우도(秋草滿地單于逃) ······ 119
	추추즉즉부득포(啾啾喞喞得哺) ······ 188

추풍서북기(秋風西北起) ……… 176
추풍청(秋風淸) ………………… 308
춘거수불거(春去愁不去) ……… 302
춘성연무효음음(春城烟霧曉陰陰) …… 278
춘시상송출연도(春時相送出燕都) …… 221
춘연소림목(春燕巢林木) ……… 264
춘풍내불원(春風來不遠) ……… 89
춘풍삼월류(春風三月柳) ……… 133
춘풍취미파(春風吹微波) ……… 216
춘풍취입수중래(春風吹入手中來) …… 99
출가악연차(出家樂演此) ……… 205
출문하소지(出門何所之) ……… 252
출입재막부(出入在幕府) ……… 82
출입정성쌍(出入定成雙) ……… 197
취래동수동각걸주자아개횡요(就來動手動脚住子我箇橫腰) ……… 357
취부득아정인래도(吹不得我情人來到)…308
취사재황천야(就死在黃泉也) ……… 297
취쇄군호부지야(醉殺群胡不知夜) …… 159
취시대사원호개소관아(就是大舍原好箇小官兒) ……………………… 318
취시반구적화불투기야(就是半句的話不投機也) ……………………… 315
취아유자상(吹我遊子裳) ……… 176
취아정전백수지(吹我庭前柏樹枝) …… 90

취암대동성(吹暗大同城) ……… 133
취야만배촌고야시천생천화(臭野蠻配村姑也是天生天化) ……………… 318
취요답소아노노불삼불사불사불삼(就要搭小阿奴奴不三不四不四不三) …… 351
취용녀(娶龍女) ………………… 150
취입군왕이(吹入君王耳) ……… 39
취작유인안중무(吹作遊人眼中霧) …… 228
취차혈루흔(吹此血淚痕) ……… 66
측실생아여부사(側室生兒與夫似) …… 74
측측리오(測測裏熬) …………… 356
치살이저나하마(痴殺你這癩蝦蟆) …318
치인징열수폐식(癡人懲噎遂廢食) …… 117
치효소제탁전장(鴟梟宵啼啄戰場) …… 254
침신하서출(侵晨荷鋤出) ……… 41
침아변설기구이별언(枕兒邊說幾句離別言) ……………………… 310
침음차사육십춘(沈吟此事六十春) …… 125

| ㅋ |

쾌전도전부단아적심내수(快剪刀剪不斷我的心內愁) ……………… 285

| ㅌ |

타궤재상전고(他跪在床前告) ……… 357
타년회수능상방(他年淮水能相訪) …… 145
타득구치아득한(他得驅馳我得閑) … 109
타로인가성곤(他老人家醒睏) ……… 351
타시흘초적진태세(他是吃醋的眞太歲)…315
타야불추사(他也不推辭) …………… 290
타여치민최상지(他與治民最相知) …… 313
타와고(打瓦鼓) ……………………… 150
타의중(他義重) ……………………… 289
타인수치병역락(他人雖痴病亦樂) … 103
타일소거동절로(他日素車東浙路) … 266
타정진(他情眞) ……………………… 289
타향설고향(他鄕說故鄕) …………… 81
탈군해고(脫裙解褲) ………………… 344
탐통타진리두래(探筒打進裏頭來) …… 330
탐향장두간거마(貪向墻頭看車馬) …… 230
탑랑호자흘랑휴(搭郞好子吃郞虧) …… 324
탕월요화취중견(蕩月搖花醉中見) … 77
탕지반명왈(湯之盤銘曰) …………… 311
택국창망추수만(澤國蒼茫秋水滿) …… 98
택중하유다홍란(澤中何有多紅蘭) …… 270
토이저야차파(討你這夜叉婆) ……… 317
통곡백일혼(慟哭白日昏) …………… 66

퇴언방외내(頹焉方外內) …………… 236
투유수단파투향안(偸油手段把偸香按)…351
투주황금거불고(投主黃金去不顧) …… 140
투착안파타초(偸着眼把他瞧) ……… 293
특봉신유낙조석(特奉宸遊樂朝夕) … 77

| ㅍ |

파가기주료유수평표(把佳期做了流水萍飄)
…………………………………… 356
파부득삽시간변상료수(巴不得霎時間便上
了手) ………………………… 287
파선영래상(把先塋來上) …………… 317
파성명아당주쇄(把性命兒當做耍) …… 291
파아주당인아적간성(把我做糖人兒的看成)
…………………………………… 306
파지파한파파아나개방하(怕只怕狠巴巴我
那箇房下) …………………… 315
팔월리장안(八月離長安) …………… 238
패도장읍향도정(佩刀長揖向都亭) …… 133
패릉풍우야래심(灞陵風雨夜來深) …… 190
편생하저준교낭(偏生下這俊嬌娘) …… 317
편주명월양봉간(扁舟明月兩峯間) …… 274
편주박사안(扁舟泊沙岸) …………… 143
편지재루강(偏只在婁江) …………… 206

편타동정(騙他動情) ……………… 344
편편장안아(翩翩長安兒) …………… 82
편편하고상(翩翩下枯桑) …………… 176
평명출급동(平明出汲洞) …………… 142
평생의기안재재(平生意氣安在哉) …… 72
평원광천리(平原曠千里) …………… 43
폐자안정망공친개취(閉子眼睛望空親箇嘴)
 ……………………………… 325
포각자가무진장(抛卻自家無盡藏) …… 115
포난비천강(飽暖匪天降) …………… 41
포득비파마상탄(抱得琵琶馬上彈) …… 177
포이비저나상분적무피차(包你比着那上墳
 的無彼此) ……………………… 318
포척교변여로변(抛擲橋邊與路邊) …… 152
포타상신(抱他上身) ………………… 344
표묘창망불가접(縹緲蒼茫不可接) …… 274
표연부대괴(飄然付大塊) …………… 236
표요쌍빈풍(飄飆雙鬢風) …………… 101
풍급현절최심간(風急弦絶摧心肝) …… 270
풍기애가신녀유(風起哀歌神女遊) …… 204
풍동랑간소어명(風動琅玕笑語明) …… 213
풍렴우막호위호(風簾雨幕胡爲乎) …… 265
풍상래(風常來) ……………………… 302
풍생만마간(風生萬馬間) …………… 155
풍연일조식(風烟一朝息) …………… 82
풍외청요유만조(風外靑搖柳萬條) …… 91
풍운유자협정모(風雲猶自夾旌旄) …… 172
풍청월여련(風淸月如練) …………… 47
풍취문전초숙숙(風吹門前草肅肅) …… 135
풍취백수장하위(風吹柏樹將何爲) …… 90
풍취황호(風吹黃蒿) ………………… 252
피와중쾌쾌찬(被窩中快快鑽) ……… 351
피인설시강비(被人說是講非) ……… 343
필문봉호양삼가(篳門蓬戶兩三家) …… 92
필저명주무처매(筆底明珠無處賣) …… 183
필정시원가래도(必定是寃家來到) …… 293
핍저저(逼疽疽) ……………………… 341

| ㅎ |

하괴당년주천자(何怪當年走天子) …… 184
하교일궐루점금(河橋一闋淚霑襟) …… 278
하념국사은(下念國士恩) …………… 66
하대금일방여차(何待今日方如此) …… 290
하마좌망거용구(下馬坐望居庸口) …… 125
하봉시절봉(何峰是絶峰) …………… 122
하불윤하료일경천(何不聞下了一更天)…310
하사낙장정(何事樂長征) …………… 136
하사정과리(何事征科吏) …………… 163
하산고불여(何山故不如) …………… 231

찾아보기 • 399

하산일락잉창가(下山日落仍唱歌) …… 97
하세중원탁(河勢中原坼) ………… 175
하유고봉근(下有枯蓬根) ………… 62
하이부운과태공(何異浮雲過太空) … 112
하이어세기(何以御歲飢) ………… 142
하인득천풍(何因得天風) ………… 39
하인불설환유락(何人不說宦遊樂) … 169
하인차등고(何人此登高) ………… 66
하자위정사(何自爲情死) ………… 207
하전몰(下田沒) …………………… 58
하처가안서(何處可安栖) ………… 146
하처불설유염량(何處不說有炎凉) … 169
하혜본개화(下惠本介和) ………… 236
학려화정인몰후(鶴唳華亭人沒後) … 278
학취도룡공속수(學就屠龍空束手) … 261
한가하일불로병(漢家何日不勞兵) … 95
한계수처난명충(閑階隨處亂鳴蟲) … 98
한부득교정아(恨不得咬定牙) ……… 357
한부득루포이재회중좌(恨不得摟抱你在懷中坐) …………………… 282
한부득일완수탄이재두리(恨不得一碗水吞你在肚裡) …………………… 290
한부득장쾌전자전단료사두(恨不得將快剪子剪斷了絲頭) …………… 300
한새성하진(汗灑城下塵) ………… 60

한야무랑흘개개휴(寒夜無郎吃介箇虧)…323
한일참욕혼(寒日慘欲昏) ………… 62
한지(恨之) ………………………… 209
한포한척야등중(閑抛閑擲野藤中) …… 183
한풍취백일(寒風吹白日) ………… 163
한풍취혈착인비(寒風吹血着人飛) … 180
한협의천개(寒峽倚天開) ………… 175
한화야초상위유(閑花野草尚葳蕤) … 90
함니쌍연아(啣泥雙燕兒) ………… 238
함니탄표탕(銜泥嘆瓢蕩) ………… 264
항우분두석마시(項羽墳頭石馬嘶) … 228
해개오자차랑과(解開襖子遮郎過) … 339
해기통삼도(海氣通三島) ………… 256
해도만이역애침(海島蠻夷亦愛琛) … 166
해무강운인모수(海霧江雲引暮愁) … 259
해상풍파불가문(海上風波不可聞) … 165
해시아적인연(該是我的姻緣) …… 285
해옹고연차태식(海翁顧燕且太息) … 265
해일저파조(海日低波鳥) ………… 122
해조신염혈류하(海潮新染血流霞) … 167
행몽거기념(幸蒙車騎念) ………… 82
행물상시혐(幸勿相猜嫌) ………… 182
행역방미이(行役方未已) ………… 101
행역자비상(行役自悲傷) ………… 176
행우아장부불재가(幸遇我丈夫不在家)…291

행음좌소독비추(行吟坐嘯獨悲秋) …… 259
행인래절전장류(行人來折戰場柳) …… 125
행인지시고장군(行人指是故將軍) …… 72
행행무별어(行行無別語) …………… 85
향루강왕상국가권가(向婁江王相國家勸駕)
　……………………………………… 205
향중모로선(鄕中某老先) …………… 313
향하부(鄕下夫) ……………………… 318
향하인간견료(鄕下人看見了) ……… 317
향하처(鄕下妻) ……………………… 318
허벽소등일수홍(虛壁疏燈一穗紅) …… 98
험이원불체흉중(險夷原不滯胸中) …… 112
혁득아냉한직찬(嚇得我冷汗直鑽) … 350
현관정가부관감(縣官定價府官減) …… 45
현망기갱역(弦望幾更易) …………… 143
현자국조창(見者國祚昌) …………… 187
혈비진작분류자(血飛進作汾流紫) … 192
혈전자신고(血戰自辛苦) ……………… 82
협역종우차(峽亦終于此) …………… 244
형승쟁과천하장(形勝爭誇天下壯) …… 53
형제다명리(兄弟多名理) …………… 231
혜요계도능회란(蕙橈桂櫂凌回瀾) … 270
호가천고한(胡笳千古恨) …………… 273
호견라장가작라(戶見羅張可雀羅) … 210
호교아천자단군출래(好敎我穿子單裙出來)
　……………………………………… 327
호녀저가권낙장(胡女低歌勸酪漿) … 159
호방착기아(虎方錯其牙) …………… 244
호분박시세작미(胡粉薄施細作眉) … 230
호사변강선각천지착후소견(好似邊江船閣
　淺只捉後艄捐) …………………… 335
호사천조선창만미증개(好似薦䉶船艙滿未
　曾開) ……………………………… 330
호상냉수리세창살불득아개양(好像冷水裏
　洗瘡殺弗得我箇癢) ……………… 344
호상루습자개문서실약자아(好像漏濕子箇
　文書失約子我) …………………… 355
호상쌍병판벽안대자안(好像雙絣板壁眼對
　子眼) ……………………………… 331
호상일각척개자개수구주락자개기(好像一
　脚踢開子箇繡毬丟落子箇欺) …… 358
호상춘(好上椿) ……………………… 337
호색탐배적원가야(好色貪杯的冤家也) … 291
호소수국가(縞素酬家國) …………… 273
호아음마창의문(胡兒飮馬彰義門) … 125
호야입실함기두(虎夜入室啣其頭) … 116
호억농가한수빈(好憶儂家漢水濱) … 157
호외상공금피주(虎畏相公今避走) …… 97
호월출취령(晧月出翠嶺) …………… 143
호타선화엽상개(好朶鮮花葉上開) … 321

호향린호언어권(好鄕鄰好言語勸) …… 318	화이자유한(華夷自有限) ………… 156
호화자고양유양(豪華自古讓維揚) …… 194	화익요상방(畫艗聊相傍) ………… 264
혹기모란정전기(酷嗜牡丹亭傳奇) …… 205	화지영란요(花枝影亂搖) ………… 292
혹위도사복(或爲道士服) ………… 182	화촉요금각(畫燭搖金閣) ………… 206
혼비구시견(渾非舊時見) ………… 71	화하고채서(花下古釵書) ………… 231
혼신사수요(渾身似水澆) ………… 294	환득골돌인래매(還得鶻突人來買) …… 304
혼연생질여천동(渾然生質與天同) …… 181	환시요뇌이(還是要惱你) ………… 295
홀억기유자(忽憶棄襦者) ………… 155	환시요아동이야(還是要我疼你也) …… 295
홀연간타개분체(忽然間打箇噴嚔) …… 299	환억당각곽자의(還憶唐家郭子儀) …… 125
홀조일일무전용(忽朝一日無錢用) …… 346	황금척매경장득(黃金擲買傾裝得) …… 77
홀청득천상고안고명야(忽聽得天上孤雁孤鳴也) ……………… 312	황기입락경하상(黃旗入洛竟何祥) …… 53
화개민불개(花開悶不開) ………… 302	황내중야기(況乃中夜起) ………… 101
화광배후취축주자일단(火光背後就縮做子一團) ……………… 350	황문한안하강호(況聞寒雁下江湖) …… 159
	황부양화경점의(況復陽和景漸宜) …… 90
	황부하(黃符下) ………………… 135
화기수풍출어장(花氣隨風出御墻) …… 184	황여재충혼(恍如載忠魂) ………… 66
화락화개연부년(花落花開年復年) …… 109	황연총사오의항(荒烟總似烏衣巷) …… 264
화란초평사휴식(禍亂初平事休息) …… 54	황우천미이(黃牛喘未已) ………… 244
화량불가망(畫梁不可望) ………… 264	황우황(黃又黃) ………………… 317
화류야작노태간(驊騮也作駑駘看) …… 45	황운락일고골백(黃雲落日古骨白) …… 125
화리유능동세인(畫裏猶能動世人) …… 184	황원동작일성제(荒園凍雀一聲啼) …… 228
화소야초비무문(火燒野草碑無文) …… 72	황유고불극(黃榆高不極) ………… 175
화외역왕봉(化外亦王封) ………… 122	황풍북래운기악(黃風北來雲氣惡) …… 119
화외자규연시월(花外子規燕市月) …… 130	황풍취사만여리(黃風吹沙萬餘里) …… 254
화위수입진천류(化爲水入秦川流) …… 39	황혹기두홍염루(黃鵠磯頭紅染淚) …… 226

황혹마천래(黃鵠摩天來) ·················· 197
황혼두단자야두성(黃昏頭團子夜頭盛)···332
황혼정초(黃昏靜悄) ·················· 357
황홀무정지(恍惚無定止) ·················· 101
황황규정다신귀(荒荒葵井多新鬼) ······ 259
회가취란양(回家就亂嚷) ·················· 317
회고사심상(懷古使心傷) ·················· 44
회수중조관개자(回首中朝冠蓋子) ······ 254
회수황릉몰(回首黃陵沒) ·················· 244
회심기(晦甚氣) ·················· 317
회중봉색동루대(回中烽色動樓臺) ······ 258
회풍권낙엽(回風卷落葉) ·················· 43
횡적기신정(橫笛起新亭) ·················· 271
횡행지재심산리(橫行只在深山裏) ······ 57
후륙조(後六朝) ·················· 53

후생낭자가(後生娘子家) ·················· 321
휴상나운밀밀적천아야(休像那雲密密的天
  兒也) ·················· 306
흉노구자망생구(匈奴久自忘甥舅) ······ 95
흉억결진천하사(胸臆決盡天下事) ······ 226
흉전두개경자심리조(胸前頭箇鏡子心裏照)
  ·················· 332
흑우흑(黑又黑) ·················· 317
흔연의유회(欣然意有會) ·················· 218
흘료쇄(吃了耍) ·················· 306
흘우산요월반락(紇于山搖月半落) ······ 119
흥래시(興來時) ·················· 282
희변주수래야(喜變做羞來也) ·················· 292
희작연련우규자개다조(喜鵲連連又叫子介
  多遭) ·················· 356

찾아보기 • 403

명대시선 明代詩選

초판 인쇄 ‖ 2012년 8월 24일
초판 발행 ‖ 2012년 8월 30일

역　저 ‖ 김학주
디자인 ‖ 이명숙·양철민
발행자 ‖ 김동구
발행처 ‖ 명문당(1923. 10. 1 창립)
주　소 ‖ 서울시 종로구 윤보선길 61(안국동)
　　　　우체국 010579-01-000682
전　화 ‖ 02)733-3039, 734-4798(영), 733-4748(편)
팩　스 ‖ 02)734-9209
Homepage ‖ www.myungmundang.net
E—mail ‖ mmdbook1@hanmail.net
등　록 ‖ 1977.11. 19. 제1~148호

ISBN 978-89-7270-423-2　(03820)
정가 ‖ 22,000원

＊낙장 및 파본은 교환해 드립니다.
＊불허복제